中公新書 2296

福永文夫著

日本占領史 1945-1952

東京・ワシントン・沖縄

中央公論新社刊

はじめに——占領の記憶と記録

日本は、一九四五年八月から五二年四月まで、アジア・太平洋戦争の敗北を受け入れ、アメリカを主とする連合国の占領下に置かれた。アメリカ、イギリス、中国によるポツダム宣言を受諾し、サンフランシスコ講和条約が発効して独立回復するまでの七年弱、日本は明治維新に匹敵する、あるいはそれ以上の政治的、経済的、社会的、さらには心理的な変革を迫られた。現代日本の法的、政治的基盤は、この時期に創られたと言っても過言ではない。

連合国最高司令官として日本に君臨したダグラス・マッカーサーは、自らの権限について「歴史上いかなる植民地総督も、征服者も、総司令官も、私が日本国民に対して持ったほどの権力を持ったことはなかった」と語ったように、明治維新以降、厚い岩盤のように築かれた帝国日本のシステムに挑み、変革を試みていった。

当初は、日本を再び軍国主義化させないことを目的とし、徹底した民主化を推進する。だが、アメリカとソ連による冷戦が深刻化していくなか、民主的な「平和国家」の創設という目的に、新たに「親米反共」国家にすることが付け加えられていく。この二つの顔を持つ占領を日本側はどう受けとめたのだろうか。

日本占領は七〇年の時を経て、遠い過去の出来事となりつつある。敗戦と占領を経験した世代もきわめて少数となり、戦後生まれが人口のほとんどを占めるようになった。

占領と問われて、人びとは何を思い出すだろうか。マッカーサーや吉田《よしだ》茂《しげる》などの人間、あるいは、日本国憲法、東京裁判、朝鮮戦争、さらにはサンフランシスコ講和会議といった出来事だろうか。日本占領はいま、それぞれが抱く歴史像（戦前・戦時あるいは戦後像）と政治観を通じて再構成され、次第に部分化・断片化して記憶されつつあるのではないだろうか。

現代日本の骨格とも言える日本国憲法、日米安全保障条約（以下、日米安保条約）は、この日本占領期に創られたものである。日本国憲法は、敗戦から半年足らずで起草され、わずか一年三ヵ月で公布、二年足らずで施行された。日米安保条約は、一年ほどの日米間の交渉によって創られていき、サンフランシスコ講和条約とともに結ばれたものである。

いま日本国憲法を含むさまざまな民主化改革への評価が揺れ、敗戦直後本土と切り離され、アメリカの支配が続いた沖縄占領の評価も定まっていない。さらには、日本国憲法と日米安保条約によって創られた「戦後」を総体として、占領を位置づける作業も終わっていない。

敗戦から七〇年、サンフランシスコ講和で独立してから六〇年余り、そして冷戦が終わって四半世紀、いま日本は一つの岐路に立っている。日本の「戦後」を規定した日本国憲法と

はじめに——占領の記憶と記録

日米安保条約、そして沖縄の「戦後」が問われている。

日本の「戦後」を考えるとき、もっとも重要なのは、原点である占領のあり方であり、占領終結の軌跡をしっかりと認識することではないだろうか。

本書では、個々の歴史観や政治観を超えて、日本占領という密度の濃い七年弱の歴史のなかに分け入り、占領した側だけでなく、占領された側の記録をあらためてたどり、占領期の実像を明らかにする。

目次

日本占領史 1945-1952

東京・ワシントン・沖縄

序章　占領した者とされた者――東京・ワシントン・沖縄

長い占領

一九四五年（昭和二〇）八月一五日、日本はポツダム宣言を受諾して連合国に降伏した。三〇日、連合国最高司令官ダグラス・マッカーサーが厚木飛行場に降り立ち、九月二日には連合国との間で降伏文書への調印が行われた。占領の始まりである。

ここに国際関係を見誤り戦争に走って敗北した日本は、いったん国際社会からの退場を余儀なくされた。日本占領はその意味で、この国が再び国際社会に復帰するために払わなければならない代償であり、新たな「国造り」に向けての準備期間であった。

連合国（実質的にはアメリカ）は、日本軍国主義が再び世界の平和を乱すことがないよう、その軍事力を破壊するだけでなく、日本を民主的な「平和国家」に改造するという壮大な思いを持ってやって来た。

連合国最高司令官総司令部（General Headquarters, Supreme Commander for the Allied Powers―GHQ／SCAP。以下、GHQ）から矢継ぎ早に繰り出された非軍事化・民主化政策は、

日本の政治・経済・社会構造などに大鉈《おおなた》を振るうものとなった。非軍事化——武装解除と軍需産業の接収などは、一九四五年末にはほぼ決着し、つづく憲法改正を頂点とする民主化改革も、占領初期の一九四六年と四七年の二年間でほぼ実行された。

これらを見届けて一九四七年三月一七日にマッカーサーは、非軍事化・民主化の目標はほぼ達成され、次なる課題である日本の経済復興を成し遂げるために日本と講和を結ぶべき時期が訪れたと宣言した。

しかし対日講和は、アメリカとソ連による冷戦構造に巻き込まれ、さらに五年の年月を要することになる。日本の独立問題は国際政治のなかに投じられ、経済復興と講和は冷戦の流れのなかに組み込まれていったのである。経済については、「ドッジ・ライン」という蛮勇が振るわれ、政策的にも「逆コース」と呼ばれる揺り戻しが起こっていく。

いずれにせよ日本は、一九五二年四月のサンフランシスコ講和条約発効まで、連合国による占領下に置かれた。この七年近くに及んだ長い占領は、勝者と敗者の間にどのような物語をつくり、戦後日本の形成をどう特徴づけたのだろうか。

占領のダイナミズム

占領は、基本的に勝者（占領した者）と敗者（占領された者）の〈非対称な関係〉のなかで展開する。言うまでもなく、占領は勝者による支配を意味し、勝者は軍事力という暴力装置を通じて、その意思を敗者に強制する。

とはいえ、占領期における戦後日本の形成が、マッカーサーやアメリカによる占領政策だけで進められたわけではない。そもそも固有の歴史と伝統を持つ国を、占領した者が一夜にして変えることはできない。

敗者も勝者の振る舞いをただ見ていたわけではない。本土占領が間接統治方式をとった結果、日本にはＧＨＱと日本政府という二つの政府が存在した。受け身と思われがちな日本も、「新日本の建設」を目標に、戦時体制から平時体制への転換を図るために、何らかの改革を必要としていた。占領期、「マッカーサーの贈物」と言われた婦人参政権の付与、労働組合法、農地改革などの改革は、戦前からの懸案であり、ＧＨＱに先んじて敗者の側から行われた改革であったことはあまり知られていない。

たとえば改革に消極的であったと言われる吉田茂でさえ、農地改革について次のように振り返っている。

> 徹底的な改革が根づいたのは、農地改革がそれまでに日本で準備されてきたからであった。〔中略〕戦後農林大臣として農地改革を担当した和田博雄《わだひろお》氏は、農林省の官僚として戦争前から農業の実態調査を行ない、農地改革についても計画を練っていた。それは本格的な研究で実態もよく調査されていた。こうして、農地改革は、占領軍から指示

されるまえに、日本側から提示されることとなった。もちろんこれに対して反対意見も出た。それはかなり強いものであったから、占領軍がこれを後押ししなかったならば、農地改革は実現しなかったかも知れない。〔中略〕つまり、農地改革は日本政府がイニシアチブをとり、それを占領軍が後押しし、さらに占領軍が初めの日本政府の計画をこえて、いっそう徹底した改革を指令したものである。また戦前から存在した農民運動が小作人の解放を求めて運動をつづけてきたということも重要であった。彼らは農地改革が行なわれることを知っておおいに喜び、情熱を傾けて農地改革の実施を助けたのである。また下級農村官吏や農村の吏員などの多くは、農地改革に賛成し、その実施のために力を傾けた。

（『激動の百年史』）

吉田も指摘するように、改革は所管する官僚たちによって、戦前から企図され、改革を求めるさまざまな社会運動によって支えられ、占領下の民主化によって一気に解き放たれたと言える。占領軍の「後押し」をどう考えるか重要であるが、改革を戦前・戦時と戦後の連続性のなかに位置づける必要がある。

他方で、占領は戦時と戦後を断ち切るものでもあった。幣原喜重郎《しではらきじゅうろう》から、吉田茂、片山哲《かたやまてつ》、芦田均《あしだひとし》ら占領期の首相たちは、戦時軍部に追われて逼塞《ひっそく》していた。彼らにとっては、敗戦は解放でもあり、戦時は否定すべき時代だった。その意味で、戦前に自己形成を終えた彼らが、戦時を経て、戦後の新たな出発に際し、どのように自己革新を図り対応していったかを考える必要がある。

占領期とは、戦後日本の再生に向けて、日米間でさまざまなヴィジョンが競われた、可能性を内包した時代であった。

ヴィジョンは、日米ともにそれぞれの過去のなかから導き出される。占領期の日米間の軋《あつ》轢《れき》はこの過去をめぐって生まれ、再生は日米のさまざまなヴィジョンの対立・協調のなかから紡ぎ出されていった。占領は、占領した者とされた者が織りなす相互作用、つまりダイナミズムの産物であった。

二つの占領――占領と戦後政治

本書は副題に示したように、東京（日本本土）―ワシントン―沖縄の三つの観点から、日本占領を描き出そうという試みである。

本土と沖縄はほぼ同時期に占領を経験するが、区別して扱われ、日本占領とは本土占領について語られることが多い。沖縄は米軍の直接軍政下に置かれ、日本国憲法などの民主化改革、講和・独立からも置き去りにされてきた。本土占領と沖縄占領を対比して映すことで、日本占領も異なる相貌《そうぼう》を帯びることになる。それは、日本占領と戦後そのものを問い直すとともに、相対化、そして総体化するものでもある。

本書は、本土と沖縄の二つの占領を通じて、日本占領像を明らかにし、戦後政治史のなかに位置づけることを目的としている。同時に、「押しつけられた」戦後像からの脱却の試みでもある。そのうえで、次の三つに注目していく。

第一に、改革と講和を含め、アメリカおよびGHQの占領政策がどのようなものであり、その政策目的は達成されたのか。また日本側との交渉においてそれはどのように変わったのか、変わらなかったのか。

第二に、占領改革が戦前・戦時とどのように連続し、どのように断絶していたのか。

第三に、日本占領が戦後体制の形成にどのような影響を及ぼしたのか。

以下、第1章から第3章までの占領と改革、第4章と第5章の経済復興と講和の二つの時代に大きく分けて、日本占領をたどる。

第1章では、敗戦前後からGHQが成立するまでの時期を対象に、GHQの「非軍事化」政策の遂行とこれに対する日本側の対応を追う。

第2章では、まず「民主化」改革をめぐる日米と国内の相克について日本国憲法の制定過程を通じて明らかにする。次いで、復活した政党を中心に、民主化と経済復興をめぐるGHQと日本側で展開された政治を追う。

第3章では、日本国憲法制定後初めて成立した片山内閣の事績を、民主化と経済復興問題を中心にみる。

第4章では、冷戦に呼応して明らかとなったアメリカの占領政策の転換のなかで、東京とワシントン（GHQと米本国政府）、そして国内のさまざまな政治勢力が経済復興をめぐってどう対応したかをみる。

第5章では、講和問題を通して、日本側の国際社会への復帰プラン、そして、日米および連合国との相克を明らかにする。

敗戦は日本に、明治維新に次ぐ第二の「開国」を迫った。戦後日本の原点としての占領とは何だったのか。占領によって、日本および日本人は何を得、何を失ったのか。日本はどのような国柄をもって、国際社会と結びつこうとしたのか。「戦後」も七〇年を数え、その終焉《しゅうえん》がつねに叫ばれるなか、本書では生き残り続ける「戦後」をあらためて問うものである。

第1章　敗戦と占領――非軍事化、民主化へ

I　日本降伏からGHQの成立へ

米軍の進攻――沖縄の占領

一九四四年夏――ハワイ真珠湾会議

一九四四年（昭和一九）七月一八日、サイパン陥落を機に東条英機《とうじょうひでき》内閣が倒れ、二二日小磯国昭《こいそくにあき》内閣が成立した。後退する戦場では死闘が続き、生産は崩壊し、物資が窮迫するなか、いたずらに「聖戦完遂」の呼号だけが響きわたっていた。制空権を奪われ、補給路を断たれた日本は、こののち裸の列島と化していく。

七月二六日、真珠湾に面するホノルルの司令部に、フランクリン・ローズヴェルト米大統領、ダグラス・マッカーサー将軍、チェスター・ニミッツ提督らが集まった。ワシントンではこの春より、ニミッツが指揮する太平洋方面軍にマッカーサーの兵力を吸収し、フィリピンを素通りして、台湾を攻撃する構想が浮上していた。

この戦略はマッカーサーにとって面白くないものだった。何より、三年前に日本軍に追われ、フィリピンから撤退する際の約束、「アイ・シャール・リターン」を果たす機会を奪う

ものだったからである。

マッカーサーは一つの決意を持って大統領との会談に臨み、自説を展開した。フィリピンの確保は、南方から日本への一切の補給物資の流れを空と海から遮断することになり、日本の産業を麻痺《まひ》させ、早期降伏に導くことができる。さらに、米国の領土であるフィリピンの解放、さらに現地の捕虜収容所にいる何千人ものアメリカ人の解放はアメリカの道義的な義務であると。

マッカーサーの長広舌は三時間に及んだ。会談を終えた大統領は侍医に、「寝る前にアスピリンを一錠くれないか。いや明日の朝飲む分ももう一つだ。これまでの生涯で私に向かってマッカーサーのような口調でしゃべる奴には会ったことがない」と漏らしたという。

アイ・シャール・リターン

マッカーサーの主張は受け入れられ、一〇月三日、マッカーサーとニミッツにフィリピンのルソン島、硫黄島《いおう》（小笠原諸島）、沖縄の攻略が命じられた。対して日本の大本営は、米軍の侵攻ルートをフィリピン―台湾のラインと考え、沖縄守備軍の一部を台湾に転用していた。

一〇月一〇日、ニミッツはフィリピンへの進攻作戦に先だって、南西諸島から台湾方面に散在する日本軍の拠点を攻撃した。同日午前六時を期して行われた南西諸島への攻撃は、沖縄本島北飛行場（読谷村《よみたんそん》）、小禄《おろく》飛行場を標的とし、宮古《みやこ》島など他の島にも及んだ。迎え撃つ日本軍は、守備態勢の不備もあり、停泊中の海軍艦船や輸送途中の航空機などが一方的に破壊される。民間人にも激しい攻撃が及び、那覇《なは》市の市街地は九割が焼失、乏しいなか蓄えた食糧も焼き尽くされた。

こののち米艦隊は、一〇月一一日台湾の航空基地攻撃へ移り、一二日から応戦する日本軍との間で、いわゆる台湾沖航空戦が展開されることになる。

一〇月二〇日、マッカーサーはフィリピン南部のレイテ島に上陸、「アイ・シャール・リターン」の約束を果たした。レイテ島で勝利し、彼は一路首都マニラをめざした。年が変わった一九四五年二月六日、マッカーサーは「マニラ奪還なる」の声明を発する。だが、フィリピンを完全に制圧するまでにはなお数ヵ月を要した。二月一九日、ニミッツも硫黄島に上陸したが、激しい日本軍の抵抗に予想以上の犠牲を強いられていた。

同じ二月、ソ連のクリミア半島ヤルタにローズヴェルト、チャーチル英首相、スターリン・ソ連首相が集まった。会談の主たるテーマはヨーロッパの終戦処理問題であったが、このとき米ソ首脳間で一つの密約が交わされた。それは、ソ連がドイツ降伏後三ヵ月以内に対日参戦すること、アメリカは見返りとしてソ連に日本からの南樺太《みなみからふと》の返還、千島《ちしま》の譲渡を容認するというものだった。

ヤルタ会談が行われている頃、昭和天皇は、近衛文麿《このえふみまろ》、広田弘毅《ひろたこうき》、東条英機ら七人の重臣たちに、戦局の見通しとその対策について意見を聴いていた。近衛は「近衛上奏文」と呼ばれる文書を提出し、戦争を続けると国内の不満が高まり共産革命が起きる、アメリカは皇室の存続を認めているとして早期終戦を説いた。このときは近衛だけが終戦を明確に進言したという。しかし、天皇は「もう一度戦果を挙げてからでないと中々話は難しい」(『侍従長の回想』)と、なお一撃和平論を主張した。

沖縄戦と鈴木貫太郎内閣の成立

フィリピン戦線での後退が続く一方、米軍の本土空襲は激しさを増していた。三月九日から一〇日にかけて東京下町を襲った東京大空襲から、大阪、神戸、名古屋などの大都市が焼夷弾爆撃の猛威にさらされた。

三月一七日硫黄島が陥落し、二六日米軍は沖縄本島西方約三〇キロメートルに位置する、慶良間《けらま》諸島に上陸した。同日ニミッツは、海軍軍政府布告第一号「アメリカ軍占領下の南西諸島及其《およびその》近海居住民に告ぐ」(ニミッツ布告)を出し、南西諸島における日本政府の権限を停止し、実戦部隊による軍政活動を始めた。ここに沖縄の占領は本土とは異なる、「交戦中の占領」、すなわちポツダム宣言ではなく、戦時国際法「ハーグ陸戦法規」(同条約付属書第三款)に基づいて始まる。

四月一日、米軍は沖縄本島中西部に上陸を開始。読谷村・北谷村《ちゃたんそん》沿岸から首里《しゅり》の日本軍総司令部をめざして兵を南に進めた。以後沖縄は戦闘の激しい中南部と戦闘の少ない北部に二分され、中南部の住民たちは「鉄の暴風」「血の暴風」とも呼ばれた米軍の艦砲射撃に加え、飢餓地獄にさらされる。

四月五日、小磯内閣が蔣介石《しょうかいせき》との和平工作に失敗し総辞職した。同日、ソ連は日ソ中立条約を延長しない旨通告してきた。後継首相として、七七歳の鈴木貫太郎《すずきかんたろう》枢密院議長に大命が下った。鈴木は一九三〇年代に侍従長を経験して以降、天皇の厚い信頼を受けていた。鈴木は昭和天皇の意思が終戦にあることを感じとり、その機会を待った。鈴木は、沖縄戦である程度アメリカを叩いたら、和議に踏み出そうという心積りであったという。

だが沖縄戦は悪化の一途をたどる。日本軍は後退を重ね、五月三〇日には本島南端の摩文仁《まぶに》（現糸満《いとまん》市）に撤退して防御陣を構えたが、この時点で沖縄の守備にあたっていた第三二軍は戦力の八〇％を消耗、三一日までに米軍は日本の総司令部があった首里市を占領した。

六月六日、海軍部隊司令官の大田実《おおたみのる》少将は、海軍次官宛に「沖縄県民斯《か》く戦えり、県民に対し後世特別の御高配を賜らんことを」を結語とした電報を打ったのち、一三日豊見城《とみぐすく》の海軍司令部壕《ごう》内で自決した。続いて二三日、沖縄守備軍司令官牛島満《うしじまみつる》中将と参謀長長《ちょう》勇《いさむ》中将が摩文仁司令部で自決、沖縄戦は事実上終結した。

沖縄戦では、日本側が島民義勇軍を含む守備隊約九万人、非戦闘員約一〇万人、アメリカ側で四万九〇〇〇人の人命が失われたという。

沖縄の民間人収容所《キャンプ》

米軍は沖縄戦を遂行する一方、戦闘を避けて山中を逃げ、壕に潜んだりしていた民間人を、本島中北部の非戦闘地区に設けた収容所に続々と送り込んだ。将来の日本本土進攻に備えて軍事基地を確立し、治安の維持を確保するためである。

収容所は、知念《ちねん》、コザ、前原《まえはら》など全島一二ヵ所に設けられた。日本軍人と強制連行された朝鮮人「軍夫」の収容所は別に設けられた。軍人・軍属を除いた収容者数は、一九四五年六月二三日には二二万二〇〇〇余り、沖縄本島および周辺離島を含めた人口の八五%に達した。

収容所は有刺鉄線を張りめぐらしただけのにわか造りで、人びとはそこにテントを張り、掘立小屋を作り雨露をしのいだ。食糧・衛生環境は悪く、放っておけば住民は餓死するしかなかった。米軍は沖縄住民に対し、最低限必要な食糧、衣料、テント、薬品、その他の物資を無償で給付した。これに対し、人びとは収容所の建設、米軍施設の雑役、沖縄戦の跡始末など「軍作業」に駆り出され、その報酬として食糧や物品が支給される物々交換の生活で糊口《こう》をしのいだ。

収容所での生活には、さまざまな制約や制限が課された。各収容所間の通行は制限され、夜間の外出も禁止、肉親の安否を尋ねることさえ許されなかった。かくして沖縄の「戦後」は収容所から始まったのである。

敗　戦――ポツダム宣言の受諾

アメリカの本土進攻作戦

一九四五年四月八日、米国統合参謀本部（JCS）は日本本土に最後のとどめを刺す計画「ダウンフォール作戦」の最終案を決定した。それは三段階からなっていた。まず沖縄、マリアナ、フィリピンの基地を利用して九州および本州を空と海から爆撃封鎖し、「オリンピック作戦」と命名された九州上陸作戦を準備する。次いでオリンピック作戦を実行し、本州への爆撃封鎖を強化する。最後に「コロネット作戦」と名付けた関東平野制圧作戦を敢行、産業の心臓部を破壊し、組織的抵抗を終息させるというものだった。

四月一二日ローズヴェルト大統領が急死し、後任にハリー・トルーマン副大統領が昇格した。五月七日ドイツが連合国に無条件降伏し、残された枢軸国は日本だけになった。

六月に入ると、トルーマンはオリンピック作戦を承認。当初、一二月一日とされていた作戦の開始日は、ドイツの降伏を受けて一ヵ月前倒しされ、一一月一日に、コロネット作戦は翌年三月一日とされ、戦争終了は一一月一五日と想定するようになる。ワシントンにとって日本の降伏は、まだ先が長い未来の出来事であった。

ブラックリスト作戦――マッカーサーの本土進駐作戦

他方で統合参謀本部は、一九四五年六月一四日、マニラのマッカーサー司令部に「日本の突然の崩壊や降伏に備えて」日本を占領する計画を作成するよう指示する。マニラでは「ブラックリスト」の暗号を付した日本への平和的進駐計画の立案が始まる。八月五日には、直接軍政を前提として、沖縄軍政府副長官だったウィリアム・クリスト准将を局長とする軍政局（Military Government Section）が設置される。

八月八日、ブラックリスト作戦最終案の第三版が完成した。それは直接軍政方式に依拠しながら、その目的を①日本軍の戦闘停止と速やかな武装解除、②日本政府の全権限の軍司令官への委譲、③日本人官吏と警察による法と秩序の維持、④軍需物資と施設の接収、復員に置いていた。

最終案では、上陸地を関東平野、長崎・佐世保、神戸・大阪・京都、青森（大湊《おおみなと》）、ソウルとし、そこからそれぞれ福岡、名古屋、札幌、釜山《プサン》に進み、さらに瀬戸内沿いに広島・岡山、高知、敦賀、仙台、新潟などに進駐する作戦が組み立てられていた。

日本の終戦工作

五月のドイツ降伏後、日本は徹底抗戦か戦争終結かの間で揺れていた。五月一八日、最高戦争指導会議は最小限ソ連の参戦を阻止し、できればソ連に講和の仲介を依頼するとした。

この密命を帯びて、重臣の広田弘毅はマリク駐日ソ連大使と秘かに接触を図った。

六月八日の御前会議は、米軍の本土上陸を必至とみて、国体護持と皇土防衛を骨子とする「戦争指導大綱」を決定した。この会議ではまた、日本の国力がすでに戦争継続に堪ええないとの報告が出された。天皇が終戦に向けて直接その意思を明らかにしたのは、この御前会議の直後である。天皇は木戸幸一《きどこういち》内大臣に戦争を終結させる必要を語り、これに従い木戸は「時局収拾試案」を起草、鈴木首相らに諮った。

六月二二日の御前会議で、天皇は八日の決定に従い戦争を継続することはもっともであるが、また一面時局収拾につき考慮することも必要であろうと発言する。これに対し、鈴木首相、米内光政《よないみつまさ》海相、東郷茂徳《とうごうしげのり》外相らはソ連を通じて戦争の終結を斡旋《あっせん》させる方針を述べ、陸軍も「慎重を要する」としたが反対はしなかった。ソ連を通じて極秘裏に和平交渉を行うことが決定されたのである。この翌日、沖縄戦が事実上終結した。

ソ連から回答が返ってくることはなかった。七月一三日、日本政府が近衛訪ソの申し入れを行った頃、スターリン、モロトフ外相はベルリン郊外ポツダムに発《た》とうとしていた。

ポツダム会談――米ソの暗闘

一九四五年七月一七日、ポツダムにトルーマン、チャーチル（総選挙で保守党が敗北し、二八日から労働党のアトリーに交代）、スターリンの米英ソ三首脳が顔をそろえた。トルーマンは国際政治の表舞台への初登場に、そして老練な二人を相手にしなければならないことにいささかの緊張を覚えた。

第一回目の会議前日、スターリンがトルーマンを訪ね、単刀直入に「〔ソ連は〕八月半ば対日参戦する用意がある」と、ヤルタの密約を忠実に履行すると切り出した。またスターリンは、日本から近衛訪ソの要請があったことを告げ、無視、拒否、そして日本に脈があると信じさせるという三つの選択肢があるが、自分は三つ目の途《みち》をとると述べた。スターリンは対日参戦にあたり、日ソ中立条約を破る大義名分を欲していた。

暗号名「ターミナル（終着駅）」と付されたポツダムでの一連の会議は、日本問題が主題だったわけではない。会議はポーランド問題を含めヨーロッパの戦後処理問題をめぐって対立・紛糾したように、早くも戦後世界のあり方をめぐって、米ソの闘いが始まっていた。

日本問題に動きがあったのは、七月二四日に開かれた第八回会議だった。この日トルーマンは初めて、チャーチルとスターリンに、日本に降伏を要求する最後通告の案文（のちのポツダム宣言）を示した。このときトルーマンは、スターリンにアメリカがかつてない威力ある新兵器、つまり原子爆弾を所有していることを遠回しに伝えている。これに対し、スターリンは無表情に、その兵器が日本人に対して「有効に」使われることを望むと答えたという。

ポツダム宣言

七月二六日、「ポツダム宣言」が米英中三国の名で出された。トルーマンは、ソ連はいまだ参戦していないとして、周到に宣言当事国から外した。宣言は一三ヵ条からなり、「吾等《われら》の軍事力の最高度の使用は日本国軍隊の不可避且《かつ》完全なる壊滅を意味すべく、又同様必然的に日本国本土の完全なる破壊を意味」すると告げ、日本に「今次の戦争を終結するの機会を与」えるものであるとして、次の条件を課した。

すなわち、軍国主義の排除、日本領土を本州、北海道、九州および四国ならびにその周辺小島に限定すること、日本軍の武装解除、日本国民の間にある民主主義的傾向を復活強化すること、言論、宗教および思想の自由ならびに基本的人権を尊重することなどである。

ポツダム宣言で注目すべきことは、たとえば第一〇条で「日本国政府は日本国国民の間に於ける民主主義的傾向の復活強化に対する一切の障礙《しょうげ》を除去すべし」と明記されたように、これまでの交戦中の占領を前提とした直接軍政から、占領軍が天皇と日本政府を通して間接統治を行うという重要な変更がなされていたことである。ちなみに、原案での主語は「日本国国民」となっていたが、イギリスの助言で「日本国政府」に改められたという（『占領下の日本』）。

トルーマンはスターリンから対日参戦の約束を取りつけたが、会議を通じて米ソがうまくやっていけるかどうかについては疑問を持ち始めるようになっていた。ポツダムを去るにあたって、トルーマンは秘かに決意する。

ソ連に対日参戦させたい熱意に燃えていたが、ポツダムにおける苦い経験から、私はソ連には日本の管理に参加させない決意を固めた。私は心の中で、日本に対して勝利を得たら、マッカーサー将軍に完全な指揮で管理させること決めた。

（『トルーマン回顧録』I）

それは戦時の米ソ協調の枠組みを崩し、二つの大国が戦後世界の版図をめぐって相まみえる始まりと言えるものであった。

昭和天皇の「聖断」

七月二七日、最高戦争指導会議はポツダム宣言への対処をめぐって対立した。東郷外相が和平へのきっかけを逃すべきでないと何ら意思表示を示さないことを強調したのに対し、軍は士気に影響するとして、首相より厳しく反撃して欲しいと求めた。

七月二八日、新聞は「三国共同の謀略放送」「笑止、老獪《ろうかい》な謀略」などの見出しでポツダム宣言の内容を報じた。この記事の傍らに、鈴木首相の「ただ黙殺するだけである」との発言が載った。鈴木は軍部の強硬姿勢を前に、いまだ和平への合意に確信を持てなかった。しかし、連合国はこの「黙殺」を「拒否」と受け取り、結果的に八月六日の広島への原爆投下の引き金となった。

八月八日、ソ連が予定を早めて対日参戦し、翌日満州の地を怒濤《どとう》のように南下する。ポツダム宣言を受諾するか否か、徹底抗戦か和平かの二者択一を迫られたのである。

この八月九日、最高戦争指導会議が開かれた。東郷外相、米内海相は、国体護持のみを条件とする受諾を説いた。他方、阿南惟幾《あなみこれちか》陸相、梅津美治郎《うめづよしじろう》参謀総長、豊田副武《とよだそえむ》軍令部総長は、戦争犯罪人、武装解除、占領の範囲についても条件を必要とすると主張した。会議は、両者の対立が解けないまま暗礁に乗り上げた。そこへ長崎への原爆投下の報《しら》せが届く。この夜、最高戦争指導会議は御前会議として再開され、天皇の「聖断」によって和平と決まった。ただし軍部は、国体護持、つまりは天皇の統治権について、アメリカに打診することを条件としてつけた。

八月一二日、アメリカから届いた返電は、「天皇と日本政府の権限は連合国最高司令官に従属する。日本国政府の最終形態はポツダム宣言に従い、日本国民の自由に表明する意思により決定せられるものとする」との条項を繰り返す、そっけないものであった。これを受けて開かれた一三日の最高戦争指導会議と閣議との合同会議でも、国体護持の可能性に関し意見は分かれた。翌一四日午前、異例にも天皇自ら御前会議を召集し、再び「聖断」が下され、日本の降伏が決まった。同日、木戸内大臣は松平康昌《まつだいらやすまさ》内大臣秘書官長を通じて、東久邇宮《ひがしくにのみや》稔彦《なるひこ》王に後継の打診を行った。

敗戦と国民

八月一五日、ラジオは朝から繰り返し、正午に重大放送があると報じた。温度計がじりじり上昇するなか、人びとはそれぞれの場所で、固唾《かたず》をのんでそのときを待った。ラジオから届いた初めての天皇の肉声は、「茲《ここ》に国体を護持し得て忠良なる爾臣民《なんじしんみん》の赤誠《せきせい》に信倚《しんい》し常に爾臣民と共に在《あ》り」と述べ、国民にポツダム宣言受諾を、敗戦を告げるものだった。

各地から寄せられた内務省の情勢報告は、「軍民問わず突然の発表に呆然《ぼうぜん》自失の態《てい》」（大分県）、「民心の約七割は、陛下の重大放送は戦争遂行の最後の決意を御放送あるものと期待を持せる処《ところ》、その結果は和平、戦争終結なりしを以て呆然落胆悲憤慷慨《ひふんこうがい》する者各所に散見」（大阪府）、「一般民心の動向は一口に言えば『残念だ、併《しか》しほっとした』と云う処であるが、このほっとした気持ちは妻君連中に最も強し」（群馬県）などと伝えている。

人びとにとって敗戦は青天の霹靂《へきれき》であり、呆然自失となったが、長い戦争が終わったという解放感に包まれたとしても不思議ではない。だが、ほどなくして戦時から余儀なくされてきた衣食住にこと欠く厳しい日常に引き戻されることになる。

この日、鈴木貫太郎内閣が総辞職し、翌一六日に組閣の大命が東久邇宮に下った。外地軍説得のため、朝香宮《あさかのみや》、竹田宮《たけだのみや》、閑院宮《かんいんのみや》の三皇族もまた、それぞれ中国、朝鮮、南方に向けてあわただしく発った。

指導者たちの八・一五——この敗戦必ずしも悪しからず

では、戦後日本の指導者たち、特にのちに首相を務める政治家たちはどのような思いをもってこの日を迎えたのだろうか。

戦前、外相として英米協調路線を進めた幣原喜重郎は、軍部に追われ戦時中は逼塞状態にあった。敗戦の報に思わず落涙したが、「国民はこの際徒《いたず》らに死児の齢を算《かぞ》えて感傷的気分に日を送るよりも、寧《むし》ろ勇気と耐忍と希望を以て帝国再興に専念努力すること何よりも肝要と存候《ぞんじそうろう》」（『幣原喜重郎』）と思いを改めている。この日以来、幣原は門を閉ざしてひたすら謹慎の意を表した。

吉田茂は、憲兵隊監禁中の栄養不良がたたり大磯《おおいそ》に臥《ふ》しており、終戦の玉音放送も病床で聞いた。しかしその意気は高く、ある種奇妙な昂揚感と自信に満ちていた。

今までのところ我が負け振りも古今東西未曽《みぞう》有の出来栄えと申すべく、皇国再建の気運もここに蔵すべく、軍なる政治の癌《がん》切開除去、政界明朗国民道義昂揚、外交自ら一新致すべく、これに加え科学振興、米資招致により財界立ち直り、遂に帝国の真髄一段と発揮するに至らば、この敗戦必ずしも悪しからず。
（『吉田茂書翰』）

芦田均は、正午の放送を銀座の交詢社《こうじゅんしゃ》で聞いた。「起立して聞くも暗然として涙をのむ。荘厳な真摯《しんし》な光景であった」(『芦田均日記』、以下『芦田日記』)と記す。

鳩山一郎《はとやまいちろう》は終戦の報を軽井沢で聞いた。「田舎の人達はみんなワアワア泣いていた。私も泣いた一人だった。刹那《せつな》の感情はそうであったが、同時に、だんだんと日本の再建を民主主義による立派な議会政治でしなければならないと考えた」(『鳩山一郎回顧録』)。

石橋湛山《いしばしたんざん》は、「本日正午、天皇の玉音に依《よ》って、停戦発表」ときわめて淡々と日記に書きとめた。その三日後、「予はある意味において、日本の真の発展のために、米英などとともに日本内部の逆悪と戦っていたのであった。今回の敗戦が何ら予に悲しみをもたらさざる所以《ゆえん》である」と珍しく感情を露《あら》わにした(『石橋湛山日記』八月一五日、一八日)。

他方、のちに社会党に結集する人びとはどうであったか。片山哲は、神奈川県片瀬《かたせ》(現藤沢市)の自宅で敗戦の日を迎えた。片山は「平和の時代が必ず程なく来るとの前途に希望をもちつつ」時を待ち、終戦を機にかつての仲間たちと社会主義政党の結成に乗り出した。

大阪市中で敗戦の報を聞いた西尾末広《にしおすえひろ》は、「敗戦を悲しむ涙」と戦争が終わったことに対する「安堵《あんど》と喜びの涙」の間で、労働組合と社会主義政党の再建に思いを馳《は》せた。この日のうちに京都に水谷長三郎《みずたにちょうざぶろう》を、一七日には上京し、松岡駒吉《まつおかこまきち》と戦前からの同志たちを訪ねる。

鈴木茂三郎《すずきもさぶろう》は、一九三七年に反ファシズム人民戦線の結成を企てたとされる人民戦線事件で上訴中の身であったが、「街頭で手放しで泣いた」。鈴木は、占領政策がどのようなものか、その政策のもとでどのような情勢が展開されるか、にわかに判断がつかなかったという。戦後日本の指導者となる人びとは、戦時体制の抵抗者として、沈黙を強いられてきた。その意味で、戦時日本は否定されるべきものであり、敗戦は解放でもあった。彼らは占領政策がどのようなものになるか見定めもつかないなか、新日本の建設に向けて走り出していく。

東久邇宮内閣の成立

東久邇宮稔彦王は首相を引き受けるにあたり、「終戦直後の大混乱さえ突破してわが国の前途について大体の目鼻がつくようになれば、政治家のうちから、私の後を継ぐ人も出て来るだろう」(『一皇族の戦争日記』八月一六日)と、初の皇族出身の宰相として戦後の危機突破に立ち向かう覚悟を示した。

東久邇宮稔彦王(1887〜1990)
陸軍大学校卒. 1920〜26年仏留学. 自由主義的思考から戦前も首相候補に. 日米戦争中は防衛総司令官. 敗戦直後の混乱収拾を期待されたが, 10月４日の「人権指令」を受け辞任

東久邇宮は明治天皇の第九皇女を妃とし、昭和天皇の長女成子《しげこ》内親王を嗣子盛厚《もりひろ》王の妻に迎え、天皇にもっとも近い縁者であった。自ら「やんちゃ坊主」と称した彼は、第一次大戦後七年間のフランス留学中、自由主義者のみならずクレマンソーら社会主義者などとも広く交際を重ね、平和主義や民主主義に親

しんでいた。

大命降下を受けるにあたって、東久邇宮は天皇から「特に憲法を尊重し、詔書を基とし、軍の統制、秩序の維持に努め、時局の収拾に努力せよ」と指示を受ける。

八月一七日、東久邇宮は近衛文麿、緒方竹虎《おがたたけとら》の協力を得て組閣を終えた。できあがった内閣は、東久邇宮自身が希望した新しい政治を切り拓く新進気鋭の人びとではなく、老練、無難、保守的な人びとが占めた。一九日には占領軍の受け入れ交渉を行うために、河辺虎四郎《かわべとらしろう》参謀次長がマニラに派遣された（二一日帰国）。河辺は二三日先遣隊が到着し、八月末にマッカーサーが厚木に着くとの報をもたらした。

占領軍の進駐は折からの台風によって遅れた。八月二八日、占領軍の先遣隊が到着した日、東久邇宮は記者会見を行い、戦時の「一億一心」「一億火の玉」に似た「一億総懺悔《ざんげ》」を説き、戦時体制から平時体制への転換に向けての決意を表明した。そして、近く議会を解散し衆議院選挙を行う予定であり、選挙の前提として選挙制度の検討、すべての政治犯の釈放、言論・集会・結社の自由を認めることなどを関係大臣に即時実行するよう求めた。しかし、彼の改革への意欲は果たせぬまま、GHQに先を越されることになる。

マッカーサーの日本進駐――占領の構造

マッカーサーの二つの「帽子」

一九四五年八月一四日夜、トルーマン大統領はホワイトハウスで、日本が正式にポツダム宣言を受諾したと勝利宣言を行い、連合国最高司令官にマッカーサーを任命すると発表した。トルーマンはまた、対日戦におけるアメリカの圧倒的役割を背景に、スターリンによるソ連極東軍司令官をマッカーサーと並ぶ最高司令官に就けるという要求、および北海道の北半分を占領する準備があるという申し入れを拒否した。

マッカーサーは最高司令官任命の報を、「年老いた戦士への軍神マルス（ローマ神話の戦と農耕の神）からの最後の贈り物」と素直に喜んだ（『ダグラス・マッカーサー』下）。こうしてマッカーサーは、米太平洋陸軍（一九四七年一月米極東軍に改編）最高司令官に加え、連合国最高司令官という二つの「帽子」を被《かぶ》ることになる。彼はこの二つの司令官であることを時に使い分け、ワシントンに対抗していく。

マッカーサーは、一八八〇年アーカンソー州リトルロックの陸軍兵舎で生まれた。ウェストポイントの陸軍士官学校で平均点九八点を取り首席で卒業、五〇歳で大将、一九三〇年には最年少の陸軍参謀総長になったきわめて優秀な職業軍人であった。

マッカーサーは、一九〇五年から〇六年にかけてアジアを見て回って以来、アジアに強い関心を抱き、降伏した日本へ降り立つまでに、フィリピンをはじめとするアジア地域に延べ一六年間暮らしてきたという。マッカーサーはワシントンに戻ることなく、新しい任務について何ら説明を受ける機会もなく日本に向かった。

D・マッカーサー（1880～1964） アーカンソー州リトルロック生まれ．1903年陸軍士官学校を首席で卒業．在フィリピン米軍司令官などを歴任した父アーサーのもとアジアに強く関心を持つ．05年に父が駐日米大使館付武官に就任すると来日．副官として東京勤務．第1次世界大戦中は西部戦線で戦闘に参加し負傷も経験．30年史上最年少で参謀総長に．32年，退役軍人たちの恩給問題に端を発したボーナス・マーチ事件で排除行動を展開．背後に共産主義者がいるとの風評から激烈な反共主義者としての行動だった．35年に参謀総長を退任，フィリピンに赴き軍事顧問に．37年に米陸軍退役．41年7月大統領要請を受け現役復帰し，在フィリピン米極東軍司令官．日米開戦後，フィリピン侵攻の日本軍に攻められて退却を重ね，42年3月オーストラリアへ撤退．“I Shall Return”はこのときの言葉である．4月米英豪蘭軍を指揮する南西太平洋方面の連合国軍総司令官．日本のポツダム宣言受諾後，45年8月14日連合国最高司令官（SCAP）に就任．以後，解任される51年4月まで絶大な権力を日本で誇った

八月二九日、マニラから日本に向かう機中で、マッカーサーは忙しくコーンパイプから煙を吐き出しながら、彼の改革プランを熱っぽく語った。

まず軍事力を粉砕する。次いで戦争犯罪者を処罰し、代表制に基づく政治形態を築き上げる。憲法を近代化する。自由選挙を行い、婦人に参政権を与える。政治犯を釈放し、農民を解放する。自由な労働運動を育てあげ、自由経済を促進し、警察による弾圧を廃止する。自由で責任ある新聞を育てる。教育を自由化し、政治的権力の集中排除を進める。そして宗教と国家を分離する。
（『マッカーサーの二千日』）

この日、マッカーサーはワシントンから「降伏後におけるアメリカの初期対日方針」（ＳＷＮＣＣ１５０／４／A、以下「初期対日方針」と略す）の写しを受け取った。ＳＷＮＣＣ《スウィンク》は、占領地行政の遂行のために国務、陸海軍三省間の調整機関として設けられた委員会（State, War & Navy Coordinate Committee）の略である。マッカーサーが語った改革プランは、事実上この「初期対日方針」にすべて含まれていたが、彼はこの点に触れていない。

「青い目の大君」

八月三〇日、愛機バターン号から悠然と厚木飛行場に姿を現したマッカーサーは、出迎えたアイケルバーガー中将と握手し、穏やかな声で「メルボルンから東京まで、思えば長い道のりであった。長い長いそして困難な道程であった。しかしこれで万事終わったようだ」と語りかけた。

マッカーサーは占領期「青い目の大君」として、のちに冷戦の封じ込め政策を起案したジョージ・ケナンから「事実上、昔の君主に等しい役柄」と言われた立場にあり、マッカーサー自身も次のように回顧している。

私は日本国民に対して事実上無制限の権力をもっていた。歴史上いかなる植民地総督も、征服者も、総司令官も、私が日本国民に対してもったほどの権力をもったことはなかった。私の権力は至上のものであった。

（『マッカーサー回想記』下）

マッカーサーは一九五一年四月にその職を解かれるまで、日本を、さらには東京すら離れることは皆無に近かった。住居となった米大使館とGHQの置かれた第一生命ビルの間を、道を変えることなく往復する、判で捺《お》したような毎日を送った。また、日本人の目の前に姿を現すことも、直接語りかけることもなかった。

マッカーサーは、自分の部下たちに対してはほとんど絶対的な忠誠を要求したが、日本人自身の問題に介入することを嫌い、日本人自身によって処理させる方針を貫いた。他方で自分の上司、つまり大統領と統合参謀本部長の下した決定については、いつも批判がましい態度をとり、時には命令を無視し、しばしばワシントンと衝突した。

個性の強い軍人マッカーサーを戴《いただ》くことで、日本の占領は「マッカーサーの占領」となった。彼は政治的には共和党系の保守主義者として知られていたが、日本で見せたのは、勝者としてだけでなく改革者としての姿だった。その役割を自ら次のように位置づけている。

しかし、権力をもつことと、それを実際どう行使すべきかということは、別物であった。私の職業軍人としての知識は、もはや大きな要素ではなかった。私は経済学者であり、政治学者であり、技師であり、産業経営者であり、教師であり、一種の神学者であることが要求されたのである。（同前）

降伏文書の調印

九月二日、東京湾のミズーリ号艦上で降伏文書への調印式が行われた。日本側からは重光《しげみつ》葵《まもる》外相、梅津美治郎参謀総長がそれぞれ政府と軍を代表して署名した。

マッカーサーは、大戦中フィリピンとシンガポールでそれぞれ日本軍の捕虜となったジョナサン・ウェーンライト中将、アーサー・パーシバル中将を従え、調印に臨んだ。それは二人の不名誉を拭《ぬぐ》い去るべく用意された配慮であると同時に、勝者と敗者のコントラストを際立たせる演出でもあった。またマッカーサーの背後には、一〇〇年ほど前ペリー提督が日本に開国を迫った際、旗艦ミシシッピに掲げられていた星条旗が飾られ、それは日本に第二の「開国」を迫る演出でもあった。

マッカーサーは調印に際し、「われら主要参戦国の代表はここに集まり、平和恢復《かいふく》の尊厳なる条約を結ばんとしている。相異なる理論とイデオロギーを主題とする戦争は世界の戦場で解決され、もはや論争の対象とはならなくなった。また地球上の大多数の国民を代表して

戦艦ミズーリ上での日本の降伏調印式（1945年9月2日）　日本全権に続いてサインをするマッカーサー．すぐ後ろには戦中にフィリピン，シンガポールでそれぞれ捕虜となったJ・ウェーンライト（左）とA・パーシバル

集まったわれらは、もはや不信と悪意と憎悪の精神を懐《いだ》いて会合しているのではない」と列席者に語りかけ、敗者に鞭打《むちう》つことなく「自由と寛容と正義」のもとに築かれた世界の平和を呼びかけた。

このスピーチは、南北戦争末期に再選されたリンカーン大統領の就任演説をモチーフとしていた。

「直接軍政」の危機——三布告の撤回

だが、マッカーサーの理想を掲げたスピーチから数時間後、日本政府は占領という冷徹な現実に引き戻される。

降伏調印式が行われた日の午後四時、リチャード・マーシャル副参謀長は横浜で占領軍との折衝にあたっていた鈴木九萬《すずきただかつ》終戦連絡横浜事務局長を呼びつけた。

そこで鈴木に、直接軍政による占領、英語の公用語化、軍票の使用などを含んだ、「三布告」の公布を告げる。鈴木はその場で、この措置は「天皇および日本政府を通して統治する」というポツダム宣言に反するとして撤回を申し入れたが、マーシャルは撥《は》ね付けた。

布告にマッカーサーのサインがある以上、それを晩夏の悪夢と見過ごすわけにはいかなかった。この日の深夜、終戦連絡中央事務局長官として連合国軍との折衝を担っていた岡崎勝男《おかざきかつお》はマーシャルに決死の懇請を試み、三布告の公布差し止めに漕《こ》ぎ着けた。しかし、最終的決定はマッカーサーの手にあり、予断は許されなかった。

翌九月三日早朝、重光外相が横浜に向かい、マッカーサーと直談判に及んだ。マッカーサーは、「自分等は日本国を破壊し国民を奴隷とする考えは全然なし。寧《むし》ろ何とか日本の国難を救助し度《た》しと考え居るものにて、日本政府が『グットフェイス』〔ママ〕を充分示してくれれば〔ママ〕問題は簡単なり」（「重光外務大臣『マックアーサー』会見」）と答え、重光の訴えを聞き入れる。

しかし、なぜマッカーサーは重大な命令を内示しながら、日本側の要請によって、かくも日本側の夜を徹しての交渉で、直接軍政と間接統治の占領の根幹に関わる布告は回避された。簡単に撤回したのだろうか。

アメリカ政府はもともと交戦中の直接軍政を前提に、日本進駐を考えていた。マニラでマッカーサー司令部が八月八日までに作成したブラックリスト作戦もこの線に沿ったものだった。しかし、ポツダム宣言では日本政府を通じての間接統治を謳《うた》っていた。SWNCCは八月一一日から急遽直接軍政を間接統治にあらためる修正案を作成、八月三一日にようやく会議で承認される（大統領は九月六日承認）。

こうしてポツダム宣言に基づく、「初期対日方針」の写しがマッカーサーのもとに届いたのは先述したように八月二九日であり、軍政プランを変更するには時間がなかったのである。占領軍も混乱のなかにあり、手元にあった「三布告」が出されたと考えられる。

なお、近衛の女婿で側近の細川護貞《ほそかわもりさだ》は、「米兵暴行事件、二三あり、我兵が支那にて為せる暴行に較《くら》ぶれば、真に九牛《きゅうぎゅう》の一毛《いちもう》なるも」（『細川日記』下）と記し、重光外相も「大体に於て軍紀は厳正で住民に反感を起こさしめることが少ない。此点は大凡《おおよそ》支那及南方に駐屯した日本軍の行動とは雲泥の差異がある」（『重光葵手記』）と残している。二人が同様の記述をしていることは、彼我の占領を考えるとき記録に留めておくべきであろう。

連合国最高司令官総司令部（GHQ）の成立

一九四五年九月八日、マッカーサーは幕僚たちを引き連れて横浜のホテル・ニューグランドを出発、一時間後に東京のアメリカ大使館に入った。一七日には米太平洋陸軍総司令部（GHQ／AFPAC）も、横浜から皇居前の第一生命ビルに司令部を移した。

この日、マッカーサーはワシントンに諮ることなく、米軍の人員を八月段階での推定五〇万人から、六ヵ月以内に二〇万人に減らすことができると発表した。この発表は統合参謀本部、国務省、ホワイトハウスを困惑させる。二日後ディーン・アチソン国務次官は「占領軍はあくまでも政策の道具であって、政策の決定者ではない」とマッカーサーに釘を刺した。さらにアチソンは、九月二二日にマッカーサーの権限に関わる九月六日の指令（「連合国最高司令官の権限に関するマッカーサーへの通達」）を出し、「初期対日方針」を公表している。後者は、日本政府を「利用」するが、「支持」するものではないと明記していた。

他方で、マッカーサーが東京に進駐した前後から、日本本土を占領するために米軍部隊が各地に進駐を開始する。アイケルバーガー中将率いる第八軍が東日本に、クルーガー大将率いる第六軍が西日本に、そして英連邦軍が中国・四国地方にそれぞれ進駐した。一二月初めには、四三万の占領軍が本土各地に配置されていた。なお、一九四六年には第六軍が日本を去り、占領軍は第八軍にまとめられることになる。

本国との軋轢の一方、マッカーサーは、当初の軍政から民政への転換を図るため組織づくりを急ぎ、腹心のリチャード・サザランド参謀長に新しい組織計画の立案を命令した。

九月一五日に経済科学局（ＥＳＳ）が、二二日に民間情報教育局（ＣＩＥ）が設置され、二六日にはサザランド参謀長が軍政局の廃止を宣言した。一〇月二日には民政局（ＧＳ）を含む九つの特別参謀部が設置され、ＧＨＱが発足した（1‐1）。マッカーサーは、参謀部と特別参謀部にフィリピン以来の側近を配した。

連合国の日本占領機構はまだ整備されておらず、日本の非軍事化・民主化のための政策の

1－1　GHQの組織図（1945年10月2日）

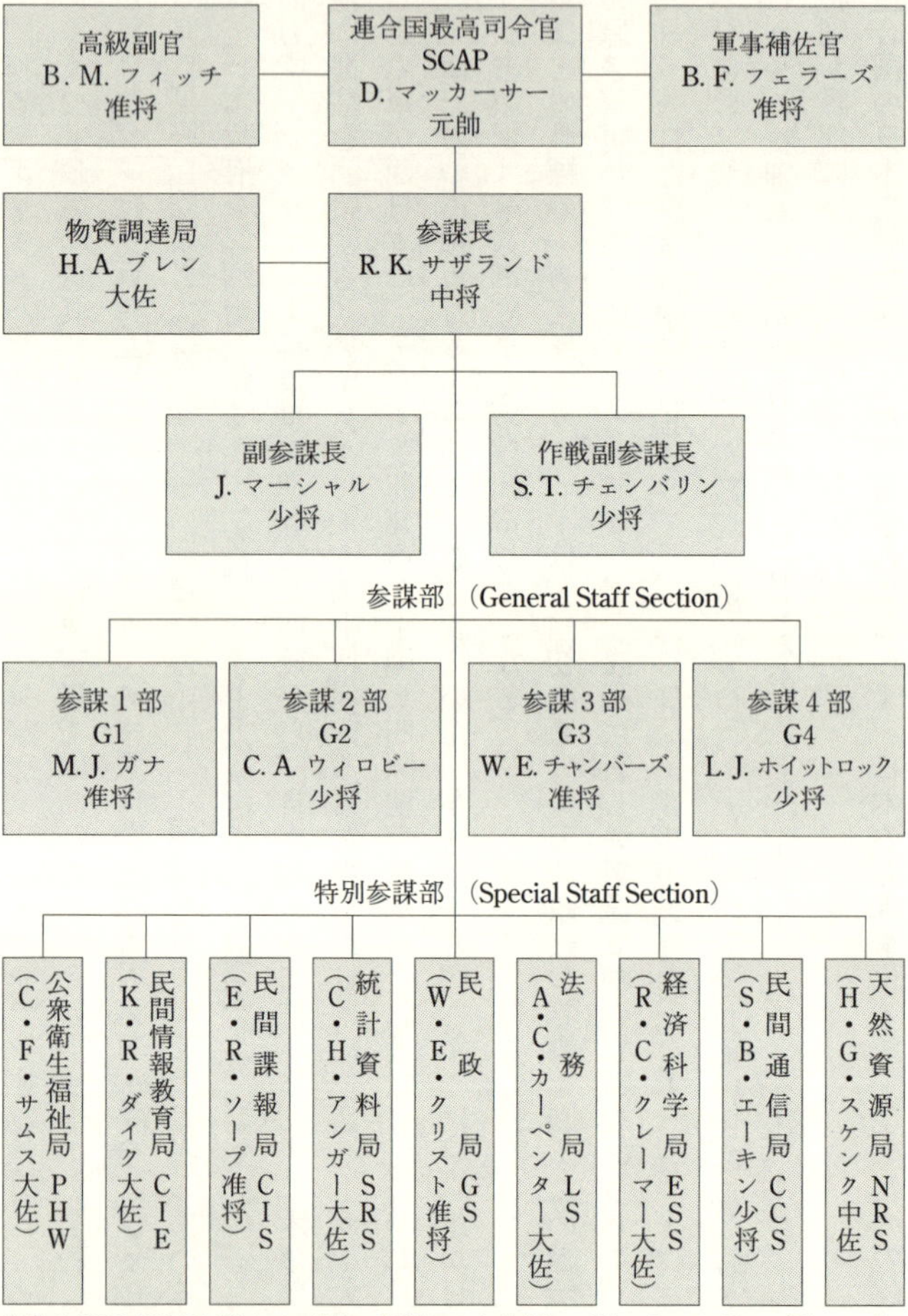

出典：GHQ/SCAP, *History of Non-Military Activities of the Occupation of Japan*, #2, Appendix.（竹前栄治「対日占領政策の形成と展開」）を基に筆者作成

具体的立案は、総司令部、とりわけ特別参謀部の手に委《ゆだ》ねられていく。

米国の日本占領政策――「初期対日方針」と「初期の基本的指令」

これまで触れてきたようにマッカーサーは、白紙の状態から占領統治に取りかかったわけではない。アメリカ政府は国務省を中心に日米戦争開始後から、対日戦後計画の準備に取りかかっていた。対日政策は、駐日大使だったジョセフ・グルーら「日本派」に代表される対日宥和《ゆうわ》策を主張するソフト・ピース派と、厳しい政策を主張するハード・ピース派が対立するなか紡ぎ出されていった。

だが、日本の降伏が予想よりかなり早かったために、ポツダム宣言を受けて日本本土の間接統治以外に方針がないまま、連合国の占領が始まる。先にも見たように、「三布告」が行われようとするなど占領軍も混乱していた。ようやく九月六日に「初期対日方針」が大統領に承認され、二二日にはアチソン国務次官によって公表され基本原則が確認される。ちなみに「初期対日方針」は、一九四七年六月極東委員会に提出され、承認を受けている。

さらに、一一月三日にアメリカ政府からマッカーサーに対して「日本占領および管理のための連合国最高司令官に対する降伏後における初期の基本的指令」（ＪＣＳ１３８０／15。以下、「初期の基本的指令」）が出された（非公表）。日本占領に関するマッカーサーへの正式指令である。

「初期対日方針」と「初期の基本的指令」の二つの文書は、日本占領の主要目的を記している。そこでは、日本が再びアメリカおよび世界の平和と安全の脅威とならないように、非軍事化し民主化することに力点を置いていた。そのために、政治面では軍の解体、戦争犯罪人の処罰、民主主義の奨励、経済面では軍事力の基礎となる物資の生産禁止・施設除去などの非軍事化、農業を含む産業や労働に関わる民主主義的な組織の発展の奨励などを挙げていた。

マッカーサーの占領は基本的に、ポツダム宣言とアメリカで作成されたこの二つの文書に従って進められる。GHQ労働課長を務めたセオドア・コーエンによれば、軍人にとっては「初期対日方針」は命令ではなく、占領政策立案の土台にあったのは「初期の基本的指令」であったという（『日本占領革命』上）。

さらに、「初期の基本的指令」には非軍事化・民主化の徹底を求める一方、厳しい経済人の公職からの追放《パージ》と巨大な産業と銀行の連合体の解体計画が書き加えられ、最高司令官は日本経済の運営については、責任を負わないとされた。悲惨な日本の現状をもたらしたのは、日本自身であり日本人自らが責任を負うべきであるとしたのである。しかし実際のところ、現場を担当するGHQにとって日本経済が麻痺し社会的混乱が起こることは好ましいことではなかった。GHQは、やがて否応なしに日本経済に関わることになる。

いずれにせよ、GHQは要員不足のなか手探りで動き始めた。まず「初期の基本的指令」を細かく分け、各部、課、係に担当させ、その実現を図ろうとした。そして、GHQからの日本政府への「指令」は公式には覚書（memorandum）のかたちで出されることになる。もっとも実際には、マッカーサーが首相に書簡を出したり、担当官が非公式のメモを出したり口頭で伝えることもあった。

占領管理をめぐる連合国間の対立

マッカーサーがGHQの組織作りにあたっていた頃、アメリカと他の連合国との間で占領管理のあり方をめぐって対立が生まれていた。

トルーマンがソ連を日本の占領管理から排除する決意を固めていたことはすでに述べたが、一九四五年八月二一日、アメリカ政府は英中ソの三国に対し、占領政策について答申するため極東諮問委員会（Far Eastern Advisory Commission）をワシントンに設置することを申し入れた。そして、諮問委員会は協議ないし諮問機関で、いかなる点でも最高司令官の行動を制限するものではないとした。

中ソは賛意を表明したが、イギリスはオーストラリアを加えた五ヵ国からなる政策決定権を持つ対日管理理事会の併設を要求した。対日戦で多大の犠牲を払ったにもかかわらず、ポツダムその他で大国間協議から外されたオーストラリアからの突き上げがあったからである。九月末のロンドン外相会議で、イギリスは対日管理理事会案を撤回したが、ソ連がイギリス方式に似た管理理事会の設置を強く求めるようになる。

一〇月三〇日、ソ連を除く一〇ヵ国がロンドンに集い、極東諮問委員会の第一回会合が開かれた。ソ連は対日管理理事会の設置を要求して欠席し、会議は暫定議長を選んだだけで閉会した。

対日管理理事会の設置問題は、米ソのパワー・ゲームの渦に飲み込まれていた。イタリア占領にあたって米英両国はソ連の介入を排除し、ソ連は東欧三国（ルーマニア、ブルガリア、ハンガリー）占領にあたり米英を排除していた。日本に同様の機関を設置することは、ドイツにおける占領がそうであったように、ソ連の介入を招くことになる。だが、このまま対日占領機関の設置を遅らせるわけにはいかず、米英ソ三国は妥協に向かう。

一二月一六日からモスクワで開かれた米英ソ三国外相会議は、アメリカの優位を確保しつつ、極東諮問委員会に代えてワシントンに極東委員会（Far Eastern Commission）を、代替として東京にＧＨＱへの助言・諮問機関としての対日理事会（Allied Council for Japan）を置くことを決めた。

この間、マッカーサーはモスクワ外相会議の情報も連絡も受けることなく、日本が討議の対象となっていることさえ知らなかった。そして、極東委員会と対日理事会の設置というワシントンの譲歩に、「私が日本占領を管理するのをさらに管理するということだったらしい」と不快感を示した。

極東委員会と対日理事会

極東委員会は、占領政策の最高政策決定機関としてワシントンに設置され、拒否権を持つ米英中ソの四ヵ国のほか、フランス、オランダ、カナダ、オーストラリア、ニュージーランド、フィリピン、インドの一一ヵ国で構成された（一九四九年一一月にパキスタンとビルマ〈現ミャンマー〉が参加）。その任務はポツダム宣言の規定する降伏条項の実施について、軍事条項・領土問題を除き、その政策と原則の作成、連合国最高司令官の政策実施の見直しなどとされた。ただし、憲法改正など日本の政治形態の基本的変更は含んでいない。それゆえ、のちにマッカーサーと極東委員会は、憲法改正問題で衝突することになる。

極東委員会で決定された政策は、アメリカ国務省―統合参謀本部を経て、GHQに伝えられることになった。他方でアメリカ政府は、独自にGHQに命令できる中間指令権を有し、アメリカの利益を貫く

1－2　日本占領における間接統治の構造

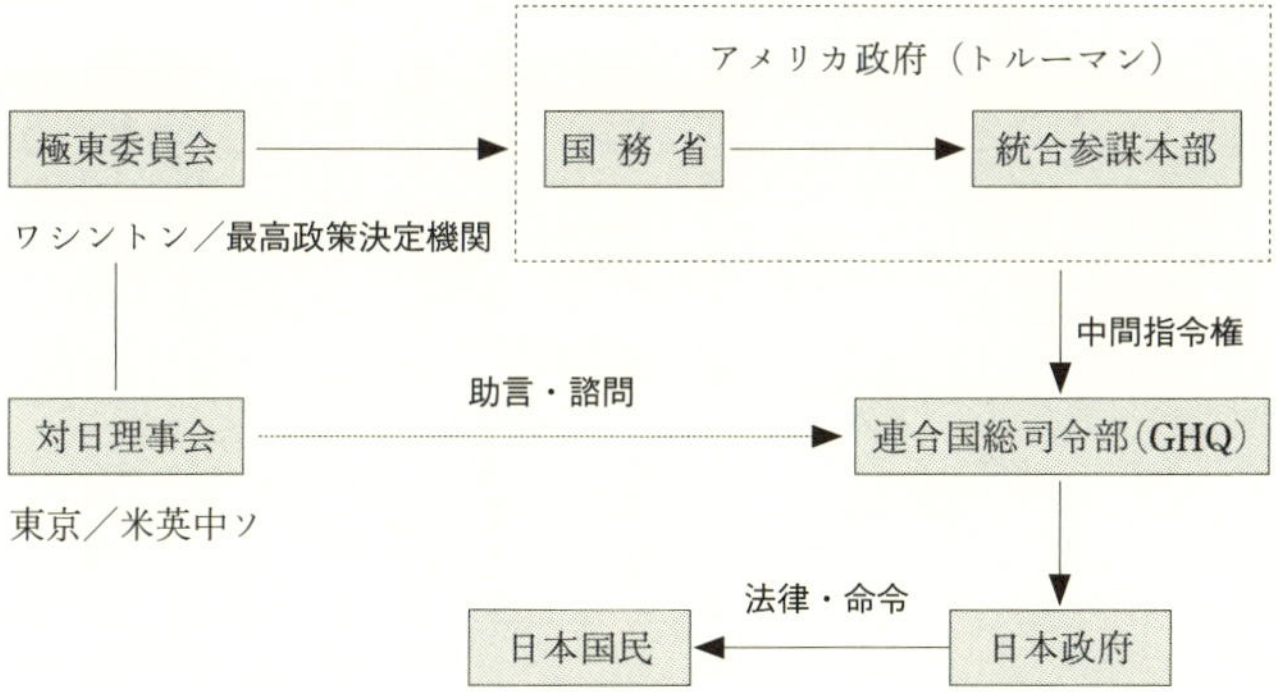

ことができる連合国間の仕組みを確保した。

対日理事会は、米英中ソ四国で構成され、極東委員会の出先機関として東京に設置、GHQへの助言・諮問という限定された役割を与えられた。だが、実際は米ソのプロパガンダの場と化していく（1－2）。

極東委員会の第一回会議が開かれたのは、アメリカ政府の遅延策もあり、一九四六年二月二六日。対日理事会の第一回会議はさらに遅れて四月五日だった。だが、対日理事会に出席したマッカーサーは、この理事会の役割は助言的役割に限定されると長広舌の演説を行い、二度と出席することはなかった。

マッカーサーは連合国最高司令官としては極東委員会の権限の下にあったが、極東委員会は実質的にはその力を行使することなく終わる。マッカーサーは既成事実を積み重ね、極東委員会および対日理事会を無視していくのである。

日本占領は連合国の占領でありながら、実質的にはマッカーサーによるアメリカの単独占領であった。

民政局の誕生――改革のエンジン

民政局の組織と任務

一〇月二日に設置された民政局の具体的な任務は次の四つだった。①帝国政府と付属機関の非軍事化、②帝国政府の分権化と地方の責任の奨励、③人民による政府を阻害する傾向を持つ封建的・全体主義的行動の除去、④日本の戦争潜在力を維持させた占領目的の妨げとなる政府とビジネスの関係の除去である。民政局はこの四点に関して勧告を作成する（ＧＨＱ／ＳＣＡＰ「一般命令第八号」）。

民政局は、日本政府の非軍事化・民主化・分権化を担うことになった。日本占領は間接統治となった結果、占領政策は日本国民に対して法律のかたちで示されることとなる。それは他方で議会で立法化されるとき、議会を所管する民政局の承認を得る必要があることを意味した。民政局は日本政治全体に介入できる大きな権限を持ったのである。

民政局の組織は、日本関係を担当する行政係と、朝鮮係の二つで構成されたが、後者は翌年二月に廃止された。残った行政係は弁護士出身のチャールズ・ケーディス大佐をチーフに、作戦グループと計画グループの二つに分けられ、外事班、司法班、内事班の三班からなる作戦グループが政策作成にあたった（『ＧＨＱ民政局資料』別巻）。

のちに憲法改正など民主化改革に辣腕《らつわん》を振るう民政局だが、発足当初は弱体かつ無力だった。第一に、民政局が属した特別参謀部は参謀部の下に位置づけられ、参謀長、参謀四部局を通じて、最高司令官に対して責任を負う仕組みになっていた。つまり、マッカーサー側近の参謀部の軍人が業務に介入し、民政局では自分たちの政策が実現できなかったのである。

第二に、「バターン・ボーイズ」というマッカーサーの腹心で固められた組織のなかで、新参者である初代局長W・クリストは存在感を示すことができなかった。

民政局が政策実現を果たすには、与えられた任務に加え、マッカーサーへの接近度が大きかった。この点、クリストは非力であり、民政局員たちは一九四五年度中不満を募らせていた。そこへ、一二月一五日、クリストに代わって、マッカーサーの分身とさえ言われたコートニー・ホイットニーが局長に就任する。

ホイットニー民政局長の誕生——民政局の活性化

ホイットニーは、一八九七年メリーランド州で生まれた。ジョージ・ワシントン・ロー・スクールを修了、その後陸軍航空隊に志願して兵役についたが、一九二七年に退役し、以後マニラで弁護士として三九年まで活動した。翌四〇年現役に復帰し、四三年には陸軍航空隊中佐としてマッカーサー配下の軍に参加、対日ゲリラ戦を組織・指導し、マッカーサーの厚い信頼を得るようになっていた。

ホイットニーは、GHQ内でもただ一人マッカーサーと約束なしに面会でき、ケーディスによると、二人は毎夕五時から一時間ほど話すのを常としたという。またホイットニーは、マッカーサーの非常に複雑多様な思考を正確に読み取ることのできる才能を持ち、いかなる問題についても、マッカーサーの考えを正確に表現でき、筆跡までも似ていたという。

ホイットニーはマッカーサーの信頼を背景に、民政局が民主化政策をリードするという環境づくりに取りかかった。これに対し、G3（参謀三部）は、一九四六年一月二二日、特別参謀部が政策提案を行う際、G3をはじめとする参謀各部が「政策調整の責任を負う」部局として格別の役割を担うとする権限再分配案を提案した。たとえば、憲法改正にも関係する「初期の基本的指令」の「政府の民主的傾向と過程の強化」についていえば、民政局が行動を開始する主管部局となり、民間情報教育局と経済科学局が関連部局となるが、G3がその政策調整の責任部局になるというものであった。

こうしたG3の参謀部の権限強化のもくろみに対し、ホイットニーは一月二五日、現時点で最高司令官が責任を負う非軍事的活動を行うためには軍事的訓練を受けた参謀部の軍人よりも人間関係と社会科学の訓練を受けた文官が適切であり、これら文官出身者で構成される特別参謀部の判断をより重視すべきであると応じた（『占領下の日本』）。

C・ホイットニー（1897～1969）　GHQ民政局長．法学博士取得後，マニラで法律事務所を営む．1945年12月に局長就任．マッカーサーの寵愛を受け，唯一ノックなしで部屋に入れた．“民主化の司令塔”として占領政策を牽引

ホイットニーは、懸案の選挙法改正・公職追放を推進させることで、民政局の活性化に成功する。しかし、参謀部と特別参謀部の対立は消えたわけではなく、折りに触れ現れる。民主化を推進する民政局と、対ソ戦略から日本の治安維持を重視し、マッカーサーに「小ヒトラー」と呼ばれたウィロビー率いる参謀

部のG2との対立だけでなく、民政局と経済科学局の対立など、特別参謀部間の対立もあり、GHQは決して一枚岩ではなかった。

II 戦後政治の起動

人権指令と政治犯の釈放

戦後初の帝国議会と戦犯逮捕

ミズーリ号での降伏文書調印の二日後、一九四五年九月四日、戦後初めての帝国議会である第八八臨時議会が開会した。東久邇宮首相は施政方針演説で、終戦に至る経緯の概要を率直に報告した。同時に、「承詔必謹《しょうしょうひっきん》、挙国一家、整斉たる秩序のもとに新たなる事態に処さなければならない」と説き、「前線も銃後も、軍も官も民も、今こそ総懺悔し、過去をもって将来の戒めとし、心を新たにして各々その本分を尽くすべきである」と、あらためて「一億総懺悔」論を展開した。

この首相演説に対し、大政翼賛会の後身で議会多数派の大日本政治会（日政会）が戦争の原因や責任について踏み込むことはなかった。

衆議院は、「皇軍将兵並びに国民勤労戦士に対する感謝敬弔《けいちょう》決議案」「承詔必謹決議案」を可決し、無所属議員から「日政会は敗戦の責任をとれ」「日政会は解散しろ」との怒号が飛び交うなか、わずか二日間で閉会した。

九月一一日、占領軍は東条英機ら開戦時の閣僚を含む三九人の戦犯容疑者の逮捕命令を出す。ポツダム宣言第一〇項における、戦争犯罪人の「厳重なる処罰」に沿う措置だった。日本側は自主的に戦争犯罪人を「処置」することを望んだが受け入れられず、以後戦犯容疑者の逮捕が続き、彼らは巣鴨《すがも》プリズンに収容された。東条らの逮捕は、日本政府の指導者に衝撃を与えた。国体護持、つまり天皇制と天皇がいかに扱われるのかに不安を覚えた。

他方でGHQは、九月一九日に「プレス・コード」を、二二日には「ラジオ・コード」を出した。これは報道の自由を奨励する一方で、連合国に対する批判を禁じるものだった。

九月二〇日、吉田茂外相は天皇のマッカーサー訪問を打診するために、彼を訪ねている。このときマッカーサーが「デモクラシー」の効能を強調したのに対し、吉田は第一次世界大戦後の日本ではデモクラシーも政党政治も「極端にまで」進んだが、世界恐慌のため軍国主義が台頭したとし、当面「国民に食べさせ国民に職を与えその生活の安定向上を図ることが肝要なり」と主張した（「吉田・マッカーサー会談」。『占領史録』。以下の会談同）。

天皇・マッカーサー会談

九月二七日、昭和天皇が東京虎の門のアメリカ大使館にマッカーサーを訪ね、会談を行った。一九六四年に出版された『マッカーサー回想記』は、このときの模様を次のように記す。

私は天皇が、戦争犯罪者として起訴されないよう、自分の立場を訴えはじめるのではないか、という不安を感じた。〔中略〕しかし、この私の不安は根拠のないものだった。天皇の口から出たのは、次のような言葉だった。

「私は、国民が戦争遂行にあたって政治、軍事両面で行なったすべての決定と行動に対する全責任を負う者として、私自身をあなたの代表する諸国の裁決にゆだねるためおたずねした」

私は大きい感動にゆすぶられた。死をともなうほどの責任、それも私の知り尽している諸事実に照らして、明らかに天皇に帰すべきではない責任を引き受けようとする、〔中略〕私はその瞬間、私の前にいる天皇が、個人の資格においても日本の最上の紳士であることを感じとったのである。

この会見の内容に関して、『マッカーサー回想記』の刊行後も、昭和天皇自ら「全責任を負う」と述べたか否かについて諸説あった。二〇〇二年外務省・宮内庁はこの会見について文書を公開したが、いずれにもその記述はなく、その真相はいまなお不明である。だが、さまざまな傍証から、天皇の発言が大筋として事実であったと見ることができる。たとえば、政治顧問部のジョージ・アチソンは会談の一ヵ月後本国政府宛電文で、天皇が「日本国民の指導者として責任を負う」との意向を表明したと伝えている（『資料日本占領１・天皇制』）。いずれにせよ、吉田外相は天皇とマッカーサーの会談が上々のうちに終わったことに安堵した。オーストラリアを先頭に連合国の反天皇感情は強く、アメリカの世論も決して天皇に同情的ではなかったからである。

事前通告なしの人権指令

九月二九日、天皇とマッカーサーの二人が並んだ写真が『朝日』『毎日』『読売報知』三紙に掲載されると、政府は「畏《おそ》れ多い」とし発禁処分に付す。さらに一〇月三日、岩田宙造《いわたちゅうぞう》司法相、山崎巌《やまざきいわお》内相は外国人記者との会見で、治安維持法、特別高等警察の廃止を否定する。

日本政府の行動にＧＨＱは素早く反応した。一〇月四日、「政治的民事的および宗教的自由に対する制限の撤廃に関する覚書」、いわゆる「人権指令」を出す。この人権指令では、天皇制批判の自由を含む言論の自由、政治犯の釈放などを求め、これを受けて政府は治安維持法はじめ一五の法律と関連法令を廃止、特高警察の解体を命じた。さらに、山崎内相、内務省警保局長、警視総監ら警察関係首脳部、都道府県警察部特高課の全課員ら約五〇〇〇名が罷免・解雇された。

吉田外相は人権指令に強い衝撃を受けた。人権指令が政府への事前の連絡なしに公表されたことは、「間接統治」下でも、「直接軍政」的な事態が起こりうることを示し、占領政策が

「赤色革命を奨励する如き」ものであり、日本が「米軍の軍政下に在るかの如き感」を覚えたからである（「吉田外務大臣『サザランド』参謀長会談録」）。

一〇月五日、東久邇宮内閣は山崎内相の罷免をマッカーサーの内閣への不信任ととらえ総辞職した。平穏のうちに戦後への移行措置を行うこと、とりわけ大きな混乱なく占領軍の受け入れを果たしたとき、その役割は終わったとも言えよう。

一〇月一〇日、徳田球一《とくだきゅういち》、志賀義雄《しがよしお》ら日本共産党の指導者を含む政治犯四三九人が釈放された。一八年間獄中にいて府中刑務所から釈放された徳田らは、天皇制の廃止を含む声明「人民に訴う」を発表し、ただちに党の再建に取りかかるとした。このとき占領軍を「解放軍」と規定したことがのちに共産党内で問題となったとしても、実際に徳田らを解放したのは占領軍であった。またソ連が連合国に名を連ねていたことは、彼らを勇気づけた。

午後には、日比谷公会堂（雨天のため飛行会館に変更）で「人民大会」が開かれ約二〇〇〇人が参集した。その後参加者たちはデモ行進を行い、日比谷の総司令部前で「占領軍万歳」を叫んで解散した。

幣原内閣の成立――最後の御奉公

東久邇宮内閣が総辞職を決めると、木戸内大臣と平沼騏一郎《ひらぬまきいちろう》枢密院議長はアメリカ側に反感を持たれていない者、戦犯の疑いのない者、外交に通じている者を基準に後継探しを行い、第一候補に幣原喜重郎、第二候補に吉田茂と外交官出身者の名を挙げた。
一〇月六日に組閣の大命を告げられた幣原は、老齢と内政に興味がないことから固辞したものの、天皇から強い督励を受け、結局受諾する。幣原が就任に際し、「最後の御奉公」と語ったのは偽らざる気持ちであった。

敗戦後も幣原は表舞台から身を引いていたが、一九四五年一〇月に次のような「終戦善後策」を吉田外相に託していた。そこでは「おおよそ列国間の関係に百年の友なく、又百年の敵なし、現に連合国間にも幾多の重要案件に関して利害を異にするところあり。今日の敵を転じて明日の友となすこと必ずしも難しからず」と記されていた。そのためにも、敗戦から生ずる事態の重大性を国民一般に知らしめ、国際情勢の機宜《きぎ》を逸《のが》さず、わが国に有利な新局面をつくらなければならない、政府は敗戦の原因を調査し、その結果を公表することが大事であると説いていた（『幣原喜重郎』）。

幣原が米ソの鞘当《さやあ》てをどの程度知っていたかはわからないが、マッカーサーの懐に飛び込むことによって自国を有利に導こうと考えていた。すでに七三歳だった幣原だが、外交官として培われた国際感覚は錆《さ》びついていなかった。

幣原は一八七二年（明治五）大阪に生まれ、東京帝国大学法科卒業後外務省に入り、一九一五年外務次官、一九年駐米大使となり、ワシントン会議では全権委員の一人として、加藤《かとう》友三郎《ともさぶろう》海相を助けた。昭和初期、民政党内閣で五年余りにわたって外相を務め、英米協調外

幣原喜重郎（1872～1951）
外務官僚を経て政治家に．戦前は４度外相を経験．国際協調姿勢は「幣原外交」と評価されたが，軍部は“軟弱”と批判．戦後，引退していた幣原は首相就任を固辞し続けたが最後は昭和天皇が説得

交を進めた。「幣原外交」は軍部からは「軟弱外交」と批判され、三二年以後は貴族院議員を務めていたが、戦時中沈黙を余儀なくされた。

マッカーサーは幣原の首相就任に際し、吉田に「年寄りだな、英語は話せるのか」と尋ねたという。幣原の華麗な経歴をマッカーサーは知らなかった。

一〇月九日、幣原は民政党系の元内務次官で旧知の次田《つぎた》大三郎《だいさぶろう》の協力を得て、最後の陸海相二人を含む内閣を発足させた。外相には吉田茂が留任し、農相に松村謙三《まつむらけんぞう》が厚相から横滑りし、厚相には自由党の芦田均が就いた。

ＧＨＱの幣原内閣への視線は冷ややかであった。この頃政治分析を行っていた政治顧問部は、マッカーサー宛に次のような覚書を送っている。幣原内閣のメンバーは政治的には「中央」ないし「中央右派」であり、ポツダム宣言の降伏条項にともなう仕事を続けること、また来たる衆議院選挙の結果に基づく、「政党」代表を含むであろう次の内閣の準備をする「間に合わせの」政府以上に期待できない（『ＧＨＱ民政局資料』３）。

一〇月一五日、日本軍部の中枢を担った参謀本部と軍令部が廃止された。一六日、マッカーサーは「きょう日本全国にわたって、日本軍は復員を完了し、もはや軍隊としては存在しなくなった。〔中略〕約七百万の兵士の投降という史上に類のない困難かつ危険な仕事は、一発の銃声もひびかせず、一人の連合軍兵士の血も流さずに、ここに完了した」（『マッカーサー回想記』下）との声明を出した。

マッカーサーは日本の占領を軍事的・政治的・経済的の三つの段階で考えていたが、武装解除の完了によって軍事的段階が終わり、次の政治的段階への移行、すなわち「民主化」を実行することを世界に知らしめたのである。

政党・諸団体の復活——社会・自由・進歩党の結成

新党結成の動き——戦前・戦時の記憶

他方で、戦後政治の主役となる政党の動きはどうだったろうか。

終戦直後の八月段階の帝国議会は、大日本政治会三七七、これと袂《たもと》を分かってできた旧大政翼賛壮年団系を中心とする翼壮議員同志会二一、無所属二五、欠員四三だった。議員のほとんどが、一九四二年東条内閣によって行われた衆議院選挙、官製の翼賛政治体制協議会による候補者推薦制度のもと行われた、いわゆる翼賛選挙で選ばれた者たちだった。

敗戦という新しい事態を迎えて、議会でも新しい動きが始まる。戦後もっとも早く活動を開始したのは、翼賛選挙に非推薦で当選した鳩山一郎らのグループ（同交会）だった。

終戦直前の一九四五年八月一一日には、芦田均が軽井沢に鳩山一郎を訪ね、新党結成を促している。このとき鳩山は「敗戦を待っていたとばかりに動き出すのはどうか」とためらいを見せた。だが終戦の日、芦田、安藤正純《あんどうまさずみ》、植原悦二郎《うえはらえつじろう》ら同交会系の有志は、銀座の交詢社で新党組織について話し合いを持っている。また同日、芦田は同じく同交会に属した片山哲も誘っている（「原彪《はらひょう》日記」『エコノミスト』一九九三年一〇月一二日号）。鳩山らは斎藤隆夫《さいとうたかお》、川崎克《かわさきかつ》ら旧民政党系も含む、反軍部・反翼賛を貫いた人びとの結集を考えていた。

のちに社会党に参集する人びとも動き出していた。だが、その母体となった戦前の無産政党は、イデオロギーや人脈の違いを軸に、右派（社会民衆党）、中間派（日本労農党）、左派（日本無産党）に分かれ、激しく対立していた。

社会民衆党系の片山哲は、八月二四日、盟友の原彪、西尾末広らと新党結成について協議し、三一日には松岡、米窪満亮《よねくぼみつすけ》ら社会民衆党系幹部も加え、「無産陣営統合」に関し打ち合わせを行っている。同じ頃、日本無産党系の鈴木茂三郎、加藤勘十《かとうかんじゅう》らは、尾張徳川家の末裔徳川義親《まつえいとくがわよしちか》侯爵を、日本労農党系の河上丈太郎《かわかみじょうたろう》や三宅正一《みやけしょういち》は戦前から社会運動に関心が強かった有馬頼寧《ありまよりやす》伯爵を担ぎ出そうとし、それぞれ新党結成を模索していた。

八月二三日、鳩山ら自由党系と西尾ら社会民衆党系の人びとが交錯する時があった。鳩山は、「反東条」でともに闘ってきた関係もあり、互いに主義は主義として敗戦の出直し第一歩に進歩的な分子が一つに固まって、一つの政党を作ろうではないか、と西尾らにもちかけた。結局会談は、両者の支持基盤の違いもあり困難であると、「政治的余韻を残したまま」別れている（『鳩山一郎回顧録』『西尾末広の政治覚書』）。また当時、自由党との提携について、のちに社会党左派のリーダーとなる鈴木茂三郎も検討していたという。

議員たちの戦時の来し方はさまざまで、戦争責任問題を含め戦後の政党結成に色濃く影を落としていた。戦時の記憶は保守政党間にも埋めがたい溝を残し、のちの保革対立とは異なる政党状況を作り出す。

九月一四日には大日本政治会が解散し、新党結成の機運は加速した。三〇日には戦時下労働者の統制組織として作られた大日本産業報国会が解散した。

社会党——無産政党の大同団結

戦後、最初に結成された政党は日本社会党だった。結成のイニシアチブを握ったのは、西尾末広、水谷長三郎、平野力三《ひらのりきぞう》ら右派である。戦前四分五裂の状態にあった無産政党の大同団結をめざし、左派の鈴木茂三郎、加藤勘十ら日本無産党系の入党についても、西尾は単一社会主義新党でなければ魅力がないとし、彼らは少数であると周囲を説得し結党にいたる。

党名は当初社会民主党が挙がったが、社会民衆党に似ているという理由から、社会党に落ち着いた。ただし、英語名は、Social Democratic Party、直訳すれば社会民主党であった。

九月一三日、安部磯雄《あべいそお》、賀川豊彦《かがわとよひこ》、高野岩三郎《たかのいわさぶろう》ら社会運動を実践し、理解を示してきた長老たちの名で招請状が関係者に出された。そして二二日の新党結成準備会を経て、一一月二日に結党大会が開かれる。

大会の結果、委員長は空席とし、書記長には片山哲が就いた。所属代議士一七名だった。委員長の不在は、三宅正一らが有馬頼寧など外部からの担ぎ出しを模索するなどで、まとまらなかったからだという。綱領は、占領軍の社会主義政党に対する方針がはっきりしないなか、弾圧を避ける意味で簡単なものがいいとされ、以下のきわめて簡潔なものとなった。

一、吾党は、勤労階層の結合体として、国民の政治的自由を確保し、以《もっ》て民主主義体制の確立を期す

一、吾党は、資本主義を排し、社会主義を断行し、以て国民生活の安定と向上を期す

一、吾党は、一切の軍国主義的思想および行動に反対し、世界各国民の協力による恒久平和の実現を期す

そのほか一般政策に掲げられた七一項目は、戦前からの無産政党の政策を並べたものに過ぎないとの評もあるが、国民の総意に基づく憲法の民主主義化、地方自治の民主化、労働組合の公認、農地改革、重要産業の国有化、男女同権など占領軍の民主化に通じるものがある。ただその具体化に向けての道筋は明らかでなく、社会党は「民主化政策の面ではむしろマ

ッカーサーの指令連発に追いつくことに苦労した感がある。正直なところお盆と正月が一緒にやってきたような気ぜわしさ」のなかにあった（『日本社会党十年史』）。

自由党——反翼賛・反東条

社会党結成から一週間後の一一月九日、鳩山一郎を中心に日本自由党が結成された。総裁には鳩山一郎、幹事長に河野一郎《こうのいちろう》が就いた。所属代議士四六名である。自由党は鳩山と主義主張をともにする旧政友会系議員だけでなく、官僚、学者、ジャーナリストら新人を糾合した新しい政党づくりをめざした。そこには天皇機関説で知られる憲法学者美濃部達吉《みのべたつきち》、作家菊池寛《きくちかん》、ジャーナリスト石橋湛山らも参集した。

政策については、憲法問題で美濃部、宮沢俊義《みやざわとしよし》ら、経済・財政面で大内兵衛《おおうちひょうえ》、有沢広巳《ありさわひろみ》ら学者たちに意見を求めた。綱領は以下の通りである。

一、自主的にポツダム宣言を実践し、軍国主義的要素を根絶し、世界の通義に則《のっと》て新日本の建設を期す

二、国体を護持し、民主的責任政治体制を確立し、学問、芸術、教育、信教を自由にして、思想、言論、行動の暢達《ちょうたつ》を期す

三、財政を強固にし、自由なる経済活動を促進し、農工商各産業を再建して国民経済の

充実を期す
四、政治道徳、社会道義を昂揚し、国民生活の明朗を期す
五、人権を尊重し、婦人の地位を向上し、盛んに社会政策を行い、生活の安定幸福を期す

政策では、「国体を護持し、責任政治体制を目的とする」憲法改正を行うこと、婦人参政権の付与・知事公選、人権の尊重と自由の保障など、戦後に向けて清新なイメージを作り上げた。自由な経済活動の促進は戦時統制経済へのアンチ・テーゼであった。すでに述べたように、彼らは後述する旧大日本政治会系に連なる進歩党よりも社会党に親近感を持っていた。

進歩党——難産だった結党

社会党と自由党が、戦争責任から比較的自由であり、早くから新党結成に乗り出したのに対し、戦時中議会で絶対多数を占めていた大日本政治会の議員たちは、結集までに時間を要した。占領軍による戦時中の責任追及について予測ができなかったからである。

また政友会・民政党という戦前の二大政党の主導権争いは容易に収まらなかった。結局、自社両党の結成と衆議院選挙の接近という外的要因に促されるかたちで、一一月一六日に進歩党結党大会が持たれた。総裁は不在で（翌月旧民政党総裁の町田《まちだ》忠治《ちゅうじ》が就任）、幹事長に鶴《つる》

見祐輔《みゆうすけ》が就き、所属代議士二七三名であった。綱領は以下の通りである。

一、国体を擁護し、民主主義に徹底し、議会中心の責任政治を確立す
二、個人の自由を尊重し、協同自治を基調として人格を完成し、世界平和の建設と人類福祉の向上に精進す
三、自主皆働《かいどう》に徹し、産業調整の下生産の旺盛《おうせい》と分配の公正とを図り、新たなる経済体制を建設して全国民の生存を確保す

進歩党は党名とは裏腹に、もっとも保守的な政党とみられることになる。

そのほか一〇月四日の人権指令で釈放された徳田球一らによって、一二月一日から三日間、日本共産党再建大会（第四回大会）が開かれた。共産党は行動綱領で天皇制を打倒し、人民の総意に基づく人民共和政府の樹立を掲げた。彼らは戦時中獄中にいたことで戦争責任から自由だったが、それは一九三二年にコミンテルンが出した三二年テーゼ（「日本における情勢と日本共産党の任務に関するテーゼ」）を引きずったものだった。

共産党は早くから社会党に統一戦線結成を申し入れる一方、機関紙『赤旗』で社会党を「社会ファシスト」と批判し、「これとただちに共同戦線をやるわけにはいかない」と攻撃していた。社会党とすれば、共産党は「右手で握手を求めながら、左足で蹴飛《けと》ばす」と強い不

信感を抱くことになる。

また一二月一八日には、産業組合の指導者で東久邇宮内閣の農相だった千石興太郎《せんごくこうたろう》や、船田中《ふなだなか》、黒沢酉蔵《くろさわとりぞう》らを中心に、農村関係議員を糾合し日本協同党が設立された。このなかには敗戦直前に岸信介《きしのぶすけ》元商工相を担いで結成され、「岸新党」と呼ばれた護国同志会のメンバーがいた。協同党は「皇統を護持し、一君万民の本義に基づく民主的政治体制の確立を期す」と掲げ、「勤労、自主相愛を基調とする」協同組合主義を主張する点を特色としていた。

GHQの政党への評価

社会・自由・進歩の三党は、その結成の経緯も人脈も互いに複雑に絡み合いながら結党した。彼らは戦前・戦時との連続意識を強く持ち、戦前の「民主化」の伝統――満州事変以前の政党政治の復活という点で共通していた。天皇制の存廃をめぐる国体問題についても、自由・進歩両党は「国体護持」を謳い、社会党も「天皇制の存置」であり、三党間に政策的亀裂はほとんどなかった。だが、こうした敗戦―占領がもたらす政治的変化への鈍い感覚は、後述する公職追放というGHQによる外科的手術によって手痛い打撃を被ることになる。

GHQは、結成された日本の政党を観察していた。この時期に政党の体系的な分析を行っていたのは、国務省の在外機関、マッカーサーのお目付け役として設けられた政治顧問部である。ここでは、一九四五年一〇月から翌四六年四月まで、毎月政党報告書をまとめていた。

たとえば「鳩山の党は自由党というより保守党と命名した方がはるかによかろう。彼は新しいまたは革命的な見地を代表していない」とし、「疑いなく保守的な立場に同情的であり、彼らのいうところの自由主義は現実の行動というよりも思考の上だけのものである。鳩山の自由党は、現実の日本政治の再生の初期の段階において、適度に保守的な役割を果たすのではないかと思われる」と評した。

進歩党については「日本の戦時全体主義者政党、すなわち大政翼賛会の直接的継承者」であり、「新生日本において、いかなる有効なリーダー・シップも期待しえない」と一刀両断にしていた。さらに協同党についても、「反動あるいは非民主的の汚名を着せることは不公平であるが、にもかかわらず日本の政治思想の右翼を代表している」と位置づけた。

こうした厳しい指摘が多いなか、社会党については、党の統一が弱点としながらも「顔ぶれと政綱の見地から見れば、社会党は現在日本の政治的経済的改革に対し、もっとも希望を与えているように見える」と期待を寄せていた。

諸団体・諸運動の復活

政党の胎動と並行して、さまざまな社会運動の復活の動きがみられた。

敗戦後いち早く動き出したのは女性たちであった。早くも八月二五日、市川房枝《いちかわふさえ》、赤松常子《あかまつつねこ》ら戦前からの女性運動家たちが「戦後対策婦人委員会」を組織し、婦人参政権の要求を東久邇宮内閣に対して行った。

労働運動では、松岡駒吉ら戦前からの運動家によって、全国的な労働組合の結成が進められ、最初の会議は、政治犯釈放が行われた一九四五年一〇月一〇日に開催された。そこでは、産業報国会の河野密《こうのみつ》、三輪寿壮《みわじゅそう》ら旧日本労働組合会議系の人びとが排除され、旧総同盟系を中心に、高野実《たかのみのる》ら戦前の合法左派、中間派の指導者たち百数十名が集まった。会議では、松岡ほか三一名からなる中央準備委員会を設置、戦前からの労働運動家の大同団結による中央・地方組織の確立強化が確認された。

この労働組合再生の動きを加速させたのが、占領軍の労働組合奨励の姿勢と一九四五年一二月の労働組合法の制定である。

一九四五年末から四六年春にかけて、労働組合結成の動きは広がり、一二月末に三八万人と戦前の水準に達した組合員数は、四六年六月には三七五万人に膨れ上がった。それは終戦時の生活危機の深さに根差すものであったが、他方で戦時の産業報国会が労働組合に衣替えした場合も多かった。それは事業所ごとに現場労働者と職員一体の組織をつくるものであり、戦後の日本の労働組合の最大の特徴ともいえる企業別組合の土台となった。

農民運動でも、平野力三、須永好《すながこう》、野溝勝《のみぞまさる》、黒田寿男《くろだひさお》ら戦前からの活動家によって、農民組合再建の動きが始まり、一九四五年一一月三日、日本農民組合（日農）結成準備全国懇談会が結成され、翌四六年二月九日、日農再建大会が持たれた。

東京裁判へ

一九四五年一一月一八日、ＧＨＱは皇室財産を凍結する指令を出した。一一月二〇日には、ドイツでナチスの戦犯を裁く軍事裁判、ニュルンベルク裁判が始まった。それは、極東国際軍事裁判（以下、東京裁判）のモデルとなり、東京での軍事裁判の開始を促すものだった。二九日には、マッカーサーは米統合参謀本部から、天皇に戦争責任があることを示す証拠を取り急ぎ収集するよう極秘の通達を受け取っている。

一二月二日、ＧＨＱは戦犯容疑者として、進歩党幹部の中島知久平《なかじまちくへい》、太田正孝《おおたまさたか》らを含む五九名を指定した。このなかに皇族の梨本宮《なしもとのみや》が含まれていたことは、政府に衝撃を与えた。六日には、木戸幸一内大臣、近衛にも出頭命令が出された。同じ日、国際検事局長となり、東京裁判で「鬼検事」と恐れられたジョセフ・キーナンが来日している。

一二月一五日にはＧＨＱは国家と神道との分離を命ずる指令を発した。天皇の身辺は騒がしくなってきた。

日本から進めた民主化——労働・農地改革、財閥解体

敗戦と官僚たち——もう一つの戦後像

敗戦によって軍部が崩壊し、枢密院や貴族院などは機能不全に陥り、政党もまだ揺籃《ようらん》期に

あるなか、権力の空白を埋めたのが官僚たちだった。

その一つ、一九四五年八月末に発足した外務省特別調査委員会は、敗戦直後から精力的に会合を重ねていた。委員会には、大内兵衛、有沢広巳、脇村義太郎《わきむらよしたろう》ら労農派「教授グループ」のほか、都留重人《つるしげと》、中山伊知郎《なかやまいちろう》らの経済学者が名を連ね、九月以降、戦後経済の青写真となるべき『日本経済再建の基本問題』など多くの報告書をまとめあげた。この委員会で、実質的に事務局として、報告書のとりまとめを行ったのが大来佐武郎《おおきたさぶろう》である。彼は二つの内閣で重要な役割を担う石炭委員会・経済安定本部にも名を連ねていた。

教授グループは、一九三八年に人民戦線事件で治安維持法違反の罪で検挙されたが、無罪となって以降、その優れた調査・分析能力を買われ、戦時中政府諸機関に入っていた。戦後大内らは、吉田・片山内閣の、そして鈴木茂三郎を所長とする社会党左派のシンクタンク「社会主義政治経済研究所」の経済ブレーンとして、左右を問わず経済政策面で大きな役割を担うことになる。

商工省でもほぼ同じ頃、この調査委員会と重複する人びとが、戦後構想をめぐる議論を展開していた。

一九四五年一〇月頃、山本高行《やまもとたかゆき》商工省終戦連絡部長は、「世の中、これから変わるだろう。社会党の天下になることがあるかもしれない。我々は勉強する必要がある」と語ったという。彼らはアメリカのニュー・ディール政策の経験——基礎産業の国有化・国営化、経営協議会による労働者の企業参加に関心を払った（『戦後と高度成長の終焉』）。山本ものちに、片山内閣の経済安定本部へ入ることになる。

選挙法改正

一九四五年一〇月に幣原内閣が発足すると、選挙法改正の動きが本格化した。「初期対日方針」は民主主義的および代議的組織の形成の奨励を謳っており、次田書記官長（現官房長官にあたる）も「司令部が文句を言わないうちに早く作れ」と指示したという。

イニシアチブを握ったのは、堀切善次郎《ほりきりぜんじろう》内相と選挙制度に詳しい坂千秋《さかちあき》内務次官だった。一〇月一一日午前の臨時閣議で、堀切は婦人参政権の付与、選挙権・被選挙権年齢の引き下げ、大選挙区制の採用を骨子とする改正の腹案を述べ、基本的に閣議の了解を得た。堀切は婦人に左右に偏しない「中正穏健さ」を期待していた。二三日、閣議は婦人参政権とともに、選挙権・被選挙権年齢をそれぞれ二〇歳と二五歳に引き下げること、都道府県単位の大選挙区制の採用、続いて二六日には単記制に代えて坂次官の提案による制限連記制（議員定数六～一〇名は二名連記、一一～一四人は三名連記）の採用を決定した。

一二月一日、選挙法改正案は第八九回帝国議会に上程された。大選挙区制の採用については、政党側にも異論はなかった。戦時中の人口の流動化もあり、それまでの中選挙区制による施行が困難であると認識されていたからである。婦人参政権の付与についても多くは賛意を示したが、家族制度との調和が保たれるか、あるいは女性の政治意識の低さなどが指摘され、時期尚早との意見も出された。

議論は、制限連記制に集中した。制限連記制は投票の不公平、有権者が党派を異にする二名以上の候補者に投票する矛盾を生じ、力のない候補者が有力候補と組んで得票を有利にするなどと反対が強かった。また比例代表制の採用を提案していた自由党と社会党は、議会内少数派として、少数政党の進出を容易にする単記制への修正案を出した。結局、衆議院は制限連記の内容（定員五名以下を単記、定員六～一〇名を二名連記、定員一一名以上を三名連記）と選挙規制を強める進歩党の修正案を可決した。

改正選挙法は、貴族院で制限連記は政府原案、つまり単記を排し、定数が一〇名以下の選挙区は二名連記、一一名以上の選挙区は三名連記に修正され、一二月一七日公布された。幣原内閣は法案成立後、ただちに解散を断行、翌年一月衆議院選挙を実施する予定であったが、ＧＨＱが選挙実施の公表を禁じた。ＧＨＱは改正選挙法が民主的であるかどうか検討するとしたが、一方で旧議会人を追放するための公職追放の準備を進めていたからである。

なお、選挙の実施に際して、日本の領土を確定する必要が生じた。ポツダム宣言は日本の領土について、本土四島に限定し、周辺小島については必ずしも明確にしていなかったからである。日本政府は当初、敗戦後海上交通が途絶えている沖縄、国後《くなしり》・択捉《えとろふ》、千島列島は除外していたものの、歯舞、奄美、伊豆諸島での選挙実施を考えていた。最終的にホイットニー民政局長は、沖縄については日本政府も選挙実施を求めておらず、北緯三〇度以南およびソ連が占領している歯舞諸島は最高司令官の管理下にないとして選挙実施地域から除いた。そして、一九四六年一月、北緯三〇度以南を本土から分離する「若干の外郭地域を政治行政上日本から分離する覚書（SCAPIN六七七）」を日本政府に示し、それが決定した。

労働改革——労働組合法の制定へ

選挙法改正と並行して、労働組合法の制定と農地改革も日本側から進められ、一二月六日に第八九帝国議会に提出される。

労働組合法制定の動きは、一九一九年（大正八）、第一次世界大戦後のパリ講和会議で討議され、農商務省と内務省が相次いで法案を作成したことに始まる。一九二〇年には政党からも法案が提出され、三一年には衆議院を通過したが、貴族院で審議未了となり、廃案となっていた。

敗戦直後に首相に就任した東久邇宮は先に触れたように長い在欧経験もあり、労働問題に理解があった。彼は「厚生省のほかに労働省を新設して、将来発展活動する労働問題や労働組合に対処させる」と述べている。一九四五年一〇月一日の閣議では厚生省案をもとに「労働組合に関する法制審議立案」を了解し、労務法制審議委員会を設けていた。後述するマッカーサーによる民主化指令として名高い「五大改革指令」が出される一〇日前である。法案の制定過程では、民法・労働法の研究者末弘厳太郎《すえひろいずたろう》、労働運動家の松岡駒吉、西尾末広らが大きな役割を果たした。

労働組合法は続く幣原内閣の芦田均厚相に引き継がれ、一二月衆議院に提出、二二日公布された。団結権、団体交渉権、警官、消防士、刑務所員を除くすべての公務員にも争議権を認めた画期的な労働法であった。

農地改革――相次ぐ反対と微温的改革

農地改革も戦前、農林官僚を中心に進められていた。戦前の日本では、農民が総人口の五割を占めていたが、小作地総面積が約二三六万町歩（約二三五万ヘクタール）におよび、全農地の約五割を占めていた。また、自小作農を含め六七％が小作農だった。農林官僚にとって、自作農創設は戦前・戦中からの懸案であったが、深刻な食糧危機を前に農民の生産意欲を高め食糧の増産を促すためにも、小作農に土地を解放する必要があった。

そもそもポツダム宣言にも「初期対日方針」にも、地主・小作制度の改革を示唆する文言はない。しかし、敗戦と占領という大きな変動期はいい機会となる。一〇月一三日には、農林省農政局が原案を作成していた。

年来の自作農論者である松村農相は、農村の共産化を阻止し、国体を護持するために当初一町五反歩（約一・四八ヘクタール）以上の小作地を小作人に解放することを考えていた。

だが、あまりに急進的過ぎるとの農林官僚の助言もあり、政府原案は不在地主の全所有地と在村地主の小作保有地限度を三町歩（約三ヘクタール）に上げ、戦前物納だった小作料を金納にすることで落ち着いた。

しかしこの農林省案も閣議で激しい反対に遭い、最終的に在村地主の保有限度五町歩（約五ヘクタール）まで譲歩する。ただし、これでは全小作地総面積二三六万町歩のうち九〇万町歩、全体の三八％が解放されるに過ぎなかった。さらに、この微温的な原案に対してすら自由・進歩の両保守党を中心として議会は激しく抵抗した。

こうした法案審議のさなか、一二月九日、ＧＨＱ天然資源局（ＮＲＳ）は日本政府に対し、「農地改革に関する覚書」を出す。そこでは「数世紀にわたる封建的圧迫により日本農民を奴隷化し来たりたる経済的束縛を破壊」するための措置を取ることを要求していた。ＧＨＱに成案はなく、覚書自体も日本政府と無関係に作成されたものであるが、日本案に強い不満を持っていた。そして、一九四六年三月一五日までに農地改革案を提出するよう命じていた。

覚書の効果は絶大で法案審議は加速する。農地調整法改正案は、一二月二七日衆貴両院を通過、二九日に公布され、いわゆる第一次農地改革が実施された。その内容は、不在地主の全所有地の解放、在村地主の五町歩までの保有、残った小作地について物納を金納にするものだった。ただし、先にも触れたように約三八％の解放に過ぎず、また小作地は地主から小作への売買であるなど不完全であり、翌年六月にはＧＨＱからさらなる改革が求められる。

財閥解体――経済の非軍事化・民主化

労農分野で積極的な動きがみられたのとは対照的に、経済界は占領軍によって動きを封じられていた。

戦時中に経済団体は、日本経済連盟会、重要産業協議会、全国商工経済会協議会、商工組合中央会と四つの有力団体があり、各企業を糾合することによって戦争に協力していた。これら組織も平時体制への切り替えを急務とし、中島知久平商工相から日本経済収拾の方策について諮問を受けたことをきっかけに、一九四五年一〇月には占領軍との窓口として四団体が経済団体連合委員会を発足させていた。

敗戦後、経済界の指導者たちは期待と淡い希望を抱いていた。たとえば三井の江戸英雄《えどひでお》は、満州事変頃から「平和主義とか自由主義とか親米主義とかいわれ、軍や右翼あたりからとかく白眼視され」圧迫を受けてきた。敗戦は三井が得意とする平和産業に回帰する機会であり、米英からの風あたりも悪くないであろうと考えていた(『昭和政治経済史への証言』下)。

しかし、九月二二日に公表された「初期対日方針」には「日本の商工業の大部分を支配する産業と金融の大コンビネーションを解体する」とあり、経済界が厳しい試練にさらされることを明示していた。GHQは特に持株会社のもと企業がグループ化した財閥を、軍閥、官閥と並ぶ好戦的勢力とみなしていた。

九月末、クレーマー経済科学局長は、三井、三菱、住友、安田の四大財閥代表に、傘下企業を統括する財閥本社を解体する方針、いわゆる財閥解体を伝えた。財閥側は抵抗を試みたが、一一月六日に経済科学局は日本政府に、三井、三菱、住友、安田の四大財閥の本社の解体案を発表させた。

また、GHQは工業、商業、金融を含む日本経済連盟会に対しても、財閥系の有力団体であるという理由で解散を迫った。なお、戦後日本で財界の総本山となる「経済団体連合会（経団連）」は、占領軍との窓口として設けられた経済団体連合委員会を引き継いで一九四六年八月に結成されたが、GHQから、財閥勢力を温存しない、役員は民主的に選ぶという条件を付けられることになる。

一九四五年一一月には、石油資本家でタフなネゴシエーターとして知られるエドウィン・ポーレーを団長とする対日賠償調査団が来日し、一二月には「日本からの賠償即時実施計画」（「ポーレー中間報告」）を公表する。

報告は日本の戦争能力を奪うために、日本経済の非軍事化を徹底し、過剰な重工業設備や在外資産を賠償に振り向け、それらは主として日本によって被害を被ったアジア諸国に引き渡されるとした。また日本国民の生活水準は「アジアの他の諸国を上回らない程度にとどめられる」とし、財閥解体、農地改革、経済人の公職追放などの改革にも言及していた。

この厳格な案に対し、経済界はいつ設備を撤去されるかわからず戦々恐々の状態に陥った。

一九四六年一月にマッカーサーは、重工業設備などが賠償受け入れ国で役立つかどうか疑問を呈したが、この方針は極東委員会の「中間賠償計画」に引き継がれた。もっとも賠償問題は連合国間の利害が対立し、円滑に進むことはなかった。

さらに一九四六年一月、ノースウェスタン大学教授で、国際カルテルの専門家として知られるコーウィン・エドワーズを団長とする調査団が来日し、財閥解体、独占禁止政策が本格的に動き始めた。エドワーズ報告は一九四七年五月、SWNCCで、「日本の過度経済力集中に関する政策」(FEC230)として極東委員会に提出されることになる。

沖縄の分離——八月一五日以降の南西諸島

敗戦と沖縄——沖縄諮詢会の設置

一九四五年八月一五日午前八時、終戦の詔勅が流れる四時間前、沖縄本島の美里《みさと》村石川(現石川市)に、一六の収容所から計一二四名の人びとが集められた。

ムーレー米海軍軍政府副長官は、戸惑う人びとに日本の降伏とともに「米軍政府は引続き指導と物質的援助を与える。然《しか》し責任と管理は漸次沖縄の住民に移譲されなければならない」と、可能な限り行政の負担を沖縄住民に委ねることを告げた。しかし、沖縄では県庁はじめすべての政治機構が崩壊していた。軍政府もまた、沖縄制圧後、民事要員と通訳の不足に悩まされていた。軍政を進めるための行政機構の再建はまさしく米沖双方にとってゼロからの出発だった。

八月二〇日石川で、一五名の委員からなる「沖縄諮詢会」（委員長志喜屋孝信《しきやこうしん》）が誕生した。沖縄諮詢会には、軍政府の諮問機関、また軍と住民をつなぐチャンネルとして、市町村への伝達や市町村側の要望の取り次ぎなどが期待された。そして沖縄諮詢会のもと、警察、教育、食糧配給、医療衛生、人事などの日常業務を司る専門部会が設置されていく。

九月一三日、軍政府は末端行政組織の確立を図るため「地方行政緊急措置要綱」を公布、各収容所地区を単位に「市」を編成し、二〇日に収容所一二地区で「市会議員」選挙、二五日には「市長選挙」を実施した。「要綱」が「年齢二五歳以上の住民は選挙権及び被選挙権を有す」としていたことは注目に値する。この結果、本土より七ヵ月早く女性による参政権の行使が可能となった。

だが、当時市は各軍政地区単位で軍政官（米軍地区隊長）の指揮下にあり、各地区の軍政官の命令には絶対服従しなければならず、市長とは名ばかりで「軍と住民の仲を取り持つ連絡事務官、あるいは沖縄人労務者調達係のような、お粗末な職だった」（『平良辰雄《たいらたつお》回想録』）。

本土との分断と隔離

一九四五年一〇月末、沖縄の住民はようやく収容所から元の居住地ないし近隣地域への帰還が許された。彼らの眼前には、荒廃した郷土とそれと不釣り合いな真新しい米軍基地が広がっていた。帰還は許されたものの、住民の自由移動の禁止は続いていた。

米軍は軍事施設の集中する中南部地域を解放することはなかった。米軍が接収した土地は、一九四七年九月段階で約四万三〇〇〇エーカー（約一万七四〇〇ヘクタール）、沖縄本島総面積の一四％を占めていた。もともと沖縄は、本島中南部に多くの住民が居住し、耕作地がもっとも多い地域であった。軍政府は土地の所有権の有無に関係なく、米軍地区隊長や市町村長の権限で宅地や農地を必要に応じて住民に割り当てた（割当制度）。もっとも本来の土地所有者を確定する土地台帳は戦闘で焼失していた。また米軍はハーグ陸戦条規に基づき、日本の独立まで戦争状態が継続していると主張して土地の使用料を支払わなかった。

住民は基地の傍らで、軍作業に動員され、わずかな配給物資と割り当てられた土地での農作業によって暮らしの再建を図らなければならなかった。

一九四六年一月末には、琉球列島の北緯三〇度以南を行政上の区分として分離するというGHQの指令（「若干の外郭地域を政治行政上日本から分離する覚書―SCAPIN六七七」）が沖縄に届けられた。これによって沖縄は、これまで同様に「アメリカの占領」のままとなり、「連合国の占領」へと再編されることはなかった。

かくして沖縄は「分断と隔離」のなかから、本土とは異なる戦後のスタートとなった。

ワシントンの対沖縄政策——国務省と軍部の対立

米軍は沖縄駐留にあたり、二つの困難に直面していた。一つは、日本の敗戦により沖縄の占領目的が曖昧《あいまい》になり、ワシントンでも沖縄の処遇が定まっていなかったこと、もう一つは、軍政府の組織的位置づけが定まらなかったことである。

陸軍省は、一九四五年一〇月末に沖縄をアリューシャン（アレウト）列島、パナマ、ハワイ、マリアナ諸島、そしてフィリピンとともにアメリカの安全保障にとってもっとも重要な戦略拠点の一つとして位置づけ、アメリカの排他的戦略統治下に置くか、少なくとも国連の信託統治下に置くよう主張していた。

これに対し、国務省は沖縄をポツダム宣言における旧日本領の「諸小島」とみなし、「非軍事化」して日本に返還すべきと主張していた。国務省は、沖縄の領有は「大西洋憲章」の領土不拡大の原則に反し、アメリカの財政負担を増し、対ソ関係を損なうと考えていた。

他方で、沖縄の軍政府は、一九四五年九月に米海軍の下部組織に組み込まれたが、その地位は低く、また戦後の国防予算の削減、占領要員の帰国の結果、その力が著しく弱体化していく。

アメリカの沖縄政策は、陸軍・国務両省の対立を受け、一九四六年一一月に当面「何もしない」と棚上げされる。この結果、沖縄の現地米軍は、本国政府から明確な統治方針や予算を得られないまま、統治に臨むことになり、その政策は計画性を欠いた、きわめて「場当たり的」なものとなっていった。

南西諸島の分断――群島別統治

ここで、沖縄本島と同様一九四六年一月に本土から分離された奄美群島、宮古群島、八重《やえ》山《やま》群島に触れておこう。

奄美群島は、もともと鹿児島県の一部であり、敗戦後いち早く鹿児島県奄美支庁として活動を開始していた。敗戦から半年余り過ぎても、米軍の支配を受けることはなかった。一九四六年二月、本土から分離するというGHQの指令が届き、三月に米軍が進駐、「北部琉球軍政府」が設立され軍政が始まった。一〇月には、北部南西諸島支庁が設立され、支庁長は北部南西諸島政府知事となり、北部琉球軍政府の支配下に置かれることになる。

宮古と八重山の両群島は、沖縄県に属するが、戦場と化した沖縄本島からは孤絶したスタートとなった。本島との連絡も途絶え、一時無政府状態に陥る。一九四五年一二月に米軍が進駐し、翌四六年三月二一日に「南部琉球軍政府」が設置され、この軍政府のもとにそれぞれ宮古、八重山民政府が設立された。

北部・南部琉球軍政府は、軍政府の補助機関として、これら各支庁・民政府を組み込んだ。また沖縄本島の軍政府とは直接のつながりを持たず、米軍は東は奄美から、西は与那国《よなぐに》島にいたる南西諸島を分断統治していたのである。

第2章 占領改革と政党政治の再出発

I 日本国憲法の誕生

始動——近衛文麿、幣原喜重郎、マッカーサー

ポツダム宣言と憲法改正

ポツダム宣言に、憲法を改正せよとはどこにも書かれていない。しかし、大日本帝国憲法（以下、帝国憲法）は、ポツダム宣言が述べる民主主義、言論・思想・宗教の自由、基本的人権の尊重を保障するものではない。これらを満たすためには、帝国憲法の改正が必要なことは予期された。だが占領当初、日本政府にGHQから具体的な指示はなく、どの程度の改正が求められるのかわからずにいた。

ただし、事務レベルでは憲法改正の検討を始める動きがあった。たとえば内閣法制局では、一九四五年九月半ば、入江俊郎《いりえとしお》第一部長が、非公式に憲法を見直すための事務的な検討を始め、一八日には「終戦と憲法」というメモを法制局長官に提出している。

入江のメモは、軍制度の廃止にともない改正を要するものとして、「文武官」を「官吏」に改めること、統帥大権、戒厳大権、兵役の義務を削ることを挙げている。さらにポツダム

宣言の受諾にともない考慮すべき事項として、憲法上の大権事項の処置、貴族院の改組、枢密院の廃止、憲法改正手続きなどを挙げていた（『日本国憲法誕生記』）。

他方で外務省は、「憲法を改正し之が運用上民主主義精神による輔弼《ほひつ》制度を確立するも大概は時に応じ能動的のものたらしむること」（「自主的即決的施策の緊急樹立に関する件」一〇月九日）と考えていた。しかし、これらの動きは政府の消極的な姿勢もあり、具体的な成果には結びつかなかった。

近衛文麿のイニシアチブ

日本側で実際に憲法改正へ動き出したのは、東久邇宮内閣に副総理格の無任所国務大臣として入閣していた近衛文麿だった。

一〇月四日、彼は二度目のマッカーサー訪問を行い会談を持った。近衛は、ここで軍国主義勢力の台頭を助長したのは「マルキシスト」であり、「皇室を中心とする封建的勢力」はむしろその行動を抑制する役割を果たしてきたと持論を展開した。そして、「政府の組織および議会の構成につき何かご意見なりご指示があれば承りたい」と尋ねた。マッカーサーはこれに対して、決然たる口調でこう述べたという。

第一、憲法は改正を要する。改正して自由主義的要素を十分取入れなければならない。

第二、議会は反動的である。議会を解散しても現在の選挙法の下では顔ぶれは変わっても同じタイプの人間が出て来るであろう。これを避けるためには選挙権を拡張し、婦人参政権と労働者の権利を認めることが必要だ。

（「近衛国務相、『マッカーサー』元帥会談要録」）

さらに「公〔近衛〕はいわゆる封建的勢力の出身であるが『コスモポリタン』で世界の事情にも通じて居られる。また公はまだお若い。敢然として指導の陣頭に立たれよ。若《も》し公がその周りに自由主義的分子を糾合して憲法改正に関する提案を天下に公表せらるるならば議会もこれについてくることと思う」と激励した。

同席したアチソン政治顧問は同日、国務長官宛に、憲法改正論議が持ち上がっているので、早急にアメリカ政府の方針を決定する必要があると打電している。

翌一〇月五日東久邇宮内閣が総辞職し、足場を失った近衛は木戸幸一内大臣と相談し、宮内省御用掛として憲法改正作業を続けることになった。

一〇月八日、近衛はアチソンを訪ね、憲法改正についての助言を求めた。アチソンはあくまで個人的かつ非公式であると断りつつ、議会の権限を強化すること、イギリスのように政府の議会に対する責任を明確にすること、貴族院・枢密院の抑制を図ること、人民の基本的権利の保障を明確にすることなどを示唆した。注目すべきは、この段階でアチソンが天皇の地位に触れず、軍部大臣文官制を述べている点である。つまり、軍の存続を容認しているともとれる。いずれにせよアチソンは一〇日に、近衛に与えた非公式のコメントを含めて、国務長官に報告している。

一〇月一六日に、国務省はアチソンに返信し、憲法改正の目的は議会政治の確立であるとし、天皇制の問題については廃止と存続とに分けて、それぞれ条件を挙げている。そのうえで存置の場合「将来認められるべき軍部大臣は文官でなければならず、帷幄《いあく》上奏権を全廃するべきである」と述べている。全体としてみると、アチソンの助言と同様の趣旨であったが、さらに近衛と討議を続け国務省に報告すること、近く国務省から成案を送るとアチソンに伝えていた。しかし、マッカーサーはこののちアチソンの憲法問題への関与を封じる。

幣原・マッカーサー会談――二つのデモクラシー

一〇月一一日午後、幣原が首相就任の挨拶のためマッカーサーを訪問した。このとき、マッカーサーは憲法の自由主義化を促すとともに、いわゆる「五大改革」指令を発した。すなわち、婦人参政権の付与、労働組合の育成助長、教育の民主化、経済機構の民主化、秘密機構の廃止である。このうち婦人参政権の付与について、幣原が午前中の閣議で決まったことを伝えると、マッカーサーは「万事この調子で」と喜んだという。さらに、幣原は次のように自らの民主主義観を述べた。

大体のご趣旨は日本の各般の制度を民主化並びに自由主義化すべしとのご意見と考う。然《しか》らば実際には余が内閣に列しおりたる一二、三年前には事実この潮流が日本に流れおりたるものなり。その後の満州事件の起こりありてこの潮流を逆転せしめ有害なる勢力が時の勢いを占むるを許さるるに至り民主主義的潮流の発達は阻止せられたり。然れども最近の時局急転により、この阻害する原因が全く除去せらるるに至りし以上日本は既に十数年以前に萌《きざ》しを見せたる方向に向かい再び前進を開始すること困難に非《あら》ずと期待しおれり。

（「幣原・マッカーサー会談」）

さらに幣原は、日本にアメリカと同様の「デモクラシー」を期待するなら、その実現の時期を期することは容易ではない。ただ、「一般大衆の意思を尊重しこれを反映する政治上の主義」を意味する、つまり「日本的デモクラシー」なら「遠き将来にも非ず」と応えた。幣原の脳裏には、自ら外相を務めていた昭和初期の政党内閣期のあり方が深く刻印されていた。すでに述べたように、この点では吉田も同様の考えであった。

日本側の憲法構想――近衛案・松本案と政党案

憲法問題調査委員会の設置

幣原は、デモクラシーは帝国憲法の下でも運用次第で十分に可能であるとの自信を持ち、マッカーサーの憲法改正の要請に対しきわめて消極的な姿勢を示していた。他方で宮内省御用掛として閣外で近衛が憲法改正の調査を行うことは、閣内に波紋を呼んでいた。

一〇月一三日の閣議で松本烝治《まつもとじょうじ》国務相は、憲法改正の準備は「国務」に属するものであり、「このまま政府がなにもせずに居るならば、内閣の運命に関する惧《おそれ》がある、〔政府も〕何か手を打たねばならない」と強く主張する(『次田大三郎日記』)。また、芦田厚相は「現行憲法がポツダム宣言の第十条と相容《あいい》れない点をもっている。欽定《きんてい》憲法という思想そのものがアメリカ人の言うデモクラシーと相容れない」との認識を示した。

一〇月二五日、松本烝治を委員長とする憲法問題調査委員会(以下、松本委員会)が内閣に設置された。名称に「改正」という言葉を避け、「調査」と銘打ち、そもそも改正の必要があるかどうかから始めるとしたことは、当時の政府の消極的姿勢を示している。

日米双方は、デモクラシーあるいは民主化に対する温度差の違いを残したまま、日本の再生に向けて動き出した。

幻の近衛案と「松本四原則」

この間、国内外で近衛に対する批判が強まっていた。国内からは、国務である憲法改正に宮内府が関わる是非を問う声が上がっていた。国外からは、たとえば、『ニューヨーク・タイムズ』紙は、憲法起草に近衛は相応《ふさわ》しくないとし、近衛は戦犯として取り扱われても誰も驚かないからだと論じていた。

一一月一日、GHQは突然「近衛の憲法調査は、総司令部の関知するところではない」との声明を発し、絶縁宣言を行った。こののち、近衛に一二月六日戦犯として逮捕命令が出され、一六日出頭の日、自ら命を絶つことになる。

近衛はどういった憲法案を考えていたのだろうか。「帝国憲法改正要綱」と名付けられた近衛案では、新日本建設のために、帝国憲法の解釈運用でなく、憲法改正が必要と説いていた。そのうえで、議会の召集・解散、宣戦講和および条約の締結などの天皇大権は議会の「協賛」を得て行うとしていた。そのほか、軍の統帥権を国務とし、臣民の自由の拡大、国務大臣が帝国議会に責任を負う、枢密院の廃止、議会の予算審議権尊重などを述べていた。それは後述する松本案より「はるかに進歩的」（『憲法改正――解説と資料』）と評されたが、アチソン政治顧問からの助言を容れたものだったからと思われる。

GHQによる近衛との絶縁声明後、政府による改正の動きは松本委員会によって進められた。一二月八日、松本は衆議院予算委員会で質問に答え、「松本四原則」と呼ばれる憲法改正の方向性を初めて公にしている。

具体的には、①天皇が統治権を総攬《そうらん》するという大原則には変更を加えない、②天皇の大権事項を制限し、議会の議決を要する事項を拡充する、③国務大臣は国政全般にわたり、議会に対して責任を負う、④人民の権利・自由に対する保障を強化し、それに対する侵害については救済を十分にするというものだった。

それはきわめて現状維持に近いものであったが、大正デモクラシーの憲法理論たる天皇機関説の立場からすれば、精一杯進歩的な改憲案とも言えた。

政党・民間の憲法草案

他方で各政党も憲法草案の起草を試みている。もっとも早い動きをみせたのは共産党で、一九四五年一一月に「新憲法の骨子」を発表している。そこでは人民主権を掲げ、一八歳以上の男女に選挙権・被選挙権を付与し、人民の政治的・経済的・社会的自由、政府を監視し批判する自由に加え、生活権、労働権、教育権の保障などを謳っていた。ただし、共産党は当時「憲法より食糧を」をスローガンに運動を展開しており、その憲法草案「日本人民共和国憲法」が公表されたのは翌年七月八日であった。

一九四六年に入ると、競って憲法草案が発表される。それは各党の戦後構想の一端を示していた。各党の草案については2-1の通りである。

主権について主権在民を唱えたのは共産党のみで、政府・進歩党は天皇に、自由・社会両党は国家にあるとした。細かく言えば、自由党は美濃部達吉の「天皇機関説」に基づく国家主権説を主張し、その発表に際し鳩山は、「我等の天皇は万世一系にして国の元首として統治権を総攬」すべきであると述べていた。

社会党は天皇を含む国民共同体にありとし、統治権については「之を分割し、主要部を議会に、一部を天皇に帰属せしめ、天皇を存置す」として、天皇の統治権を制限し、その非政治化を図るものだった。

もっとも、天皇制について社会党内はかなりの振幅を持っていた。たとえば、社会党憲法起草委員会のメンバーであり、一九二〇年に筆禍事件で東京帝国大学を追われていた森戸《もりと》辰《たつ》男《お》は天皇の政治的・宗教的機能の区分を説き、「国民の権利は守られねばならず、天皇はわずかにモラル・シンボルとならねばならない。天皇の地位はイギリスやスカンジナビアの王のそれに近いものでなければならない」との意見を持っていた（『ＧＨＱ民政局資料』2）。なお進自社三党とも天皇制存続において違いはなかった。

天皇大権については、進自社三党とも議会権限の強化の主張と相まって、縮小もしくは廃止を唱えている。政府・進歩党は大権の縮小を主張し、統帥、編成、非常大権および独立命令を廃止するとしていた。自社両党は大権を廃止するとしていた。いずれも統帥権の廃止を別とすれば、軍の問題には直接触れていない。

また三党は、議会権限の強化、二院制の堅持で共通しているが、進歩党は議会の役割を「内閣の輔弼」としている。興味深いのは首相の選出方法についてである。進歩党は「議長に諮問の上天皇が親任」するとし、社会党は「両院議長の推薦に基づき天皇が任命する」と述べている。いずれも国会の議決によるとまで踏み込んでいない。

社会党	共産党（「新憲法の骨子」）	憲法研究会
国家（天皇を含む国民共同体）	人民	国民
存続	廃止	存続
廃止		国家的儀礼のみ
議会権限の強化		
2院制		2院制
責任内閣制		
両院議長の推薦に基づき天皇が任命		両院議長が推薦
言論、集会、結社、出版、信教、通信の自由	政治的・経済的・社会的自由	基本的自由
生存権	生存権・教育権	生存権・男女平等

人権については、進歩党案は「臣民の権利」とし、自由党は進歩党より一歩進んだ「思想、言論、信教、学問、芸術の自由は法律を以てするも猥《みだ》りに之を制限するを得ず」としていた。社会党は、言論、集会、結社、出版、信教、通信の自由に加え、「国民は生存権を有す、その老後の生活は国の保護を受く」「国民は労働の義務を有す、労働力は特別の保護を受く」など生存権を打ち出し、ワイマール憲法の影響をうかがわせた。

2－1　各党の憲法案

	GHQ 草案	松本委員会	進歩党	自由党
主権	国民	天皇	天皇	国家 （天皇機関説）
天皇制	存続（象徴天皇）	存続	存続（国体護持）	存続（国体護持）
天皇大権		大権の縮小 閣僚権限の強化	総帥、編成、非常大権の削除	廃止、内閣に命令制定権
議会	最高機関・唯一の立法機関		議会権限の強化 内閣の輔弼	議会権限の強化
	１院制	２院制	２院制	２院制
内閣				責任内閣制
首相	国会の議決		議長に諮問の上天皇が親任	
人権	基本的人権	臣民の権利・義務	臣民の権利・義務	思想、言論、信教、学問、芸術の自由
その他				

出典：時事通信社編『憲法改正——解説と資料』1946年５月刊を基に筆者作成

各党は共産党を除き、主権の変更に触れてはいない。しかし、いずれも天皇大権の縮小・廃止を図り、議会権限の強化を説くなど、戦前の政治とは一線を画そうとしていた。

憲法草案で異彩を放ったのは民間の憲法研究会であった。憲法研究会は、元東京帝国大学教授高野岩三郎の呼びかけで、在野の憲法史研究者鈴木安蔵《すずきやすぞう》、評論家の室伏高信《むろぶせこうしん》、先述した社会党憲法起草委員会の森戸辰男ら数名によって結成された。憲法研究会案は、統治権は「日本国民より発す」、「天皇は国家的儀礼を司る」と国民主権を明らかにし、基本的人権・社会権の尊重などを謳っていた。なかでも、「男女は公的並びに私的に完全に平等の権利を享有す」としていたことは注目に値する。憲法研究会案は、一二月二七日発表されたが、一九四六年一月、民政局で憲法調査を担当していたマイロ・ラウエルによって、「非常に自由主義的」とのコメントを添えて、ホイットニー民政局長に提出され、GHQ案のモデルとなったと言われる。

マッカーサー三原則——民政局密室の九日間

天皇の「人間宣言」

一九四六年一月一日、「新日本建設の詔書」、いわゆる天皇の「人間宣言」が出された。ここで天皇は、まず明治維新の際に出された五ヵ条の御誓文に触れたのち、「朕《ちん》と爾《なんじ》等《ら》国民との間の紐帯《ちゅうたい》は終始相互の信頼と敬愛とに依りて結ばれ、単なる神話と伝説とに依りて生ぜるものに非ず、天皇を以て現御神《あきつみかみ》とし、且《かつ》日本国民を以て他の民族に優越せる民族にして、延《ひい》て世界を支配すべき運命を有すとの架空なる観念に基くものに非ず」と、自らその神性を否定した。

この宣言から三〇年以上を経た一九七七年八月、天皇は記者会見で、五ヵ条の御誓文に触れたことについて、「それがもととなって明治憲法ができたんで、民主主義というものは決して輸入のものではない」ことを示したかったと述べている。

この「人間宣言」を受けて、マッカーサーはただちに「天皇は人民の民主化に指導的役割を果たした。天皇は自由の線にそって自己の将来の立場をはっきり示した」との声明を発し歓迎した。

ワシントンと連合国――SWNCC228

一九四六年一月一一日、ワシントンからヒュー・ボートン国務省アジア課長の起草になるSWNCC228「日本統治体制の変革」が届いた。それは①国民主権、②基本的人権の尊重、③言論・信教・思想の自由の保障など憲法の重要事項をすべて含んでいた。

天皇制については、現状のまま維持することは占領目的と矛盾するため、「民主主義的な方向にそれを改革しなければならない」としつつ、その存廃は「日本国民の自由に表明せる意思に従う」とし、廃止とも存続とも結論を出していなかった。また、軍部大臣が文官でなければならないこと、さらには次のようにあらためて日本側にイニシアチブをとらせることを強調していた。

最高司令官がさきに列挙した諸改革の実施を日本政府に命令するのは、最後の手段としての場合に限られなければならない。というのは、前記諸改革が連合国によって強要されたものであることを日本国民が知れば、日本国民が将来ともそれらを受け容れ、支持する可能性は著しくうすれるであろうからである。

（『日本国憲法制定の過程』I）

C・ケーディス（1906～96）
ハーバード大学ロースクール卒．弁護士，国務省を経て軍務に服す．民政局のなかで，日本国憲法草案作成の中心人物に．次長昇格後，日本の民主化推進のため中道勢力を支持．1948年12月帰国

一月一七日、来日中の極東諮問委員会代表団が民政局と懇談会を持った。このときフィリピン代表コンフェソールの「GHQでは憲法草案の準備をしているか」との質問に対し、ケーディス民政局行政課長の答えは「ノー」だった。ここでケーディスは「憲法改正は貴委員会の権限に属する」と明言している（*FRUS*, 1945-47）。

また一月二九日、マッカーサーは極東諮問委員会との会談で「モスクワ協定〔極東委員会の設置を決めた一二月の米英ソ外相会談〕以降、自分には憲法改正の権限がなくなったのであり、それ以前には示唆を与え、これにより委員会が憲法改正を行う目的で組織されたが、この作業への関与を止めている」と、示唆の事実は認めたが、命令や指示は明確に否定した。

なお極東諮問委員会代表が滞日中の二五日、アメリカ政府は極東諮問委員会にＳＷＮＣＣ２２８文書を提出している。極東委員会はこの文書を基礎に七月二日、後述する「日本の新憲法についての基本原則」を決定した。

「戦争放棄」の提案

GHQは二つの会談を通じて、極東委員会が日本の憲法問題に並々ならぬ関心を抱いていることを知った。ホイットニー民政局長は後述する選挙法改正・公職追放を終え、この前後から憲法改正に動き始める。一月二四日、彼は行政課長のケーディスに、最高司令官であるマッカーサーに憲法改正の権限があるかどうかについて研究するよう命じた。

この同じ日、幣原が病気治療のため手配してもらったペニシリンのお礼を兼ねてマッカーサーを訪問している。のちに『マッカーサー回想記』を通して広く知られることとなる「戦争放棄」の話が出たのはこの時とされる。幣原はマッカーサーに対して、次のように述べたという。

> 首相〔幣原〕はそこで、新憲法を書上げる際にいわゆる「戦争放棄」条項を含め、その条項では同時に日本は軍事機構は一切もたないことをきめたい、と提案した。そうすれば、旧軍部がいつの日かふたたび権力をにぎるような手段を未然に打消すことになり、また日本にはふたたび戦争を起す意志は絶対にないことを世界に納得させるという、二重の目的が達せられる、というのが幣原氏の説明だった。（『マッカーサー回想記』下）

さらに、貧しい日本には軍備につぎ込む余裕はなく、資源を経済再建に当てるべきと幣原は語ったと記されている。つまり、憲法に「戦争放棄」条項を入れることは幣原からの申し出とされている。だがこの記述については、多くの疑義が出されている。

たしかに幣原には、戦争放棄を訴えたいという考えが当時あったようだ。たとえば、幣原の親友大平駒槌《おおだいらこまつち》枢密顧問官が娘に書き取らせたいわゆる「大平メモ」によれば、当時病がちであった幣原は、天皇制を維持しなければ死ねない、まずこれをはっきりさせたがっていた。そのうえで「戦争を世界中がしなくなる様になるには戦争を放棄するという事以外にないと考える」と述べていた（『戦後日本防衛問題資料集』第一巻）。だが、幣原が戦争放棄を憲法に盛り込むまで主張したかという論拠は、『マッカーサー回想記』以外にはない。

他方で、マッカーサー・幣原会談の三日後の一月二八日にホイットニーはケーディスをともない、公職追放問題に関して幣原と会談を行っている。このときホイットニーは幣原に、天皇が「人間宣言」のように戦争を否定する詔書を出せば、日本の国際的印象はよくなるといった示唆を行ったとも言われる（『占領下の日本』）。ケーディスは筆者に対し、ホイットニーが九条の発案者ではないかと答えた。

また、オーストラリアの政治学者で対日理事会の英連邦代表マクマホン・ボールは、のちにオーストラリア外相宛電報で、先のマッカーサーと幣原のやり取りを次のように伝えている。

戦争放棄に関して、幣原はマッカーサーに、「どのような軍隊なら保持できるのですか」と尋ねた。マッカーサーは、「いかなる軍隊も保持できない」と答えた。幣原は、「戦争放棄ということですね」と言った。マッカーサーは、「そうです。あなたがたが戦争を放棄すると公言すれば、そのほうがあなたがたにとって好都合だと思いますよ」と答えた。

（『日本占領の日々』）

さまざまな議論があるが、誰が第九条の発案者であったかを示す決定的な論拠は見つかっていない。だが、多くの史料や証言からは、国際的批判を避けて天皇制を存続させる条件として戦争放棄があり、幣原とマッカーサーの間で合意形成がなされたことを示している。

天皇擁護と『毎日新聞』のスクープ

幣原と面会した翌一月二五日、マッカーサーは、「過去一〇年天皇が日本帝国の政治上の諸決定に関与したことを示す、明白な証拠は発見されていない」とし、占領管理と共産化防止のために、天皇を戦犯とすべきでないことを、さもなければ「少なくとも百万人の軍隊」を要するとの多少脅しめいた言葉を付して、ワシントンに打電した。マッカーサーは、天皇の存在が占領を円滑に進めるために必要と考え、明確に天皇擁護へと動き出したのである。以後、天皇制と「民主化」の両立がＧＨＱの課題となっていく。

二月一日、『毎日新聞』が、松本委員会メンバーの宮沢俊義東京帝国大学教授がまとめた松本委員会試案の一つをスクープする。

松本試案は、先述した「松本四原則」に沿い、天皇が統治権を総攬するものとし、天皇大権についてもほとんど触れることなく、「臣民」の権利も「国民」の権利と改めていたものの、多くは「公安を保持するため必要なる制限を受ける」としていた。

GHQには、天皇の地位に実質的変更を加えていない「きわめて保守的な性格のもの」と松本試案が映る。ホイットニー民政局長は「憲法改正の主導権を握っている反動的グループは、閣下〔マッカーサー〕が同意を与えることができるような線からはるかに離れたところにいることがみてとれた」と進言している。

奇《く》しくも同じ日、ホイットニーは、ケーディスの報告書に沿い、マッカーサーに憲法改正問題について「極東委員会の政策決定がない限り」、最高司令官に権限があると進言し、二月二日には政府案提出前に「彼らに指針」を与えるべきとの覚書を提出した。

民政局に与えられた九日間

二月三日、マッカーサーとホイットニーは、「マッカーサー・ノート」と呼ばれる、憲法改正についての三原則を作成した（マッカーサー三原則）。それは、①天皇は国の元首（原文は at the head of the state）である、②自衛権の発動をも含む戦争の放棄、③封建制度の廃止の三項目からなっていた。

2－2　日本国憲法草案作成のための民政局組織図

- 連合国最高司令官
  マッカーサー元帥
  - 民政局長
    コートニー・
    ホイットニー准将
    - 運営委員会
      チャールズ・L・ケーディス陸軍大佐（弁護士）
      アルフレッド・R・ハッシー海軍中佐（弁護士・法学博士）
      マイロ・E・ラウエル陸軍中佐（弁護士・法学博士）
      ルース・エラマン

（前文執筆はハッシー海軍中佐が兼任）

立法権に関する小委員会
- フランク・E・ヘイズ陸軍中佐
- ガイ・J・スウォープ海軍中佐（下院議員）
- オズボーン・ハウギ海軍中尉（ジャーナリスト）
- ガートルード・ノーマン

行政権に関する小委員会
- サイラス・H・ピーク
- ジェイコブ・I・ミラ
- ミルトン・J・エスマン陸軍中尉（政治学博士）

人権に関する小委員会
- ピーター・K・ロウスト陸軍中佐（社会学博士）
- ハリー・エマーソン・ワイルズ（大学教授）
- ベアテ・シロタ

司法権に関する小委員会
- マイロ・E・ラウエル陸軍中佐
- アルフレッド・R・ハッシー海軍中佐
- マーガレット・ストーン

地方行政に関する小委員会
- セシル・G・ティルトン陸軍少佐（大学教授）
- ロイ・L・マルコム海軍少佐
- フィリップ・O・キーニ

財政に関する小委員会
- フランク・リゾー陸軍大尉（エコノミスト）

天皇・条約・授権規定に関する小委員会
- リチャード・A・プール海軍少尉
- ジョージ・A・ネルソン陸軍中尉

秘書
- シャイラ・ヘイズ
- エドナ・ファーガソン

通訳
- ジョセフ・ゴードン陸軍中尉
- I・ハースコウィッツ陸軍中尉

出典：鈴木昭典『日本国憲法を生んだ密室の九日間』（創元社，1995年）を基に筆者作成

翌二月四日、ホイットニーは、ケーディスはじめ民政局員全員を召集し、民政局が「憲法制定会議の役」を果たすことになると告げた。期限は二月一二日とされた。この翌日の一三日は、ホイットニーと吉田外相ら日本政府関係者が、日本側の憲法草案について話し合う日だった。

ホイットニーは、民政局員を前に次のように語った。「〔日本側の草案は〕右翼的傾向の強いものだろうと思われる。しかし自分としては、外相とそのグループに、天皇制を護持し、かつ彼ら自身の権力として残っているものを維持するための唯一可能な道は、はっきりと左よりの道をとること」(『日本国憲法の制定過程』I)であると要請するつもりであると続けた。戦時中、大きく「右」に振れた日本を、「左」にスライドさせようとしたのである。

民政局員に与えられた時間はわずか九日だった。メンバーがなぜ憲法制定を担うことになったのか考える暇さえなかった。以後、民政局ではケーディスを中心に、七つの小委員会を設置し、不眠不休で草案作成作業が続けられる(2-2参照)。多くの討議を経て、二月一二日深夜、憲法草案は完成した。

この間、二月八日には、天皇の裁可を得て、松本が自らの四原則に基づく「憲法改正要綱」(以下、松本案)と自ら執筆した「政府起草の憲法改正に対する一般的説明」を、GHQに正式に提出していた。

一九四六年二月一三日――ＧＨＱ対日本政府

一九四六年二月一三日、ホイットニー、ケーディスらＧＨＱ代表と松本国務相・吉田外相ら日本側代表との間で懇談が持たれた。

冒頭ホイットニーは、二月八日に日本政府が提出した憲法改正案は、「自由と民主主義の文書として最高司令官が受け容れることはまったく不可能である」と述べた。そして、民政局が作った憲法草案（以下、ＧＨＱ草案）を提示した。ＧＨＱ側の記録によると、この発言に日本側代表は茫然《ぼうぜん》たる表情を示し、吉田の顔は驚愕《きょうがく》と憂慮に包まれたという。ホイットニーは続けた。

最高司令官は、天皇を戦犯として取調べるべきだという他国からの圧力、この圧力は次第に強くなりつつありますが、このような圧力から天皇を守ろうという決意を固く保持しています。〔中略〕しかしみなさん、最高司令官といえども、万能ではありませんけれども最高司令官は、この新しい憲法の諸規定が受け容れられるならば、実際問題としては、天皇は安泰となると考えています。さらに最高司令官は、これを受け容れることによって、日本が連合国の管理から自由になる日がずっと早くなるだろうと考え、また日本国民のために連合国が要求している基本的自由が、日本国民に与えられることになると考えています。

最高司令官は、私に、この憲法をあなた方の政府と党に示し、その採用について考慮を求め、またお望みなら、あなた方がこの案を最高司令官の完全な支持を受けた案として国民に示されてもよい旨を伝えるよう、指示されました。もっとも、最高司令官は、このことをあなた方に要求されているのではありません。(『日本国憲法制定の過程』I)

マッカーサーは急いでいた。松本案に不満を持っていたことも確かであるが、天皇制存続を決めていたマッカーサーは極東委員会の介入を避けたかったからである。他者からの介入を嫌う生来の性格に加え、天皇制存置を心に決めたマッカーサーにとって、ソ連やオーストラリアを含む日本管理の最高政策決定機関とされた極東委員会が妨げとなることが予想された。さらにマッカーサーは、四月に予定されている衆議院選挙で、憲法草案を日本国民に問いたいと考えていた。

日本政府の抵抗、そして受容へ

GHQ草案には、象徴天皇、戦争放棄など日本側が想像もしなかった条文が含まれていた。それは直接受け取った吉田や松本はもちろん、報告を受けた首相の幣原さえ顔色を失するものであり、GHQ草案は閣議に諮られることもなく、六日間官邸の金庫のなかに眠ることになる。

法律の「大家」でもある松本には、GHQ草案は無知な外国人がつくった、出来のわるい答案にみえた。たとえば草案が一院制を採っていることについて、ホイットニーがアメリカのように州がない日本に二院制は不要だと答えたことに対し、「議院制度がわかっていないのではないか」と述べている。もっとも民政局は日本側が二院制を要求してくることを予想しており、そのときはこれに譲歩することによって、「もっと重要な点を頑張ること」ができると考えていた。

この間、松本はGHQ草案と松本案は「具体的な手法が異なるだけで目指す方向は同じであり、松本案についてもう一度説明する」とホイットニーに再考を求めた。

しかし、ホイットニーは拒否。二月一八日には「若しも連合国より改革案を押し付けられることになれば、このような生易しいものにならないであろう」といい、「二月二〇日までにその受け入れを決定しない場合はGHQが直接国民に発表する」と迫った。

翌一九日に開かれた閣議は、「極めて重大な事件が起こった」とする蒼《あお》ざめた松本の発言から始まった。幣原はじめ三土忠造《みつちちゅうぞう》内相、岩田宙造司法相は事態の進展に驚き「吾々は之を承諾できぬ」（『芦田日記』二月一九日）と発言、閣内の意見はまとまらなかった。

二月二一日、幣原がマッカーサーを訪問したが、「米国案は天皇護持のために努めているものである」と聞かされる。二三日の閣議は、マッカーサーの反応を受けてGHQ案でやむなしとなり、閣議後幣原、吉田および楢橋渡《ならはしわたる》書記官長が天皇に報告した。天皇は「先方がそういうならば認めてもよいのではないか。第一条はイギリスのように象徴と変えてよいのではないか。民の心をもって心とする。それが祖宗の精神であった」（『三代回顧録』）と答えたという。

天皇の裁可を得て、政府もようやく改正へと舵を切る。松本を中心にGHQ草案を基に条文化に取りかかった。民政局の厳しい督促を受け、三月四日に松本は政府内で修正した案をGHQに持参した。日本政府案は五日まで、民政局で日米双方の時に激しいやり取りが展開されるなか修正を受けた。

天皇は「いまとなっては致方あるまい」（『芦田日記』三月五日）と語りつつ、天皇制存続が確定し、議会の承認を要せず世襲が認められたことに安堵していた。

またこの前後、『読売報知』に「宮内省の某高官と会見」した記録として、天皇の退位問題が報じられる。この報道に対し木下道雄《きのしたみちお》侍従次長は、「これは折角いままで努力したM〔マッカーサー〕の骨折りを無にする事になるので、M司令部はやっきとなり、一刻も早く日本をして民定の民主化憲法を宣言せしめ、天皇制反対の世界の空気を防止せんとし、一刻も早くこれを出せと迫りくるによる」（『側近日誌』三月五日）と記している。

政府案としての公表

三月六日、民政局との共同作業を経てできあがった草案は、「憲法改正草案要綱」と名付けられ政府案として発表された。同日夕方、民政局のハッシー中佐はこの英文を持って、慌ただしく厚木飛行場からワシントンへ発った。

この政府案は、当初の松本案とはまったく違うものとなっていた。『毎日新聞』のスクープで松本案を知っていた多くの国民に驚きと戸惑いを与えた。

外務省総務局作成になる「憲法草案要綱に関する内外の反響」は、国内の反響を概観して「従来政府案として巷間《こうかん》に伝えられておったものと懸隔余りに甚だしきため奇異なる感情を抱くとともに、「翻訳語的な印象を与え」ていること、並びに『戦争放棄』なる特異なる規定が特に右の感情を強めたことからして結局自国の憲法草案というよりはむしろ条約草案なりとの印象を与えられた」と述べている。ただ内容については「天皇制度存置と主権在民の思想の調和」が図られていることに「一種の安堵感を与えられて」いると付け加えている。

進歩・自由両党は原則的に賛成を表明した。たとえば自由党は、政府案が天皇制の護持、基本的人権の尊重、戦争の放棄を内容としている点で、「これはわが党が発表した憲法改正案の原則と全く一致する」とした。

社会党は「ポツダム宣言の忠実な履行と民主主義政治に対する熱意の表明」として賛意を表す一方、「天皇の大権に属する事項が多きに失する」などの注文を付けた。

他方、共産党は、天皇制の廃止、勤労人民の権利の具体化の明記など五項目を提案し、実質的に反対の態度を表明した。いずれにせよ、共産党を除く政党は総体として歓迎の意を表したと言える。

民政局の組織再編

民政局はGHQの他のセクションを排して憲法草案を作ることで、マッカーサーの「政治的参謀」としての地位を確立した。以後日本の「民主化のエンジン」として機能し、改革の旗手に相応しい組織再編を行っていく。

一九四六年二月、これまで民政局の改革を担ってきた行政課は、立法連絡（G・スウォープ、のちJ・ウィリアムズ）、政党（P・ロウスト）、地方政府（C・ティルトン）、政務（A・ハッシー）、審査報告（O・ハウギ）、世論（F・リゾー）の六係に再編され、五月にはそれぞれ課に昇格した（『GHQ民政局資料』別巻）。

行政課長だったケーディスは民政局次長となり、ホイットニーと信頼関係を築くことで、日本政府に対し初期民主化改革を実施させる現場責任者の役割を果たすことになる。民政局内の重要な意見や報告は、部内メモである「メモランダム・フォー・ザ・レコード」や、局長宛メモ（「メモ・フォー・ザ・チーフ」）として、ケーディスのデスクに提出された。

係の課への昇格は憲法制定後、憲法に沿ってさまざまな法制度の改革を推進するための体制整備だった。スウォープとウィリアムズは国会改革に、ロウストは政党と選挙法に、そしてティルトンは地方制度改革に辣腕《らつわん》を振るうことになる。

一九四六年初頭の段階で、ＧＨＱ内の力は、吉田茂が折衝をしてきた保守的な参謀部から、積極的な民主化改革を求める民政局に移り、以降日本の指導者たちによる「民政局詣で」が始まる。こうした権威の獲得の仕方は、一九二〇年代後半から三〇年代にかけて、元老西園《さいおん》寺公望《じきんもち》に対して政治家たちが行った坐漁荘《ざぎょそう》詣でに似ていた。

連合国と日本国憲法――極東委員会の憤慨

国務省の困惑と反応

三月六日の憲法草案の公表は、アメリカ国務省にとっては寝耳に水であった。もっとも困ったことは、憲法改正草案要綱の実物が手許になかったことである。しかし国務省はＧＨＱに直接問い合わせすることはできなかった。統合参謀本部と陸軍参謀長を通す必要があったからである。

ヒュー・ボートン国務省日本課長代理は、ワシントンの状況を次のように伝える。

このことを公にすれば、重大な問題について、ワシントンとＧＨＱとの間に意思の疎通が欠けていたことが露呈してしまう。さらに、アメリカの極東委員会代表団の間で、マッカーサー元帥の態度は行きすぎではなかったのかという点について、意見の不一致がみられた。すなわち自分やブレイクスリー博士〔極東委員会運営委員会アメリカ政府代表〕は委員らの批判にもっともな点があると考えたのに対し、軍部代表の委員はマッカーサー元帥を支持する立場に回った。（『戦後日本の設計者』）

国務省の出先機関である東京の政治顧問部も、実は蚊帳《かや》の外にあった。三月八日、政治顧問部のマックス・ビショップは本国宛電文で、「今後、この草案は日本人自らが作成したのではなく、GHQが用意したものと日本人がみなすようになれば、若干の危険性が生じるし、憲法に対する日本人の態度は大きく変わるであろう」と述べ、一九日には「大多数の日本人は、この草案をアメリカ製であると考えている。このことは、日本人が長期にわたってこの憲法を受け入れ、支持する可能性を小さくしているのではないか」との懸念を示した（『憲法制定史』）。

だが憲法草案の内容自体は、ワシントンを慌てさせるものではなかった。大筋でSWNCC228と一致しており、かなりの点でこの勧告よりはるかによいもので、平和的傾向を持つ責任ある日本政府の樹立に確実につながっていくであろうと、ボートンは評価していた（『戦後日本の設計者』）。

極東委員会の反攻

憤慨したのは、日本管理の最高政策決定機関とされていた極東委員会である。

マッカーサーが「憲法改正についての権限は私の手を離れた」と発言していたにもかかわらず、その管理下にあるはずの日本政府による突然の憲法草案公表に、極東委員会は「出し抜かれた」「欺かれた」といった反発と憤りに包まれた。イギリスの外交官は本国政府に「これは明らかに英語で書かれ、それを翻訳したもので、完全にアメリカ調だ。こういう憲法は占領後は続かないだろう」と報告している（『憲法制定史』）。

三月二〇日、極東委員会はアメリカ政府に、日本の議会での憲法草案の審議経過を委員会に報告すること、日本国民に同案以外の案を検討する機会を保障することを要求した。合わせて四月に予定されている衆議院選挙の実施延期を求めた。日本の民主勢力が展開するには時間が足りないと考えたからである。

アメリカ政府は、ＧＨＱと極東委員会の間で苦しい立場に立たされた。四月九日、極東委員会のアメリカ代表マッコイ少将は、先の極東委員会の要請をマッカーサーに送った。さらに極東委員会は一〇日、マッカーサーの代理をワシントンに派遣して事情を説明するよう求めた。だが、マッカーサーは返書を出すこともなく一ヵ月間放置する。太平洋を挟んで、極東委員会とマッカーサーとの断絶は深まっていくばかりだった。

II　公職追放から新生議会へ

戦後初の衆院選へ——一九四六年四月

すでに述べたように、ＧＨＱは日本政府から出された衆議院選挙実施の申し入れを差し止めていた。理由は改正選挙法の検討とされていたが、戦後初の国政選挙で、新しい議会に旧議会の権威主義者や戦争協力者が帰ってくることを防ぐ必要があった。日本国民の多くは政治的に未熟であり、戦前から知名度の高い人びとを当選させる危険性があると考えていたからである（『ＧＨＱ民政局資料』２）。また国民に新人を選択させるためにも、彼らを公職から追放する政策の立案を急ぐ必要があった。

第一次公職追放

いわゆる公職追放をめぐっては、民政局と参謀二部（Ｇ２）のウィロビーらの対立がよく知られている。この間の経緯を、『シカゴ・サン』の特派員マーク・ゲインの『ニッポン日記』（一九四五年一二月二〇日）は次のように伝えている。

二、三日前、この両陣営の争いはついに表面化した。第一ビルディングの六階の一室で、日本の政界から戦争犯罪人を追放する指令案についての極秘の会議が行なわれ、総司令部の各局から代表者全部出席したが、たちまち分裂が起った。
この案に反対の人たちは次のような論点の数々をあげた。
一　徹底的な追放は日本を混乱におとしいれ、革命さえ招くおそれがある。
二　もし追放を必要とするとしても、逐次に行なうべきで、その間息をつく暇を国民に与えなければならない。
三　追放は最高指導者に限られるべきである。命令への服従は規律の定めるところであって、部下は服従以外に途はなかったからである。
軍諜報部の代表〔ウィロビー〕を先鋒《せんぽう》に、軍関係の四局は堅く結束して追放に反対した。国務省関係のある者もこれに味方した。追放を支持したのは主として民政局で、総司令部の他の部局もばらばらながらこれを支持した。〔中略〕四時間にわたる論議は激烈な言葉で終始し、また当の問題からしばしば逸脱しそうになった。しかし結局妥協が成立し、追放令の原案はすこぶる水増しされた形になった。

一九四六年一月四日、ＧＨＱは極端な国家主義団体の解散指令（ＳＣＡＰＩＮ５４８「政党、政治結社、協会およびその他の団体の廃止に関する覚書」）とともに、ＳＣＡＰＩＮ５５０「公務従事に適せざる者の公職からの除去に関する覚書」、いわゆる公職追放令を出した。後者では、Ａ戦争犯罪人、Ｂ職業陸海軍職員、陸海軍省の特別警察職員および官吏、Ｃ極端なる国家主義団体・暴力主義団体または秘密愛国団体の有力分子、D大政翼賛会・翼賛政治会および大日本政治会の活動における有力分子、E日本の膨張に関係せる金融機関ならびに開発機関の職員、F占領地の行政長官、Gその他の軍国主義者および極端なる国家主義者の七項からなっていた。

特にG項は、追放を所管した民政局が、誰が軍国主義者あるいは極端なる国家主義者にあたるかを自ら決定できる「メモランダム・ケース」として、のちに鳩山一郎、石橋湛山、平野力三らの追放に適用されることになる。

民政局と選挙法改正

公職追放問題と並行して、ホイットニーは選挙法改正問題に取りかかる。一九四五年大晦日GHQ内で、二一人の民政局スタッフと、政治顧問部、民間情報教育局、G2、民間諜報局などの関係者が集まり、日本政府から提出された選挙法改正案について討議が行われた。会議では、改正案にさらに修正を求める意見が圧倒的に優勢であった。

一九四六年一月二日、ホイットニーはあらためて民政局のスタッフだけを集めて再検討を行った。大選挙区制は旧来の地盤や黒幕に打撃を与えるものであり、選挙権年齢の引き下げや婦人参政権の付与も「当然の措置」として歓迎した。意見は制限連記制と記入式投票をめぐって分裂した。

賛成派（ピーター・ロウストら）は、制限連記制は新党や新人にチャンスをもたらし、日本の民主化に寄与するとした。また有権者が候補者を自書する記入式投票は有権者の教育水準を証するものであり、日本の世論からも支持されているとした。

反対派（マイロ・ラウエルら）は、制限連記制は公民権の行使において不完全であるから完全連記制とすべきである。また記入式投票は役人たちの不正を招き、投票行動および結果に影響を及ぼすから、記号式投票に変えるべきであるとした。票決の結果は依然として、「四対一五」で反対派が優勢であった。

しかし、ホイットニーは圧倒的多数であった反対派を斥け、賛成派に軍配を挙げた。公職追放の目途が立ち、早期の総選挙の実施こそが「民主化」につながると考えたからである。

ホイットニーの決断は、民政局員を鼓舞した。当時民政局の立法課にいたジャスティン・ウィリアムズはこれまで「民政局で作成された覚書のすべてがGHQ内の官僚主義の泥沼にはまり込んでいた」が、ホイットニーの決断をみて「その影響力をあらゆる面で行使でき、また行使するであろう上司をいただいたことを、全局員が喜んだ」（『マッカーサーの政治改革』）という。ホイットニーは、他局を排して、公職追放・選挙法改正問題を解決したことで、GHQ内で民政局の立場を強化したのである。

一月二一日、マッカーサーはホイットニーの助言に従い、日本政府に対し、三月一五日以降選挙を実施してもよいとの指令を出した。

衝撃

公職追放令は、事前に日本政府に知らされることなく出された。その意味で第二の「人権指令」とでも言うべき衝撃を日本側に与えた。内閣でも、堀切内相、松村農相、前田多門《まえだたもん》文相などが追放に該当すると予想された。

幣原首相は肺炎をこじらせ病床に臥していたが、「マックのやつ、ああいう理不尽な指令を出して」（『三代回顧録』）と憤懣《ふんまん》やる方なく、一時は総辞職を考える。しかし、幣原の留任を望む天皇の意思に加え、松村ら閣僚の強い説得もあり翻意する。結局、閣内でも前記三名に加え、田中武雄《たなかたけお》運輸相、のちに松本、次田も公職追放される。幣原は内閣改造でこれを切り抜けた。

公職追放は翼賛選挙に推薦議員として当選した者をその対象としたことで、政党を混乱の淵《ふち》に陥れた。議員では、進歩党が二七四名中総裁、幹事長を含む二六〇名が該当し、斎藤隆夫らわずか一四名だけが対象外だった。自由党は四三名中三〇名が、社会党も一七名中一〇名、協同党も二三名中二一名が該当した。

政党は占領軍による公職追放という荒っぽい外科手術によって、人事面で戦前・戦時から否応なく断ち切られた。旧指導者が根こそぎ一掃されたことによって、政党はその穴埋めに奔走しなければならなかった。

人民戦線か反共連盟か

公職追放の衝撃は、民衆運動の昂揚と相まって、社会党と共産党を中心に広範な民主勢力を糾合した「民主戦線」結成の動きを呼び起こした。

一九四六年一月一〇日、戦前から社会主義者として知られる山川均《やまかわひとし》は、「人民戦線の即時結成」を提唱し、「民主主義勢力」の結集を訴えた。

一月一二日、一九三一年にソ連へ亡命し、四〇年から中国の延安《えんあん》で活動していた共産党の指導者野坂参三《のさかさんぞう》が、一五年ぶりに祖国の地を踏んだ。野坂は一九四五年一〇月上旬モスクワを訪れ、一二月に奉天《ほうてん》（現瀋陽《しんよう》）―平壌《ピョンヤン》―ソウルを経て帰国した。モスクワでソ連の指導者たちと会った野坂は戦後の路線において、政治制度としての天皇制は廃止するが、天皇は残し、現天皇については退位を求めることについて同意を得ていたと思われる（『歴史としての野坂参三』）。

一月一四日、野坂と徳田球一による共同声明は、天皇制の問題について、将来日本の民主主義化が達成されるとき日本国民の意思によって決定されると、天皇制打倒一辺倒から一歩退いていた。この日の『朝日新聞』は「地についた民衆組織の上に、できるだけ早く、かつ強力に真の人民戦線的統一勢力」の結集を、翌一五日『読売新聞』は、「民主戦線の好機熟す」と呼びかけた。

一月二六日、日比谷公園で開かれた野坂参三帰国歓迎国民大会（大会委員長山川均）は、さながらその「旗揚げ」の観を呈した。そこで野坂は「愛される共産党」を語り、広範な民主的要素を含む「人民戦線」の結成を提唱した。しかし、この動きは京都の民主人民戦線を除いて、社会党の根深い共産党への不信感・警戒感のなか、衆議院選挙を前に崩れていく。社会党は共産党との共同闘争を拒否し、総選挙後の五月以降に、「救国民主連盟」を結成することを決定した。

他方、自由党の鳩山一郎はこうした民主戦線の動きに危機感を抱き、二月二二日「反共」を軸とする保守勢力の結集を呼びかけた。鳩山は「極右ファシズムの壊滅」が「ただちに極左の矯激に転落する危険」から国体を護持するために、保守政党の指導者たちに、「小異を捨てて大同につき、ゆるぎなき政界安定勢力を確立しよう」と訴えた。

他党は自由党の党勢拡張のための口実とみて冷ややかであったが、この反共声明はGHQを刺激し、のちの鳩山追放の一因となる。

一九四六年四月の衆議院選挙

一九四六年四月一〇日、戦後初めての総選挙（第二二回衆議院議員選挙）が行われた。有権者数は、女性が参政権を得、選挙権年齢が引き下げられた結果、一五〇〇万弱から三七〇〇万弱へと倍増し、定員四六六名に対し立候補者数は二七七〇名、うち新人二六二四名、女性候補者も七九名を数え、政党数も三六三にのぼった。選挙法改正と公職追放の効果は絶大であった。この選挙が民主的であるかどうかを監視するために、占領軍は総出で選挙監視を行い、投票所各所で米兵の姿が見えた。

投票率は七二・一％、結果は自由党が一四〇議席を獲得し、第一党に躍り出た。以下、進歩党九四、社会党九三、協同党一四、共産党五とつづき、諸派・無所属が一一八名を数えた（二議席が法定得票数に足らず再選挙）。

大日本政治会の系譜を引く進歩党を自由党が上回ったことは、「人心の流れ」を感じさせた。社会党が五倍増の九三議席を獲得し有力政党の一翼を占めたこと、共産党が初めて議席を得たことは特筆に値する。新人議員は三七五名（全議員の八一％）を占め、女性議員も三九名の当選をみた。

マッカーサーは、この結果に満足の意を表した。

　人民は支配者よりも賢明である、といったのはリンカーンだが、この言葉は、日本においてもあてはまる。自由な意思表明の機会を与えられた日本人たちは、喜んでこれに応じた。そして、左右の極端な政治哲学を排して、広い中道を選んだ。かくして、民主主義は健全な前進を遂げた。

（『読売新聞』四月二五日）

鳩山追放の衝撃──第一次吉田内閣の成立

幣原内閣の与党工作

衆議院選挙の結果、過半数を占めた政党がなかったことで、政局はしばらく混迷する。幣原内閣は選挙後政党内閣に席を譲るものと思われていたが、投票日の翌四月一一日には楢橋渡書記官長が、「幣原内閣は総辞職せず」と言明していた。いわゆる「居座り工作」である。

この事情について、楢橋はのちに「総司令部に激励された」（楢橋渡『激流に棹《さお》さして』）と述べている。さらに楢橋は「自由党の左、社会党の右」を目標に、まず進歩党を中心に小会派・無所属の結集を図った。誘いの手は社会党にまでのび、楢橋は西尾末広、平野力三との接触を試みている。四月一六日に幣原もまた、「自由・進歩・社会の三党連立などにより、政治的な安定勢力ができ、憲法改正が順調に運ぶとの見通しがつかなければ、無責任に政権を投げ出すことはできない」（『幣原喜重郎』）と応えた。そして翌一七日、幣原は進歩党に入党、総裁に就任することを約束する。

こうした居座りに対し、社会党は幣原内閣の与党工作を「非立憲」であるとして、四月一九日、自由・協同・共産の三党とともに幣原内閣打倒四党共同委員会を結成し、倒閣の狼煙を上げた。自共の呉越同舟はこの後例を見ない。結局、同日、芦田厚相が単独辞表を提出し、幣原内閣は二二日に総辞職を余儀なくされ、以後一ヵ月、政権の空白が続く。

鳩山追放

一九四六年四月二三日、幣原は自由党の鳩山に対し政権担当を要請した。しかしこの頃、鳩山の身辺では鳩山追放の噂が起こりつつあった。実際GHQには、鳩山が、内閣書記官長として戦前の満蒙《まんもう》への積極介入を含む対中強硬策を決めた東方会議で、あるいは文相時代に自由主義法学者である滝川幸辰《たきがわゆきとき》京都帝国大学教授を追放した滝川事件での役割を指弾する文書が持ち込まれていた。

すでに四月六日の段階で、鳩山は外国人記者団との晩餐会で、ヒトラーやムッソリーニを礼賛する旧著『世界の顔』などについて八時間吊《つ》るし上げられていた。しかし、生来楽観的な鳩山は戦時中に大政翼賛会に属さず、体制への抵抗者であったという自負、選挙での勝利という昂揚感もあり、組閣へと突き進む。

幣原は自由・進歩の連立政権を望んでいたが、鳩山は結成の経緯もあり社会党との連立を求めた。しかし、社会党は四月二三日、左派・中間派が西尾ら右派を押さえ、「首班か、しからずんば野党」を決定していた。この結果、鳩山は社会党から閣外協力の約束を取り付け、少数単独内閣を決意する。

五月一日にはメーデーが一一年ぶりに行われた。東京では皇居前広場に五〇万人が集まり、「保守反動政権反対、社会党を首班とする民主人民政府の樹立」が掲げられた。

五月三日、幣原首相が参内し、次期首班に鳩山を推奏したが、翌日天皇からの「大命降下」を待つ鳩山のもとに届けられたのは、公職追放令G項に基づく公職追放指令であった。国民の選挙で選ばれた第一党党首の追放という、きわめて乱暴な指令であった。

鳩山は「追放の内容全くの意外の事実のみ。一言の説明の機会与えられずして三十余年の議会生活より追放され、組閣の機会を逸す」(『鳩山一郎・薫日記』上)と無念さを綴っている。

政権は振り出しに戻った。五月五日、幣原は片山社会党委員長と会い、社会党を首班とする連立内閣を組織することを要請した。これに対し、片山は先の四党共同委員会を基盤とする社会、自由、協同、共産の四党連立で応えた。しかし、片山に自共両党を含んだ連立工作の成算があったわけではない。鳩山政権の組閣工作の過程から考えて、自由党が受け入れるはずがなかった。社会党内では右派が共産党との絶縁を迫り、左派は共産党を除外することに反対していた。そもそも幣原が社会党に政権を委ねる気が本当にあったかどうか疑問であるが、社会党の単独組閣は議会の多数を制する政権でないとして幣原の容れるところとならなかった。

食糧メーデー下の吉田内閣の成立

自由党は鳩山の後継を探していた。政友会の長老古島一雄《こじまかずお》、前宮相松平恒雄《まつだいらつねお》が高齢を理由に断った後、外相だった吉田茂の名が挙がった。

吉田は鳩山後継として首相を引き受けるにあたって、自由党側に三つの条件を出した。金作りはしない、閣僚選考に口出ししない、イヤになったらいつでも投げ出す、である。鳩山側はもう一つ「鳩山が復帰したら返す」との約束をしたというが、吉田は否定している。自由党は吉田の要求を呑《の》み、五月一六日に吉田に組閣の大命が下った。吉田は社会党との連携に熱心ではなく、幣原の進歩党との連立に乗り出した。鳩山・町田という政党政治家を党首としてスタートした保守両党は、親英米派の外務官僚吉田を自由党の、幣原を進歩党の党首として迎えることになった。

五月一九日には飯米獲得人民大会（食糧メーデー）が開かれ、反動政府反対、社共による民主戦線結成を決議し、食糧不安解決を訴える天皇への上奏文を採択した。こののち参加者は街頭を行進し、徳田球一らは首相官邸に乗り込み、二時間以上座り込んだ。このとき一人の労働者が「国体はゴジされたぞ、朕はタラフク食ってるぞ、ナンジ人民飢えて死ね。ギョメイギョジ」と書いたプラカードを掲げ不敬罪で起訴される。のちにプラカード事件として知られるが、不敬罪は刑法改正でGHQと日本政府間で問題となった。

この戦後初の政治的・社会的動乱を収拾す

吉田 茂（1878～1967）　外務官僚を経て政治家に．1939年駐英大使を最後に一線を退く．戦中は「反東条」行動を展開．戦後は外相．鳩山追放後は自由党党首．占領期は3次にわたって内閣を組織．軽軍備経済重視の独立をめざした

る力は日本側になく、翌日のマッカーサー声明でようやく終息する。マッカーサーは、「組織ある指導のもとに行われつつある大衆的暴力」は日本政府だけでなく、占領軍に敵対するもので、この状態が続くなら「必要な手段」をとるとした。この結果、東京の「革命的高揚」は潮が引くように収束していく。

五月二二日、吉田茂を首班とする自由・進歩の保守連立内閣が成立した。蔵相に石橋湛山、農相には和田博雄農政局長が就いた。この間、吉田はマッカーサーとかけあい、アメリカからの食糧援助の約束を取りつけた。

吉田茂は、一八七八年（明治一一）高知県の民権運動家竹内綱《たけうちつな》の五男として生まれ、幼少のとき吉田健三《けんぞう》の養嗣子となり、結婚によって牧野伸顕《まきののぶあき》（大久保《おおくぼ》利通《としみち》次男）の女婿となる。一九〇六年東京帝国大学法科大学政治科を卒業後外務省に入り、奉天総領事などを皮切りに、外務次官・駐英大使を歴任、三九年退官した。大戦中は親英米派として軍部ににらまれ、憲兵隊に捕まった経験を持っていた。

外交官として、帝国日本とともに歩んだ貴族的保守主義者吉田が、新しい時代の幕を開ける役割を引き受けることになった。

政党の再編

憲法制定議会から諸法制の整備へ

一九四六年五月一六日、第九〇臨時帝国議会が召集された。議会召集時の議席は自由党一四三、進歩党九七、社会党九五、共産党六、日本民主党準備会三八、協同民主倶楽部《クラブ》三三、新光倶楽部二九、無所属倶楽部二五であった。諸派・無所属議員の多くが、既成政党に巻き込まれることを好まず、新たな党派の結成に向かったことが一つの特徴だった。

日本民主党準備会は、のちに国民党を経て国民協同党に加わる笹森順造《ささもりじゅんぞう》、岡田勢一《おかだせいいち》ら無所属議員たちによって、「自由党の左、社会党の右」を標榜《ひょうぼう》して作られた。協同民主倶楽部は、日本協同党を中核に小党および無所属議員を糾合して作られ、五月二四日、協同民主党が結成された。のちに首相となる三木武夫《みきたけお》は日本民主党準備会を経て、この協同民主党に入党している。

新光倶楽部は教育界出身の議員を中心とする「新政同志会」に、「青壮議員クラブ」の面々が加わり結成されていた。

無所属倶楽部には、戦前「憲政の神様」と謳われた尾崎行雄《おざきゆきお》、また戸叶里子《とかのさとこ》ら八名の女性議員がいた。九月には、日本民主党準備会、新光倶楽部の一部が合同し、「新政会」が結成され、この新政会を母体に同月末、国民党が結成された。

憲法改正への吉田の意識

吉田内閣は二つの課題を背負っていた。一つは、日本国憲法の制定であり、もう一つは食糧危機からの脱却、および経済再建であった。

吉田は、ホイットニー民政局長から手交されたＧＨＱの憲法草案を見て、「飛んでもないものを寄こしたものだ」と思ったという。しかし、吉田は占領軍に対して、「よき敗者」として振る舞う必要を感じており、大局からみて要請に応じたほうが有利だと考えていた。吉田は言う。「単に憲法国法だけの観点から憲法改正なるものを立案致したわけではなくて、敗戦の今日において如何《いか》にして皇室の御安泰を図るかと言う観点をも十分考慮して立案しました」。

吉田はまた、憲法改正を「国際的感覚《ディプロマティック・センス》」で捉え、「外国との条約交渉に相似たもの」で、独立のためには「一日も早く民主国家、平和国家たるの実を内外に表明し、その信頼を獲得する必要」があると、講和を見据えつつ呑み込んだ（『回想十年』第二巻）。

五月一三日、極東委員会は、①審議のための十分な時間と機会の確保、②帝国憲法との法的継続性の確保、③新憲法の採択に際して日本国民の自由意思を明確に表す方法を採ることの、三つの遵守すべき「新憲法採択の準則」を決定した。

六月二一日、マッカーサーは極東委員会の指令であることには触れず、この決定に沿った日本国民に対する声明を発した。それは、国務省および極東委員会に向けた声明であった。

憲法制定議会――第九〇臨時議会

六月二五日、三月六日に政府案として発表された憲法改正草案要綱は衆議院本会議に上程され、首相の提案理由説明、質疑を経て、二八日に芦田均を委員長とする衆議院憲法改正特別委員会に付託された。

本会議では国体問題、すなわち天皇の統治権は変わるのか否かという点に議論が集中した。天皇の地位はGHQ草案ではもともと「人民の主権意思」に基づくとされていたが、憲法改正草案要綱の第一条では「天皇は日本国民至高の総意に基き日本国及其の国民統合の象徴たるべきこと」に改められ、以下第七条までのちの日本国憲法と同様の条文があった。実際、憲法改正草案要綱には、明確な国民主権を示す言葉はなかった。これについて政府は「政体」の変化であり、天皇が統治するという国体の変更を意味するものでないと応じた。自由党を代表して冒頭質問に立った北一輝《きたいっき》の実弟北昤吉《れいきち》は、「この憲法は国体変更にあらずということを、懇切丁寧に国民に徹底せる必要と責任があるのではないか」と政府に問い質《ただ》している。

しかし現実は、自由党の北浦圭太郎《きたうらけいたろう》が展開した「山吹憲法論」が象徴的に示すものであった。すなわち、「任命権、認証権以外に、国会の召集権であるとか……色々規定して花はもたせてあります。花は花でも、この花は七重、八重、花は咲いておりますけれども、山吹の花、実は一つもない悲しき憲法」だった。

自由・進歩の両保守党は、①天皇の地位を象徴から元首にし、そのうえで②大権事項の拡大を図ることを修正方針とした。両党は与党でありながら、政府案に反対するという矛盾した行動をとったのである。

七月六日、進歩党の犬養健《いぬかいたける》総務会長は、大権条項は原案通りとし、元首案を撤回、華族の即時廃止、勤労者の権利義務の保障などを内容とする私案を同党総務会に提出した（『朝日新聞』七月八日）。犬養私案は進歩党の脱皮を図るものであったが、同時に与党のディレンマを解消するものであり、民政局は「自由主義の最初のステップ」と注目した。

一方でこの日、国民主権と天皇制の廃止もしくは民主化を求める極東委員会決定の「日本の新憲法についての基本原則」がＧＨＱに届いた。

これに驚いたマッカーサーはただちに動く。極東委員会決定が公表されれば、日本政府の面目がつぶれると考えたマッカーサーは、公表を抑え、ケーディス民政局次長を首相官邸に送りこんだ。

ケーディスは日本政府に対し、「主権の所在につき日本文の表現は極めて不明確であり、主権が国民にあることを明示する」よう求めた。政府は抵抗したが、結局主権在民の変更を認め、自由・進歩両党共同提案というかたちで議会に提案することになる。

また九条について、共産党の野坂参三が、自衛権も否認するものであるのかと質問したのに対し、吉田は「近年の戦争は国家防衛権の名に於いて行われたることは顕著なる事実であります。故に正当防衛権を認むることが偶々《たまたま》戦争を誘発する所以《ゆえん》であると思う」と答えた。

議会で九条が議論されることはほとんどなく、進歩党の犬養健がこの憲法中の「傑作」と述べたように、議員は概ね積極的に受け入れた。それだけでなく、憲法改正特別委員会では政府案の「戦力を保持してはならない」では「いかにも仕方なく」受け入れたと思われるので、九条冒頭に「正義と秩序を基調とする国際平和を誠実に希求し」を挿入し、日本から国際社会に発信するとした（『帝国憲法改正案委員小委員会速記録――第九十帝国議会衆議院』）。他にも社会党の提起によって、二五条に「すべての国民は、健康で文化的な最低限度の生活の権利を有する」という社会権が挿入される。

一九四六年一〇月七日、日本国憲法は貴衆両院を通過、一一月三日に公布された。天皇は象徴と位置づけられ、国民主権、戦争放棄、基本的人権の尊重を柱とする大きな転換が行われた。また日本国憲法は国会を「国権の最高機関」「唯一の立法機関」と定めた。首相は文民であり国会議員でなければならなかった。国務大臣の過半数も国会議員でなければならず、基盤としての政党の必要性が高まり、戦前に比べ政党の地位は格段に向上することになる。

第二次農地改革――「占領」の成果

憲法審議と並行して、第九〇議会では農地改革法案の検討も進められた。すでに述べたように、ＧＨＱは日本政府が作成した第一次農地改革案は不十分だとして満足していなかった。

一九四六年三月、日本政府は前年一二月のＧＨＱ覚書に従い、修正案をＧＨＱに提出した。ＧＨＱはこれを「不徹底かつ欺瞞《ぎまん》的であって、日本の農地制度の病弊を根絶するには不適当である」と拒否し、アメリカから呼び寄せた農業専門家で天然資源局顧問ウォルフ・ラデジンスキーにその立案を委ねた。同時に、マッカーサーは農地改革法案の検討を対日理事会に託した。対日理事会英連邦代表の経済顧問を務めたE・ワードは、マッカーサーは対日理事会に敵意を持っていたが、その理事会が彼の目的に沿うときには、それを利用する準備ができていたと述べている（『農地改革とは何であったのか?』）。

六月に入ると対日理事会は、ラデジンスキー案の地主の土地保有面積三町歩を一町歩（約一ヘクタール）に改め、イギリス案として提出し、マッカーサーも承認した。

GHQは憲法と同様にこれを日本政府案として提出することを望んだ。その役を演じたのが和田農相であり、吉田であった。吉田は和田に自分は保守であり、「農地改革は気分的にいやだ。やりたくない。しかしどうしてもやらなければいかんとあなたがおっしゃればやります」（『昭和政治経済史への証言』下）とすべてを和田に委ねた。

一〇月一一日、農地調整法改正案・自作農創設特別措置法が無修正で議会を通過し、二一日公布された。GHQの勧告に基づくこの第二次農地改革によって、不在地主の一掃、小作料の金納化は第一次農地改革から引き継がれ、在村地主の土地保有面積は一町歩（北海道四町歩）となり、それを超える小作地は国家が地主から強制的に買い取って小作人に売り渡すことになった。この改革によって、敗戦直後に約二三六万町歩（約二三五万ヘクタール）あった小作地は五一万町歩（五一万ヘクタール）、全耕地に占める小作率は四五・九%から九・九%まで激減することになる。明治以降、貧富の格差拡大の大きな要因とされてきた寄生地主制がここに崩壊する。

マッカーサーはのちに、農地改革を「史上最も成功したものの一つといえる。この体制は日本の農村への共産主義の進出をくい止める強力な防壁となった」（『マッカーサー回想記』下）と自賛した。なお、農地改革法案が国会を通過したとき、マッカーサーは机上の父親の写真をじっと見つめて、「父さんの望んでいたものだよ」と語りかけたと伝えられている。それは四〇年前、父アーサーがフィリピンで試み実現できなかったものであった（『マッカーサーと吉田茂』上）。

臨時法制調査会の設置――占領改革の諸相

民政局は憲法改正にともなう諸法規の整備も必要と考えていた。政府でも、三月六日の「憲法改正草案要綱」発表に続いて、憲法改正にともなう諸法制の整備について調査審議する調査会が必要であると考え、その準備を進めていた。

一九四六年七月三日、政府は臨時法制調査会を設置し、その下に皇室および内閣関係を扱う第一部会、国会関係を扱う第二部会、司法関係を扱う第三部会、財政、地方自治関係を扱う第四部会を設けた。各部会は小委員会を設置し、各省庁と連携しながら、一〇月六日の第三回総会で計一九件の要綱の答申を行い、これに基づいて日本国憲法の施行と相前後して多くの法律が作られていく。

吉田内閣はつづいて、一九四六年一二月末に召集された第九二帝国議会で新憲法施行にともなう新体制整備のためのおびただしい法律——国会法、裁判所法、地方自治法、教育基本法・学校教育法、労働基準法などの重要法案を成立させた。

民政局は、日本国憲法の条文の趣旨に沿って、これら法案の検討にかかる。それは半面、民政局も日本国憲法の枠内で民主化改革を推進していくことを意味していた。

吉田は、このうち教育基本法と労働基準法について次のように評している。いずれも実行に際して経済的困難をともなったが、教育基本法は「人権尊重と教育の機会均等という考えを骨子としてあり、進んだ民主主義国家の教育の仕方としては、まず常識的にみてよい案」であり、労働基準法についても「八時間労働、男女同一賃金を規定した点など、従来の工場法などに比べて、労働関係法規として格段の進歩を含んだ、国際的水準からみても立派なものであった」と述べている（『回想十年』第二巻）。

民政局と吉田茂

吉田はこれら法制定を終えて、「新日本を誕生させるためのレールは、大体敷けた」（同前）と自負した。だが、民法、刑法の改正は残され、吉田は最後まで天皇や皇室に対する不敬罪の廃止には抵抗した。

一九四六年一二月、民政局は、司法省首脳に不敬罪（刑法七三〜七六条）の即時廃止を要求した。一週間後、吉田はマッカーサーに、象徴天皇の尊厳は国法上保護されるべきだとして、その存続を求める書簡を送る。これに対しマッカーサーは、法の前の平等を強調し、不敬罪を廃止することと求めた。吉田はそれは指令ではなく勧告であるとして、だんまりを決め込み、刑法改正は引き延ばされた。

民政局は陰に陽に繰り返される吉田の抵抗に不信感を募らせていく。民政局法務課長だったオプラーは「民政局の私の同僚の何人かは―私を含めて―、彼を全然信用していなかった。私たちは、改革に対する受け身の抵抗を、本能的に感じていた」（『日本占領と法制改革』）。

吉田も「私はホイットニー少将はじめ民政局の人びとからは、あまり好ましく思われていなかったようである」とし、その原因について「私自身にははっきりしないが、強いて言えば、私の方からは殆《ほとん》ど民政局へは、顔を出さなかったからではないかと思う」と述べている（『回想十年』第一巻）。

かつて筆者はケーディスに、吉田との関係について尋ねたことがある。彼は慎重に言葉を選びつつも、苦笑いしながら「〔吉田は〕来なかった」と答えた（インタビュー、一九八九年八月二五日）。

民政局は議会主義の枠内で、新憲法に沿った政治機構の再編と法制度の整備、さらには新憲法体制に相応しい政府の樹立という次なる課題に入ろうとしていた。民政局にとって、自由・進歩の両保守政党は旧体制の復活温存を図る勢力にほかならなかった。民政局が期待を寄せたのは、「自由党あるいは進歩党による右翼的汚染と攻撃的共産党の左翼支配から自由に独立した」穏健中道路線に立つ社会党だった（『GHQ民政局資料』3）。

沖縄民政府の設立――戦時から平時へ

沖縄民政府の誕生

一九四六年四月、沖縄では、住民の旧居住地への移動が一段落すると、軍政府は、戦前にならって「市町村制」を復活させ、戦前の市町村長を中心に、それぞれの長を任命した。平時の生活への復帰は、収容所生活を前提とした行政機関としての沖縄諮詢会の役割が終わったことを意味した。軍政府は、これら市町村の上に立つ中央執行機関の設置について沖縄諮詢会に諮った。沖縄諮詢会では、アメリカをモデルとする自主的な沖縄憲法の構想や、琉球王国の政治機構構想など、活発な論議が展開されたという。しかし、この動きも、三月に米軍政府の「戦前のものがわかりやすくてよい。上に軍政府（内務省）があり、民衆の意向を聞くため県会をおく」との方針で沙汰《さた》やみとなった。

四月一一日、沖縄諮詢会委員、市町村長、地方総務および農林水産など一〇部門から選ばれた代表八六人が石川市に集まり、知事候補者三人を選出、軍政府はそのなかから教育界出身の志喜屋孝信を知事に任命した。初めての沖縄出身知事の誕生である。

四月二四日、沖縄中央政府（一二月に沖縄民政府に改称）が発足。民政府の誕生とともに、知事の諮問機関として「沖縄議会」が設置された。議会は前県会議員と軍政府の任命による数名の補充議員で構成されたが、散発的かつ消極的にしか召集されず、予算編成や政府機構改革など重要事項を決める際にも軽視または無視されたと言われる。

沖縄民政府の発足によって戦後の行政の混乱はひとまず終止符を打った。しかし、軍政府は「たとえば軍政府は猫で沖縄は鼠《ねずみ》である。猫の許す範囲でしか鼠は遊べない」「講和条約のなるまでは民衆の声は認めもしない、又有り得べきものでない」「講和会議の済むまでは米軍政府の権力は絶対である」と釘を刺した（『沖縄諮詢会記録』）。

貨幣経済の復活

軍政府は並行して、米軍の余剰物資に頼る物々交換の社会から、通常の経済社会への復帰をめざしていた。

一九四六年三月、沖縄本島で「B円」と呼ばれる軍票と新日本円を法定通貨として貨幣経済が復活した。この間、いくつかの離島を除いて沖縄には貨幣経済は存在していなかった。この後通貨政策は二転三転するが、五月には住民の労働に対して賃金が支払われるようになり、賃金制度が復活した。

続いて六月、軍政府は軍物資の無償配給打ち切りを表明した。同時に、生産・販売から消費にいたるまで完全な経済統制を敷いた。たとえば、農業では自由な販売は認めず、農産物はすべて村販売店か農業組合へ販売することを義務づけた。販売は一ヵ村平均五ヵ所の割合で全島に設置された公営の市町村販売店を通して行われることになった（『戦後沖縄経済史』）。市町村財政は、これら売店からの収益で賄われることになる。

貨幣経済への復帰は、ただちに平時の経済社会への復帰を意味したわけではない。軍政府の厳しい経済統制は続き、その反動としてヤミ取引が横行したからである。

沖縄統治——海軍から陸軍へ

一九四六年七月一日に、沖縄民政府が設立され、いよいよ本格的に始動しようとしたとき、軍政府は海軍から陸軍に移管される。軍政長官は西太平洋陸軍総司令官とされたが、相変わらず東京と直接のつながりを持たなかった。

一九四七年一月、極東におけるすべての米陸海空軍が、ようやくマッカーサーを最高司令官とする米極東軍総司令部（CINCFE）の下にまとめられた。しかし、沖縄はなお連合国総司令部ではなく極東軍総司令部の支配下に留め置かれ、沖縄の軍政長官には、マッカーサーによって「フィリピン・琉球軍司令部（philrycom）」の司令官が任命される。これは、米軍が戦時中フィリピンに貯めていた莫大《ばくだい》な量の戦略物資を選別して沖縄に送りこむ必要からとられた措置だった。さらにはフィリピン・琉球軍司令部を通じて米極東軍総司令部とつながり、直接東京から指令を受けることはなかった。

沖縄は最終的帰属が未定のまま、「陸軍の兵站《へいたん》の終末点」であり、「棄《す》てられた装備と司令部の落伍《らくご》者のはきだめ」（『琉球列島の軍政』）と評され、つづく三年間、ワシントンと東京のマッカーサー総司令部双方の無関心と軽視のなかに置かれ、「忘れられた島」と化していく。

労働運動の昂揚――急激なインフレと二・一ゼネスト

経済危機――経済闘争から政治闘争へ

日本国憲法の制定により、次なる課題は崩壊寸前の経済の再建に移っていく。敗戦による国富の喪失、領土の縮小など、戦後日本経済はまさしく廃墟《はいきょ》のなかからの出発となった。インフレはとどまるところを知らず、生産は縮小し、厳しい経済環境は国民の生活を直撃した。東京など大都市を含む都市部は焼け野原と化し、人びとは衣服などと交換に食糧を得る「タケノコ生活」を送り、飢餓と生の不安のなかにあった。労働者は自らの職と生活を守るために起《た》ちあがった。その中核を占めたのが労働組合である。

一九四六年八月、日本労働組合総同盟（総同盟）結成大会が開かれた。参加組合一六九九、組合員八六万人。松岡駒吉ら右派が主導権を握り、社会党とのつながりを持っていた。また同月、アメリカ産業別労働組合（CIO）にならった、より急進的な全日本産業別労働組合会議（産別会議）が発足した。産別会議はGHQの支持を受け、「下から」の組織化を図り、新聞、出版、炭鉱、全逓など産業別組合二一組合が結集し、組合員一五六万人を擁し、共産党が強い影響力を持つことになる。指導者たちは戦後職場から出てきた運動家であり、ホワイト・カラー層が占めた。こうして戦後労組は二つに分かれ出発する。

八月、九月の国鉄・海員組合の首切り反対闘争を口火として、一〇月には電気産業労働組合協議会（電産）・新聞通信・全日本炭鉱労働組合（全炭）などが賃上げを掲げて闘争に入った。国鉄と海員は首切り撤回を勝ち取り、電産は賃金協定―生活給の支給を認めさせ、賃上げに成功した。共産党の徳田は「政治闘争はゼネスト」と主張し、「吉田内閣打倒、人民共和政府」の樹立をめざして、産別会議を運動の中核に据えた。こうした労働側の攻勢は公務員に飛び火し、彼らは民間並みの賃上げを要求し、一一月には国鉄総連合（のちの国労の前身）、全逓信従業員組合（全逓）など官公労組によって全官公庁労働組合共同闘争委員会（共闘）が結成された。

一一月末には社会党労働委員会の加藤勘十らの提唱により、全国労働組合懇談会（全労懇）が開かれ、産別・総同盟はじめ主要労組一七が参加した。共闘は総同盟も巻き込み、一二月一七日吉田内閣打倒国民大会へとなだれ込んだ。労働運動は経済闘争から、吉田内閣打倒を掲げる政治闘争へと転化しつつあった。

一二月二四日、GHQは極東委員会が採択した「日本の労働組合奨励策に関する一六原則」を公表した。一六原則は労働組合の政治活動を認める一方、占領目的を阻害する労働運動を禁止する条項を含んでいた。だが、産別会議は労働者の権利の保障を細かく規定した極東委員会の決定を重視し、自分たちの運動に対する連合国の支持と受け止め歓迎した。

ＧＨＱの反インフレの主張

一九四六年一〇月、民政局のエコノミスト、トーマス・ビッソンは、俸給生活者にとって現在のインフレがもたらしている影響は深刻で、インフレを野放しにすることは、占領目的にとって最大の脅威であると警告した。そして、日本政府は着実な反インフレ政策をとるべきであるのに、インフレを促進するような政策をとりつつあり、物価上昇をむしろ歓迎していると、後述する石橋湛山蔵相が進める財政政策に不信感を強めていた（『日本占領回想記』）。

一九四七年一月、政治顧問部のアチソンは大統領宛報告で、新憲法の制定を含む政治改革面の成功を強調したのち、日本の経済状況がきわめて悪化しつつあり、日本経済はわれわれが好むと好まざるとにかかわらず、アメリカの責任になりつつあるとして、賠償問題の解決と貿易の拡大を求めた。インフレが民主化の遂行にとって、阻害要因になりつつあると指摘したのである。

社会党への連立工作

一九四六年一二月一七日、吉田内閣打倒国民大会に合わせて、社会・協同民主・国民三党は「国会解散決議案」を提出した。当初社会党は不信任案の上程を考えていたが、二党との連携を重視し、解散決議案に変えた。

吉田は院内外の攻勢から抜け出すべく、社会党との連立工作に乗り出す。社会党を含む「挙国一致内閣」を結成し、社会党とその指導する労働運動の体制内化を図ったのである。

交渉は一九四六年末から四七年初めにかけて、数次にわたり、複数のルートを通じて行われた。一二月二八日には吉田は西尾社会党書記長に具体的ポストを示して、連立を申し入れてもいた。もっとも、自由・進歩両党内では連立反対の動きが強く、同日、自由・進歩両党出身閣僚および大野伴睦《おおのばんぼく》自由党、田中万逸《たなかまんいつ》進歩党幹事長が集まり、社会党を加えた連立反対、「無党派閣僚の一掃」を申し合わせた。

無党派閣僚の一掃は、純然たる政党内閣への切り替えの主張であったが、明らかに左派の和田農相の排除をもくろんだものだった。結局連立工作は、石橋蔵相更迭問題をめぐって吉田と社会党の間で歩み寄りがみられず、一月半ばに頓挫《とんざ》した。

経済復興をめぐる政治的再編

連立工作の一方で、経済復興問題は政党間関係を変えていく。

石橋蔵相は、日本は過剰設備、過剰労働力を抱え、不完全雇用の状態にあるとして、資金をつぎ込んで完全雇用の状態にすることを考えた。そのために、価格差補給金や復興金融を梃子《てこ》に生産の拡大を図っていた。赤字分は公債発行と借入金で調達し、主要部分は日銀が引き受け、通貨増発によって調達するという積極財政路線だった。しかし、生産のための原材料も資源も欠乏しているなか、生産の拡大は遅々として進まず、市場にあふれ出た資金は結果的にインフレを助長していた。いわゆる「復金インフレ」である。ＧＨＱは、インフレを助長しているとして、石橋財政に次第に厳しい視線を向けるようになっていた。

他方で吉田は、その私的諮問機関である有沢広巳ら石炭委員会の意見を取り入れ、産業復興を困難にしている「石炭と鉄鋼の超重点的増産」をめざして、鉄鋼、石炭に資材・資金を重点的に投入し、両部門相互の循環的拡大を促し、それを契機に産業全体の拡大を図る「傾斜生産方式」の採用を決定した。

それはインフレの収束よりも、生産の拡大を優先する点で石橋財政と軌を一にするものだったが、他方で市場経済中心の経済から計画化と組織化の要素を取り入れた混合経済への転換を図るものでもあった。提唱者である有沢は「われわれのネップ〔新経済政策〕を遂行すべき政治勢力の結集」を求めた。

これに対し、総同盟は賃上げ・首切り反対などの経済闘争から転換し、経済同友会と提携し「労資協力」に基づく漸進的改革による経済復興会議の設立を推進した。社会党も総同盟と歩調を合わせ、経済の民主化・計画化、労働者の経営参加、労資協調のもと生産復興を図るとし、経済復興会議をその中核に位置づけた。進歩党も所有と経営の分離、労働者の経営参加を認める「修正資本主義」路線をとることで、自由党より左にシフトし、社会党・総同盟との距離を縮めていく。労働者の経営参加を推進する産業民主主義は、こうして広く共有されていった。

他方で、共産党と産別会議は、労働者階級を代表する政治勢力による政権の掌握こそ真の経済復興につながるとして「革命主義」路線をとった。

政党法——「ボス支配」の排除

すでにみたように、一九四六年四月の総選挙は多くの新党・新人議員を生んだが、小政党の乱立は政治的不安定をもたらしていた。他方で労働運動は昂揚し、政治は危機的状況にあった。そのため、GHQ・日本側双方から、政治の安定をめざす動きが現れる。

一つは自由・進歩の両保守政党による中選挙区単記制の復活の動きであり、それは社共両党の進出を抑え、政権基盤を安定させようとするものであった。もう一つは民政局のロウスト政党課長を中心とする政党法制定の動きである。

政党法は、乱立した政党を整理し、有力な政党による政策本位の選挙を行うために、政党の範囲を限定し、記号式投票を採用するものだった（『GHQ民政局資料』2）。さらにロウストは、幹部公選、党財政の明朗化など政党組織の民主化・自由化を求め、日本国憲法体制に見合った政党システム・民主的政党の育成を図ろうとした。保守党内で、新人議員たちがボス支配の排除を求めて党内民主化運動を行っている頃である。

一九四六年一二月、内務省は「政党法案要綱」を完成し、ロウストと協議に入った。しかし、閣議で斎藤隆夫国務相らは国家と官僚による政党の統制を招くものであると反対し、閣議止まりとなり、またマッカーサーの総選挙実施指令が出されたことでいったん棚上げとなる。

第二次公職追放——非軍事化から民主化へ

一九四七年一月四日、民政局から「民主化改革」の二の矢が放たれた。第二次公職追放である。

公職追放はもともと、「日本を非軍事化する計画の一段階」として構想されていた。しかし第一次追放は混乱を避けるために、主に中央レベルで公職にあった者を対象としていた。第二次追放は四月に予定されている地方公職選挙を前に、府県レベルの公職保持者を主な対象とし、地方政治の民主化のために保守の政治的マシーンの破壊をもくろんだものだった。追放の網は、さらに経済界・言論界の指導者にまで広げられた。経済パージは、政党と経済界の資金的癒着を断とうというものだった。

公職追放は戦争責任という「非軍事化」政策の一手段から、日本の「民主化」という一層広い目的に沿って適用され、GHQにとって「民主化」を示す一つの鍵となった。

第二次公職追放令の結果、国会議員も九六名が追放となった。もっとも被害を受けたのは進歩党の後身である民主党の四二名で、以下自由党三〇名、国協党一一名、社会党一〇名であった。この第二次公職追放で、一九四八年五月までに約二〇万人が追放の対象となった。

二・一ゼネスト

一九四七年一月一日、吉田首相が年頭の所感で労働運動を非難し、その指導者を「不逞《ふてい》の輩《やから》」と呼んだことは、労働側の強い反発を招いた。吉田の経済ブレーンだった有沢ら「教授グループ」も、吉田から距離を置くようになる。

一月一八日、全官公庁労組共同闘争委員会が二月一日午前零時をもってゼネストに突入すると宣言する。産別会議のみならず総同盟も支持し、一気にゼネストが現実味を増してきた。労働運動の急進化はGHQを困惑させていた。GHQとしては、統治の責任者として社会的混乱を招きかねないストライキは認めがたく、かといって公然たる干渉は避けたかった。セオドア・コーエン経済科学局労働課長は、「日本の労働者と闘う米軍人の姿などは共産主義者を喜ばせはしても、世界に向けての啓発的な光景にはならない」（『日本占領革命』下）と述べている。

一月二二日、ウィリアム・マーカット経済科学局長は労組代表を招き、非公式にゼネストの中止を勧告した。この結果、社会党と総同盟は戦線から離脱したが、共産党は勧告を無視し、ゼネスト突入の構えを崩さなかった。全官公庁労組共同闘争委員会と産別会議は、GHQの介入はデマであるとして、ゼネストに突き進んだが、三一日にはマッカーサーによる中止命令が出されることになる。

ＧＨＱは労働運動が議会主義の枠から逸脱するとき、介入せざるをえなかった。伊井弥四郎《いいやしろう》全官公庁労組共同闘争委員会議長は同日夜、ラジオを通して「一歩退却、二歩前進」の言葉でもって、ゼネストの中止を伝えた。民政局も議会を無視した擬似革命の企てがあるとして、従来比較的寛大に対応してきた共産党への姿勢を改め、警戒を強めていった。なお政治闘争は失敗したが、二月二四日に組合は三倍の賃上げを要求して二倍引上げを達成し、一二〇〇円プラスアルファの給与水準を確保することになる。

反吉田戦線の形成――民政局の社会党への傾斜

一九四七年二月六日、経済同友会や総同盟を中心に「労資協調」路線をとる経済復興会議が結成されたことは、共産党・産別会議の「革命主義」路線が挫折し、社会党を加え「政労資」の反吉田共同戦線が成立したことを意味した。

三月には世界労連日本視察団が来日、これを機に全国労働組合連絡協議会（全労連）が誕生した。世界労連は一九四五年一〇月、イギリス労働組合会議（ＴＵＣ）と全ソ労働組合中央評議会を中心に、アメリカ産別会議（ＣＩＯ）を含め五六ヵ国の労働組合を糾合して発足した統一組織であった（アメリカ労働総同盟〈ＡＦＬ〉は不参加）。全労連には産別会議、総同盟、国鉄、日本労働組合会議など計四四六万人の労働者が集まり、その限りで労働戦線の統一と言えた。しかし、その名が示す通り、全労連は連絡協議体であり、総同盟が参加に際し付した「満場一致制」のため、有効な活動を行うことはできなかった。

二・一ゼネスト後、GHQの共産党への視線は冷ややかなものとなっていた。三月、民政局のウィリアムズに野坂参三は、そもそも「一九四六年春以降、GHQの共産党に対する感じ方が悪くなった」(『GHQ民政局資料』3)と答えている。他方で、産別会議内部からは共産党の労組支配を批判し、のちの民主化運動の息吹ともいえる動きが起こり始める。

二・一ストにつながる倒閣運動は、民政局の吉田離れを加速し、社会党への期待を高めた。民政局文書は次のように語っていた。

すべての激動にあって基本的なことは国の経済的窮乏である。その救済は現在の政府には期待しえず、しかもその唯一の望みが政治的救済におかれていることは疑いえない。幣原・吉田内閣は悪化する国民の経済状況を前に、効果的に動くことに明らかに失敗した。そして、自由・進歩両党は多分国民の多数を押さえているにもかかわらず、社会党の支持なくしては、もっともよく考えられたプランを行えるかどうか疑わしい。労働者の政治的希望は明らかに社会党に集中している。そして、連立工作が潰《つい》え去った後も、社会党は間違いなく民衆の支持を獲得し、民衆は困惑状態から新たな政治批判を展開するだろう。

(『GHQ民政局資料』3)

第3章　中道政権の軌跡——改革の転換点

I　片山内閣の誕生——日米「改革派」連合の形成

トルーマン・ドクトリン——東西対立の激化

マッカーサーの総選挙実施指令

吉田首相は、一九四七年一月三一日、内閣改造によって二・一ゼネストの政治的危機を乗り切ろうとしていた。だが、二月六日に吉田のもとへ届いたのは衆議院選挙の早期実施を促すマッカーサーからの書簡だった。

日本の内部機構、経済状況、および形実ともに日本人の生活は今から一年前の総選挙以来非常な変化をとげた。したがって日本の社会が現在直面している根本的諸問題について、近い将来に改めて国民の自由なる意思を問うことが必要である。

マッカーサーはゼネストを強行しようとした共産党・産別会議に不満を持ったが、抑えることができなかった吉田にも不信感を抱いていた。マクマホン・ボール対日理事会イギリス代表は、マッカーサーの焦慮を二月八日、本国宛に送った報告で次のように伝えている。

マッカーサーは、吉田内閣は退陣させねばならないと考えており、石橋〔湛山蔵相〕の財政政策は破滅的だと思っていた。マッカーサーは全く無能で頑固な石橋を入れ替えるよう吉田を説得した。しかし吉田は石橋を一種のシンボルとして留任させざるを得ないとマッカーサーに答えた。

マッカーサーは即時にそして直接に資材、価格、賃金などを統制するために、日本における統制経済の必要性を認識していると述べた。〔中略〕マッカーサーはこの計画を実行に移すには日本の政治的指導者を見つけることが重要課題であると続けて述べた。彼はこれは吉田内閣では実行できないとわかっていた。しかし彼には吉田にとって代わる指導者に心当たりがなかった。もし吉田に代わる政治リーダーを見つけ出すことができないとしたら、直接軍政という恐ろしい事態に直面する。

（『日本占領の日々』）

マッカーサーが、直接軍政にどこまで本気だったかはわからない。ただ二・一ゼネストにかつてない危機感を抱いたことは確かであろう。

トルーマン・ドクトリン

一九四六年から四七年にかけて、西欧でも戦争による破壊に加え、インフレ、経済の停滞、食糧不足は日に日に厳しさを増していた。ストライキが頻発するなか、フランス、イタリアでは戦時中反ファシズム闘争を担った共産党が力をつけていた。アメリカ政府はこうした経済の混乱が政治的混乱を招くことを憂慮していた。

一九四七年初頭までに、中・東欧諸国では共産党独裁政権が樹立され、ソ連は自らの勢力圏内に組み込んでいった。これに対してアメリカとイギリスは強い不安と嫌悪感を持ちつつも、具体的な実力行使に移ることなく黙認した。二月にパリで講和会議が開かれ、連合国と枢軸国側だったイタリア、ハンガリー、ブルガリア、ルーマニア、フィンランドとの間で講和が成立した。ソ連は地中海ルートの確保をめざして、トルコ、ギリシャをうかがっていた。

三月一二日、トルーマン米大統領は、世界は二つの生活様式――全体主義と自由主義に分断され、ほとんどの国家の人民に、いずれか一方を選ぶことを要求している。アメリカは「直接間接の侵略によって国民に強制された全体主義体制」から「自由な制度と国家的独立」を守るために、「自由なる諸国民を援助することこそ、その政策でなければならぬと信じる」と謳い、トルコ、ギリシャへの軍事援助を表明した。トルーマン・ドクトリンである。

六月には、アメリカが多額の資金を投入して、ヨーロッパの復興を援助するマーシャル・プランが発表される。マーシャル国務長官はその立案を「アメリカ有数のソ連通」で「封じ込め」政策の立案者として知られるジョージ・ケナンがいる政策企画室に委ねた。マーシャル・プランは、西欧諸国を政治的・経済的混乱から救い出す方途であった。トルーマン・ドクトリンは、戦時における連合国間の協調が崩れ、米ソの対立が決定的となったことを示している。マーシャル・プランはすべての国に開かれていたが、ソ連をはじめ共産主義陣営は参加を拒否し、一九四七年九月末、各国の共産党間の結束を図るためにコミンフォルムが結成された。ただ冷戦の主戦場はまだヨーロッパであり、ソ連はアジアに対しては対米協調をとり慎重であった。

マッカーサーの「早期講和声明」

一九四七年三月一七日、マッカーサーはトルーマン・ドクトリンに意を払うことなく、「早期対日講和声明」を出し、占領の終結を匂《にお》わせた。

非軍事化が終了し、新憲法が公布され、民主化もほぼ完成に近づきつつあるなか、次なる課題は日本の経済再建にある。そのためには民間ベースの貿易回復が早期の講和には必要であると強調した。マッカーサーは当初より、占領は二〜三年が限度と考えており、一九四八年秋に予定されているアメリカ大統領選を念頭に置き、そこでの自らの出馬を有利に進めるためにも、日本占領の成果をもって凱旋《がいせん》する必要があった。

続いて三月二二日、マッカーサーは日本の経済復興を軌道に乗せるために、吉田首相宛書簡で「現情勢の要求する総合的一連の経済金融統制を展開実施するため、急速かつ強力な措置を採る」必要があるとし、経済安定本部（以下、安本）の拡充強化を命じた。以後GHQでは「民主化」とともに、日本経済の統制と運営が占領政策の優先順位を占め、マッカーサーは「できるだけ早く占領を終わらせるべくいろいろ計画を急いだ」（『日本占領革命』下）。なおこの書簡の原案は、当時経済科学局に勤務していた都留重人の筆になる。都留はこの後安本に入る。

この時期ワシントンでは、ヒュー・ボートン国務省極東課長を中心に対日講和条約案が完成しつつあった。その最大の目的は日本軍国主義の復活防止にあり、そのため経済その他多くの分野で制限を課し、さらにその実施を監督するために極東委員会各国代表からなる大使会議が、講和条約締結後も二五年間にわたり監視するなど、懲罰色の強い案だった。ちなみにボートン案では、沖縄は日本に帰属すると明記されていた。

七月、マーシャル国務長官は極東委員会一〇ヵ国に対し、八月一九日に対日講和予備会議を開催することを提案した。しかしソ連は、アメリカ案の三分の二多数決方式を拒否し、代わって米英中ソ四ヵ国外相会議での処理を提案、中国も拒否権の確保に固執して反対した。イギリスは英連邦のキャンベラ会議と日程が重なることを理由に出席が困難であると伝えてきた。結局予備会議は四ヵ国の足並みがそろわず流れることになる。

日本問題は国際政治の対立のなかに投じられ、アメリカ政府の対日占領政策は、以後ウィリアム・ドレーパー陸軍次官、ジョージ・ケナンらのイニシアチブによって転換していく。

一九四七年四月総選挙——社会党第一党へ

中選挙区制の復活の動き

四月の衆議院選挙を控えて、自由・進歩の保守政党を中心とする中選挙区単記制の復活の動きが活発化していた。推進者の一人植原悦二郎内相は、それが二大政党制による政党政治の確立安定をめざすものであると説明し、民政局に働きかけた。これに対し、ホイットニー民政局長は、「大選挙区制限連記制はただ一回実施しただけであり、今一度ぐらい試みなければその是非について判断を下すことはできない」と拒絶した。

民政局内では、選挙区と投票方式をめぐって激論が展開されていた。中選挙区制は、地方における保守の「マシーン」を助長するとして、反対意見が強く、単記制についても、有権者の選択肢を狭めるとして、「制限連記制」維持が支持されていた。

注目されるのは、民政局の会議で二大政党制に対し「日本は今後も長い間、経済生活の保守主義、自由主義、社会主義、協同主義、階級闘争主義間の相違を少なくとも表す、二つ以上の政党を持つことができる」という結論を下していたことである。彼らは穏健な多党制を考えていた。

しかし、マッカーサーとホイットニーのラインは、「不介入」の立場をとった。この対応に民政局内には不満の声が強く、たとえば、ハッシー特別補佐官は次のように述べている。

一般的な国民の感情は、現在まで悩まされている多くの失敗〔経済的困難〕が自由で公正な選挙によって、もし社会党のような中央政党が権力につくことができたら、埋め合わせることができるだろう。そして、もしこの段階で、中選挙区制が完全な保守のマジョリティへの復帰をもたらしたなら、日本と占領軍双方にとって、結果は間違いなく深刻なものとなる。

（『ＧＨＱ民政局資料』２）

政党再編——国民協同党と民主党の結成

マッカーサーの総選挙実施指令は、政党再編の動きを加速させた。一九四七年三月八日、協同民主党と国民党が合同し、国民協同党（以下、国協党）が結成された。議員数七八名、書記長には、協同民主党の三木武夫が就任した。同党は綱領として、次の三項目を掲げた。

一、われ等は国会中心の国民政治を確立する
二、われ等は協同主義によって日本経済を再建する
三、われ等は人道主義に立って世界の平和と文化に貢献する

他方、進歩党は、以前から自由党との保守合同を説く幣原派と、それに反発する中堅・若

手議員率いる犬養ら「少壮派」が対立していた。

一九四六年一二月末、進歩党代議士会は修正資本主義の新綱領・政策を公表、翌四七年一月三一日の党大会で幹部公選、党費公開などの原則を決定した。三月三一日に進歩党は解党し、これに自由党を脱党した芦田均らや、国協党からも数名加わり、新たに民主党が結成された。議員数一四五名でこの時点で第一党となる。民主党は、幣原を最高顧問にまつり上げ、芦田・犬養らがイニシアチブを握った。綱領は以下の通りである。

一、われらは新憲法の精神を堅持し、民主的政治体制を確立して、平和国家の建設に緊要な革新政策を断行する
二、われらは総合的経済計画に基づき、産業を民主化してその急速なる復興を図り、大衆生活に安定を期する
三、われらは個性の完成を目標とする教育の振興を図り、宗教情操を涵養《かんよう》して大衆の教養の向上に努め、世界の文運に寄与する
四、われらは国際信義の回復に努め、進んで平和世界の建設に協力する

「新憲法の精神を堅持し」と謳い、戦時中の大日本政治会を引き継ぐ進歩党は古い反動的なイメージを拭《ぬぐ》い去り、「自由党の左、社会党の右」を標榜し、中道政党としての脱皮を試み

ていた。しかし衆議院選挙を前に、民主党は先述した第二次公職追放で大きな打撃を受ける。犬養、楢橋ら新党結成の中心メンバーたちが追放されたのである。

一九四七年四月の一連の選挙

一九四七年四月は選挙一色に染まった。まず、五日に初の公選となる地方自治体首長選挙が、二〇日には初めての参議院選挙が、そして二五日の衆議院選挙を挟んで、三〇日地方議会議員選挙が行われたからだ。

四月五日に行われた知事選挙は、前任の官選知事が圧倒的に優勢で、四六名中二九名を前・元知事が占めた。これに保守系知事を加えると四二名、九割に達し、社会党系は、北海道・長野・徳島・福岡の四道県で、「保守の楽勝」と評された。同時に行われた市長選挙では、横浜・名古屋・京都・大阪・神戸の大都市部で社会党候補が勝利した。

参議院選挙では、定員二五〇名のうち諸派・無所属が一一二名を占め、社会党が四七議席を獲得し、自由党三八、民主党三〇を押さえて第一党となった。それは続く衆議院選挙の行方を暗示していた。選挙後、無所属議員の多数は、是々非々を柱とする緑風会を結成する。

四月二五日に行われた衆議院選挙の結果は、社会党が一四三議席を獲得し第一党に躍進、以下自由党一三一、民主党一二四、国民協同党三一、共産党四、諸派・無所属三三となった。『朝日新聞』は社会党が第一党となった選挙結果を「時代の流れ」「敗戦の現実とそれに直面する国民の苦悩を反映したものと見られ、同時に国際的注視のなかで国民がその政治的自覚と民主主義化を十分に示したものと言えよう」と評した。そして、マッカーサーは四月二七日、次のような声明を出す。

このほど行われた諸選挙をもって、新日本憲法施行に必要な準備処置は完了した。〔中略〕日本国民は共産主義的指導を断乎として排し、圧倒的に中庸の道、すなわち、個人の自由を確保し、個人の権威を高めるため、極右・極左の中間の道をえらんだのである。

（『朝日新聞』四月二八日）

連立工作――自由党の離脱

過半数を制する政党がなかったことで、一年前と同様に連立内閣の行方をめぐって政治は揺れ動いた。第一党の報を聞いた社会党の西尾末広書記長が前途の困難を前に、思わず「えらいこっちゃ」ともらしたのは有名な話である。他方で片山哲委員長は「今後の政権は第一党たる社会党中心のものでなければならない」といち早くその決意を示した。

社会党は第一党となったとはいえ、議席数では社会・自由・民主の三党鼎立《ていりつ》状況にあり、社会党を首班とする内閣は自明のことではなかった。実際、自由・民主両党を合わせると過半数を占め、保守連立内閣の可能性もあった。しかし、自由党総裁吉田茂は「この際に処しては淡々たる心境にて負け振りのよいところを見するが大切」であり、「社会党をして出易からしむるように仕向け候」（『吉田茂書翰』）と、憲政の常道に従い下野することを心に決めていた。もちろん、彼に社会党のお手並み拝見という思いがあったことは想像にかたくない。

連立工作をリードしたのは、西尾だった。西尾は、一八九一年（明治二四）に香川県に生まれ、一九二〇年に友愛会大阪連合会主務となり労働運動指導者として名をはせ、二八年第一回普通選挙で社会民衆党から当選して、戦前二期務めていた。

西尾は社会党首班について明言を避けつつ、社会・自由・民主に国協を加えた四党連立による「挙国的連立内閣」を唱えた。五月九日に開かれた四党代表者会談は「四党連立内閣」を組織することで合意し、続いて政策協定の検討に入った。西尾は、三月二二日付のマッカーサーの吉田首相宛書簡の示唆に沿って協定案をつくり、マッカーサーの権威を借りること

西尾末広（1891～1981）　労働運動家を経て政治家に．第１回普選以降15期，翼賛選挙時も非推薦で当選．戦後は交渉・行動力から社会党を牽引．片山内閣で官房長官，芦田内閣で副総理．昭電疑獄で逮捕されるがのち無罪確定

片山 哲（1887～1978）　弁護士，社会運動家から政治家に．戦前から衆院議員当選12回．戦後は社会党委員長に．戦後第１回総選挙で第１党を獲得，1947年５月首相就任．民政局の支持下，民主化を推進．だが党の左右対立で政権は瓦解

で、一六日には「四党政策協定」を成立させる。

しかし、その後西尾は保守両党に揺さぶられる。民主党は、自・民連立を唱える幣原派と、社会党との連立を支持する芦田らのグループとが対立していたが、五月一八日に、芦田が総裁に就任し、社会党との連立に踏み出した。その翌日、吉田は共産党との提携を唱える社会党左派の排除を求め、拒否されると自由党は閣外協力に転じた。

日米の「改革派」連合政権

一九四七年五月三日、日本国憲法が施行された。片山は「新憲法を歓迎する気持ちで一杯であったが故、その制定を心より謳歌した」。特に前文に掲げられた民主主義、平和主義、そして「全く新しい感覚をもって、世界意識と国際的政治道徳を謳歌し、勇敢に前向きの新しい進歩的表現を用いている」ことを気に入っていた（『回顧と展望』）。彼はまた、憲法は「反動家たちにとっては押しつけられたものかも知れないが、日本の人民との関係ではそうでない」とも述べている（『日本占領の研究』）。

五月二三日に、衆参両院はほぼ全会一致で、片山を首相に指名した。翌日マッカーサーは、「片山氏が新首相に選ばれたことは日本の国内政治が中道政治を選んでいることを強調するものである」とし、特にクリスチャン宰相の誕生を歓迎する声明を発した。ケーディス民政局次長もこの連立内閣に、「憲法によって認められた任期一杯の四年間、あるいは日本の独立回復まで」の政権維持を期待した(『マッカーサーの政治改革』)。ここに民主化の推進役だった民政局と社会党による、日米の「改革派」連合政権がスタートする。

片山哲は、一八八七年(明治二〇)和歌山県に生まれ、三高を経て、東京帝国大学法科大学独法科に入学した。大正デモクラシー華やかなりし頃で、片山は吉野作造《よしのさくぞう》に民主主義を、安部磯雄に社会主義を学んだという。卒業後弁護士となり、安部を助けて社会民衆党結成に参加、一九三〇年衆院議員に当選、四二年の翼賛選挙に非推薦で立ち落選するまで四期務めた。誠実かつ清廉な人柄は衆目の一致するところであったが、「グズ哲」と呼ばれたようにリーダーとしての指導力・統率力については欠けるところがあった。

片山の弱さを補ったのが、西尾末広である。官房長官として入閣した西尾は片山と自らの関係を「片山さんの任務は十字架を担いでいくことで、私の任務はその後から斧《おの》を担いでいくことです」と譬《たと》えている。

六月一日、社会・民主・国協の三党連立内閣が成立した。閣僚は、社会・民主各七、国協二という配分で、外相には民主党の芦田均が副総理格で入閣し、社会党からは、水谷長三郎、平野力三がそれぞれ商工相、農相となった。国協党からは三木武夫が逓相に、不安定な経済を支える安本長官には、吉田内閣で農相を務めた和田博雄が、吉田の推薦により就任した。

民主化の徹底——民法、刑法、警察

民法、刑法の改正

片山内閣は、新憲法の制定にともなう法体系および機構の整備と経済再建という二つの課題を背負っていた。

片山はのちに「私は日本の民主政治を軌道に乗せるために努力したのであり、その意味では、歴史的役割をかなり大きく果し得たものであろうと思い満足をしている」（『回顧と展望』）と述べた。特に法体系および機構の整備は吉田内閣期に準備されたが実現できなかったもので、片山内閣が完成をめざす。のちにケーディス民政局次長は「片山のリーダー・シップのもと、占領目的の達成が加速される大きな機会を得た」「エクセレントな内閣であった」（インタビュー、一九八九年七月二五日）と回想している。民法改正でみてみよう。

旧民法は新憲法の施行にあたって、個人の尊厳、両性の平等を明確にするために改正を必要とされた。焦点は民法の第四編（親族）と第五編（相続）の家族制度改革にあった。新民法案は一九四六年七月に司法省に設けられた司法制度審議会で原案が作られ、臨時法制調査会の審議を経て、四七年一月「民法改正要綱案」として政府に提出されていた。

この間、民政局が介入することはなかった。アルフレッド・オプラー民政局法務課長は次のように語る。「両性の平等と個人の自由の原理が守られるべきであることを別にすれば、家族法の近代化と改正の問題は日本国民自身の問題であり、西欧的な観念を東洋の国に押しつけるのは賢明でない」。「家」、戸主権および家督相続の廃止は、起草委員となった我妻栄《わがつまさかえ》（東京大学）、中川善之助《なかがわぜんのすけ》（東北大学）、川島武宜《かわしまたけよし》（東京大学）ら民法（家族法）学者が中心となって進めた。そもそも戦前から「家」制度と現実の家族生活を一致させることは困難となっており、そのギャップを埋めることが求められていた。

他方、家族制度改革は、片山が戦前弁護士として、情熱を込めて取り組んできた分野でもあった。その最初の著書が『婦人の法律』であったように、片山は女性を不幸に陥れた社会組織と法律制度の改革を提唱していた。

政府側で民法改正案が作成されていた頃、一九四六年六月に片山を中心にまとめられた「家庭法案」は女性の権利拡大をめざしていた。そこでは戸主専制の家に対し、親子・家族・夫婦の信頼と敬愛による相互扶助に基づく平和な安息の場としての家庭を対置し、①家督相続を廃止し、均分相続に変え、配偶者にも相続権を与える、②非嫡出子の差別をやめる、③婚姻の自由、④夫婦不平等の離婚制度の廃止などを記した、民法改正案に近いものだった。

新民法案は、七月二三日に第一国会に提出され、一一月ほぼ原案のまま可決され、翌四八年一月に施行された。

また刑法改正も、自由・進歩両保守政党が維持を主張した大逆罪、姦通罪を廃し可決された（一九四七年一一月一五日施行）。民法と刑法の改正は、片山内閣が制度の民主化を自主的に推進しようとした一例と言えよう。

警察改革案の応酬――民政局とG2の対立

他方で、戦前・戦中と国民を統制してきた警察制度改革は、後述する内務省解体の眼目の一つであった。だが、改革はGHQ内部の民政局とG2の対立を受けて迷走する。

一つは、警察改革自体がそもそもG2/PSD（Public Safety Division―公安課）の管轄でありながら、警察全体を司る内務省は民政局の管轄下にあるというGHQ内部の権限争いに起因する。もう一つは、マッカーサーが語る警察改革の目的、すなわち、国家的な治安の維持と「警察国家」の再現の阻止、このどちらに重点を置くかの争いだった。

たとえば、G2は治安維持の観点から国家警察を置き、警保局を公安庁に改称し、中央の統制下に置くことを、対して民政局は自治体に警察を管轄させる徹底した分権化をめざした。また自治体警察については、G2が人口五万人以上の市と主張したのに対し、民政局は人口五〇〇〇人以上の市町村に置くとしていた。

一九四七年七月二九日に出された日本政府案では、公安庁の言葉はなく、民政局案に近い六大都市および県レベルの即時分権化と、旧来の国家警察機構の大幅な縮小を内容とするものだった。これを見たG2は猛烈な巻き返しを図る。木村小左衛門《きむらこざえもん》内相・斎藤隆夫国務相を通じて、八月二九日にあらためて出された政府案は国家警察を維持し、公安庁の下に三万人の国家警察を置くというG2案であった。

この対立の間に立って、片山首相はマッカーサーに書簡を出し、この問題への裁定を求めた。片山は書簡で、自治体警察を中心とし地方分権を進める「進歩的」案と、国家警察を広範に存置する「保守的」案の二つを示し、前記「両極端案の中道」を選んで、国家警察と地方警察を併存させる方法を採用したいと記していた（『吉田茂＝マッカーサー往復書簡集』）。

九月一八日にマッカーサーから返書が届いた。それは人口五〇〇〇人以上の市町村に自治体警察を置くなど「八割位が民政局ホイットニー＝ケーディス＝ライン」（『戦後自治史』Ⅸ）の案を支持したものであった。これに基づいて、一九四七年一二月、警察法が制定され、国家地方警察三万人、自治体警察九万五〇〇〇人の新警察が生まれた。

親分・子分制度の改革

ところで、GHQ文書のなかに、「親分・子分制度」というファイルがある（『GHQ民政局資料』10）。ウィリアムズ民政局国会課長によると、ケーディス民政局次長は自らイニシアチブをとり、戦後の日本社会の二つの悪——旧日本軍の貯蔵物資を不法に処理したことから起きた政治汚職と、もう一つ警察、労組、経済界、政治の領域にまで及んでいる幅広いやくざ組織の除去に取り組んだという（『マッカーサーの政治改革』）。

民間諜報局公安課（CIS／PSD）は、新橋事件（一九四六年六月新橋市場の利権をめぐって起こった関東松田組と台湾省民による流血事件）をきっかけに、治安維持の観点から親分・子分制度に着目し、やくざやテキヤの問題に取り組んでいた。一九四七年夏には、民間情報教育局から親分・子分制度撲滅のための計画が民政局に持ち込まれ、九月以降、GHQ内でもこの問題への関心が高まった。

九月一一日、「親分・子分制度に関する小委員会」第一回会議が開かれた。委員会には、民政局、経済科学局、G2、天然資源局、民間情報教育局、第八軍、物資調達局の代表が参加した。各局の関心はさまざまだった。

たとえば、経済科学局反トラスト・カルテル課は建設業界における人夫供給業や露天商組合の活動に、同工業課は炭鉱地域における暴力団たちと警察の関係に、同財政課は徴税業務における親分の跳梁跋扈《ちょうりょうばっこ》に、同労働課は奴隷労働やタコ部屋などに関心を示した。そのほか民間運輸局は港湾労働のあり方に、公安課は貸元、テキヤ、愚連隊が政治・経済・社会のあらゆる分野に進出していることに注目した（『GHQ民政局資料』10）。

九月一八日、第二回会議が開かれ、親分・子分制度撲滅計画はスタートを切った。この前後、英字紙は親分・子分制度に多くのページを割き、『ニューヨーク・ポスト』の特派員ダレル・ベリガンがやくざ組織を描いた「東京のアル・カポネ」が話題を呼んでいた。

九月一九日には、ケーディス民政局次長が「新憲法と黒幕」と題する声明を出し、政党と暗黒街の癒着を攻撃し、「人民の敵を撲滅せよ」と呼びかけた（同前）。民政局にとって、民衆による政治を妨げる封建的・全体主義的な慣行を根絶し、日本社会の暗部に斬り込むものであった。ケーディスは、新憲法のもと日本社会における民主主義の発展にとって障害となるものを除去することを地方の首長や国会議員、選挙民に訴えようとしたという。

一〇月に入り、民政局は親分・子分制度に関わる法改正に乗り出した。三日の小委員会では、民間情報教育局の協力を得て『朝日新聞』が親分・子分制度の世論調査を行うこと、可能なら最高司令官による声明を出すことなどが決められた。

しかし、ケーディスの「十字軍的情熱」に支えられたやくざ追放キャンペーンは、それ以上進まなかった。政府を動かしている黒幕、テキヤ、愚連隊組織を暴こうというGHQの宣伝計画以上のものはほとんど提案できず、ケーディスの会見から二ヵ月ほどで先細りとなっていく。マッカーサーは、ケーディスの情熱に水を差すことはなかったが、親分・子分関係が日本社会の文化的特性に深く根差し、摘発しても根絶の保証はないと見ていた。

沖縄の政党――民主化への動き

停滞する沖縄

一九四七年三月、ようやく、沖縄の住民に昼間の自由通行が許可された。それまで住民は警察の許可なく隣村に赴くことはできなかった。なお夜間の通行禁止が解除されるのは、さらに一年後の一九四八年三月まで待たなければならない。

沖縄社会の停滞は続いていた。依然として米軍からの土地の解放は進まず、人びとはなお配給制度の下に生活を送っていた。加えて一九四六年夏から本格化した南洋・本土からの引揚、復員によって、四七年末までに一七万四〇〇〇人近くが郷里の土を踏み、沖縄全土の人口は終戦時の約三三万人から四八年には五六万人に激増する。

一九四六年七月以降、アメリカのガリオア資金（占領地域救済政府基金）による補給物資が加わり、食糧事情や生活物資の欠乏もいくらか改善されたが、胃を満たすには足りなかった。他方で、引揚者たちが持ち込んだ日本円によって通貨量が増大し、猛烈なインフレと経済的混乱が起こっていた（『戦後沖縄経済史』）。

志喜屋孝信知事は、農業生産の復興をめざし、本土の「農地調整法に準ずるが如き制度を布《し》くこと」、すなわち沖縄版農地改革を考えていた（『沖縄民政府』）。もっとも沖縄では一町歩を超える地主はほとんどおらず、もともと細分化され生産性の低い農地が多かった。そのため実際は、旧地主、占領軍、そして市町村によって行われた「割当制度」によって耕作者との間で生じている土地紛争を解決するためのものだった。

一九四七年秋、マッカーサー司令部はロイヤル陸軍長官に対して、「現在までの実績と将来の要請の充足の観点からみて、来る五年間に沖縄の歴史上かつてないほどの、九〇%から一〇〇%の自給が可能になることが予想される」と報告している。だが実情からみれば非現実的な見通しであった（『琉球列島の軍政』）。

市町村選挙法の制定——「上から」の民主化

一九四七年五月九日、軍政府は知事宛書簡で、市町村長・議会議員選挙に関する法律を制定するにあたって民政府に意見を求めた。また、東京から地方制度改革を担当したセシル・ティルトン民政局地方政府課長が呼び寄せられた。

ティルトンは選挙施行にあたって、マッカーサー司令部の第一の目的は完全に自由な選挙であるとし、そのために選挙法をつくるので、必ずしも軍政府案によるものではなく、軍政府案を参考にして案を出して欲しいと民政府に告げた（『沖縄民政府記録』1）。

これを受けて民政府は「選挙法起草委員会」を設置し、軍政府の認可を得て、一九四七年一二月に市町村選挙法が「軍政府布告二二号」として公布された。民政府で草案作成に携わった嘉陽安春《かようやすはる》は、一九四六年一一月まで貴族院事務局に勤務し、日本国憲法の成立過程を具《つぶさ》に体験した人物である。嘉陽は市町村選挙法の制定を、本土の地方自治法の制定施行の経緯を踏まえ、「日本の戦後改革」と並行して行われた「市町村自治の第一歩として、戦後の政治史上に記録されるべき最も重要な事実である」としている（『沖縄民政府』）。

なお、選挙法起草の過程で、「戦後の民主化政策の一つ」である軍国主義者の公職追放を、沖縄でも実施すべきという意見が出され、軍政府に質したところ、軍政府の一存では決められないという返事だった。そこで軍政府はGHQに問い合わせ、沖縄には適用しないとの方針が示され、この問題は決着した。

自治・民主化への動き――政党結成へ

ほぼ同じ頃、沖縄の住民からも自治・民主化を求める声が上がっていた。中心となったのは、戦前からの社会運動家や本土で戦後改革の空気に触れ引き揚げてきた人びとであった。一九四七年五月、本土からの帰還者を中心として、民主主義啓蒙運動の一環として「沖縄建設懇談会」が開かれた。これを機に翌六月沖縄本島地域における戦後最初の政党、沖縄民主同盟（以下、民主同盟）が結成される。民主同盟は結成宣言で「沖縄人による沖縄の解放」を謳い、議会政治促進と三権分立による「民主政治の確立」を掲げた。

続いて七月、戦前の労働運動・社会主義運動の経験者を多数含む沖縄人民党（以下、人民党）が結成された。人民党は「人民自治政府の樹立」をスローガンに掲げ、「ポツダム宣言の趣旨に則りあらゆる保守反動勢力と闘い、政治、経済、社会、文化の各分野において、民主主義を確立し、全沖縄民族の解放を期す」とした。

九月には美里村（現沖縄市）で沖縄社会党が結成され、一〇月に首里市で旗揚げした琉球社会党と合流、「社会党」を名乗った。社会党は沖縄の将来に関し、アメリカ帰属の支持、防共強化対策、外資導入歓迎などを掲げた点に特色を持つ。

各党ともに民主主義の確立を唱えたが、本土から行政的に分離されたことで、本土の政党の直接間接の影響を受けない独自の政党として出発していた。各政党は軍政下ということもあって、批判の矛先は軍政府でなく民政府に向けられた。また、各党とも人脈や地縁によるつながりが強く、政治面で役割を果たすにはまだ日を要することになる。

奄美、宮古、八重山の三群島でも政党の結成が進んだ。彼らは民主化とともに、①支庁長・知事・議会議員の公選、②群島レベルでの議決機関の設置、③民主主義法制の制定、④旧沖縄三群島の行政統合や全琉球統一政府の実現を求めていた。

シーボルトの沖縄報告

一九四七年一〇月二四日、米極東軍総司令部はフィリピン・琉球軍司令官に対し、軍政局の設置を命じた。琉球列島の政治的・社会的・経済的問題に真剣に取り組む必要があるというのがその理由だった（『戦後沖縄経済史』）。この頃、ワシントンでは国務省と軍部が、冷戦の進行を受けて「琉球南部をアメリカが統治する」ことについて合意に達していた。

当時、沖縄の統治は決してうまくいっていなかった。一九四七年一一月、沖縄を訪問したシーボルトGHQ外交局長は、その現況について次のように報告している。


〔沖縄は〕近視眼的で干渉主義的な政策をとる軍事権力に占領された小さな国である。この軍事権力は、自立的で平和な民主主義社会という目的を達成するための長期的な民主化政策について正しい理解を欠いている。〔中略〕軍政関係者は、一般的には琉球諸島、特殊的には沖縄に関して、アメリカの政策をほとんど理解していない。

シーボルトは、軍政が「日単位」で行われているため、五〇万の沖縄の人びとは「救い難い貧困と絶望に陥っており、現地の資源や自らの努力によって救える状態にはない」と、その窮状を訴えていた（『沖縄問題の起源』）。

沖縄の処遇——日米それぞれの思惑

早期講和のなかの沖縄

一九四七年三月一七日のマッカーサーの早期講和声明を受け、日本側でも講和へ向けた動きが始まった。リードしたのは片山内閣の芦田均外相である。

一九四七年六月五日、芦田は外国人記者団に対して、「ポツダム宣言の沖縄と千島の一部に対する適用について、日本人は多少疑問を持っている。沖縄は日本経済にとって大して重要ではないが、日本人は感情からいってこの島の返還を希望している」（『朝日新聞』六月七日）と語った。芦田は沖縄・奄美などの帰属問題に一石を投じたのである。しかし、連合国はこの芦田の発言に対し冷たく批判的であった。連合国は、敗戦国の日本が将来の平和条約の内容についてコメントし、要望を述べる権利を一切持っていないと考えていたからである。

国会では、社会党の加藤勘十が衆議院本会議で、芦田の琉球、千島に関する発言は「明らかにポツダム宣言第八項〔日本国の主権は本州、北海道、九州及四国並に吾等の決定する諸小島に局限せらるべし〕に違反すると思われるがどうか」と問い質している。これに対し芦田は、沖縄は固有の領土だから返還して欲しいというのはポツダム宣言違反だと心得ている。だが、沖縄や千島は歴史的にも日本の政治経済圏であったし、人種的にも一体なのだから、講和会議の際には切に連合国のご高配を賜りたい、これが発言の趣旨であると応えている。

他方で七月二二日、芦田は昭和天皇の要請を受け外交事情の内奏に訪れた。このとき、天皇は米ソ関係の将来に懸念を示すとともに「日本としては結局アメリカと同調すべきでソ連との協力は六ケ敷《むつかし》い」と述べ、芦田も「まったく同見」であると応じた（『芦田日記』同日）。

「沖縄人は日本人でない」

マッカーサーは一九四七年三月の早期講和声明のなかで、武力を持たない日本の安全保障は国連に委ねるべきであるとしていた。マッカーサーは、この前提としてアメリカの太平洋地域における圧倒的優位の維持と、沖縄がアメリカの戦略的信託統治下に置かれるべきであると説いていた。

さらに七月二七日、マッカーサーは、アメリカ人記者を前に次のように述べている。①ソ連が千島その他を軍事占領することによりその対日要求を満足している以上、ソ連が講和条約の成文化に強力な反対を行うとは思わない。②琉球は自然の国境である。沖縄人が日本人でない以上、アメリカの沖縄占領に対して反対していることはないようである。

マッカーサーによる「沖縄人は日本人でない」という発言は、アメリカで戦時中準備された民事ハンドブック *Ryukyu* に示された沖縄観を反映していた。

この前後芦田外相は、アチソン外交局長(不慮の航空機事故で死亡。九月二日シーボルトが後任局長に)とホイットニー民政局長に、講和条約に関する日本側の希望を伝える要望書、いわゆる「第一芦田メモ」を手交している。芦田は講和条約が大西洋憲章およびポツダム宣言を基礎につくられることを要望するとともに、ポツダム宣言がいう連合国の決定する「諸小島」については「本土とこれら諸島の間に存する歴史的・人種的・経済的・文化的その他の関係を充分に考慮して欲しい」と希望した。結局、第一芦田メモは、現在の国際情勢で、日本側からこのような文書を出すことは「傲慢《ごうまん》」であるとして返却された。

九月、マッカーサーはマーシャル国務長官宛極秘書簡で、琉球列島は絶対にアメリカ統治下に置かなければならないと強調し、「もしその確保に失敗するならば、アメリカは軍事的に悲惨な目に遭うだろう」と記していた。

昭和天皇の沖縄メッセージ

九月一九日、天皇の御用掛であった寺崎英成《てらさきひでなり》がシーボルト外交局長に会い、「沖縄の将来に対する天皇の考え」を伝えた。要点は次の三つになる。

①アメリカが沖縄その他の琉球諸島の軍事占領を継続するよう希望する。これはアメリカに役立ち、また日本を防衛することになる。

②沖縄に対するアメリカの軍事占領は、日本に主権を残したままでの長期租借——二五年ないし五〇年、あるいはそれ以上——の擬制《フィクション》に基づくべきであると考えている。

③このような占領の方法は、アメリカが琉球諸島に対して永続的野心を持たないことを日本国民に納得させ、またこれにより他の諸国、特にソ連と中国が同様の権利を要求するのを阻止するだろう。

天皇の考えは、日本に主権を残しつつ、沖縄の「軍事基地権」をアメリカに提供するものであった。同じ日、芦田は昭和天皇への二度目の内奏に赴いたが、天皇は平和条約準備と日本の将来の安全保障に関し並々ならぬ関心を寄せていたという。いずれにせよ、天皇の考えを伝え聞いたアメリカ国務省は、沖縄政策転換の根拠として利用する。

芦田は九月に入り、鈴木九萬終戦連絡横浜事務局長を通じてアイケルバーガー第八軍司令官に、のちに「第二芦田メモ」と呼ばれるペーパーを手渡した。

芦田はそこで、まず国連による安全保障を提示し、次いで世界情勢からそれが不可能な場合は、日本がアメリカに基地を提供することで日本の安全保障を確保すると説いていた。よく知られているように、このメモでは平時「日本に近い外側の地域の軍事的要地にアメリカの兵力が十分にあることが予想される」とし、明示されてはいないものの沖縄や小笠原での常時駐留と「日本の独立が脅かされる場合」に限定した有事駐留のセットが示されていた。

II　動揺する中道政権――求められる経済安定

炭鉱国家管理と平野農相問題

片山内閣と経済安定本部

片山内閣は「新日本の建設」に向けて、民主化を加速こそすれ、失速させることはなかった。しかし、それは国民の空腹を満たすものではなかった。その意味で、内閣への支持は経済再建の動向にかかっていた。一九四七年六月二日、片山首相は組閣後、「国民諸君に訴う」と題して、ラジオを通じて国民に危機突破の覚悟と「分に応じた犠牲」「インフレの克服」「生産復興のために、この上とも耐乏生活を続けて頂きたい」と呼びかけた。

片山内閣は経済安定本部（安本）を司令塔に、経済復興会議と連携しつつ、経済危機に切り込んでいく。安本は和田博雄を長官に、GHQ経済科学局に勤務し、のち一橋大学学長となる都留重人、のちの通産次官山本高行、一九四一年和田とともに企画院事件で検挙されたエコノミストの稲葉秀三《いなばひでぞう》をブレーンに、永野重雄《ながのしげお》（日本製鉄常務）、大原總一郎《おおはらそういちろう》（倉敷絹織社長）ら財界人から、東畑四郎《とうはたしろう》、下村治《しもむらおさむ》ら官僚など各界から人材を集めていた。また有沢広巳ら「教授グループ」も側面から支援を惜しまなかったという。

六月一一日、安本は「経済危機突破緊急対策要綱」を、七月一日には平均賃金（公務員給与ベース）を一八〇〇円とする新物価体系を発表した。

経済科学局は安本の政策について、経済安定をめざす政府による「最初の総合計画」であると支持した。しかし、平均賃金一八〇〇円は、物価が戦前の六〇～六五倍と上昇したなか、二七～二八倍の上昇に過ぎず、西尾末広によれば、「労働者の生活にもっとも理解あるべき社会党内閣が労働攻勢の矢面に立つ」（『西尾末広の政治覚書』）という苦しい出発となった。

他方で安本は、都留重人が執筆した「家計も赤字、企業も赤字、財政も赤字」で知られる『経済白書』（一九四七年七月）を出し、率直に経済の実情を明らかにし、国民とともに打開していこうと訴えていた。

片山内閣は、基本的に第一次吉田内閣から傾斜生産方式を継承し、価格差補給金と復金融資によって重要産業の復興を促進する政策をとった。経済再建に関して言えば、片山内閣はよき実績を残した。石炭生産は目標の三〇〇〇万トンを達成し、生産も徐々にではあるが回復の兆しを見せ始めていた。その後、一九四八年に鉱工業生産は五割から六割も上昇し、戦前期（一九三四～三六年）の六割程度まで回復した。一九四九年三月の工業生産をみれば、戦前期の七七・五％にまで回復する。

一九四七年八月には、マッカーサーが片山内閣への「プレゼント」として、一億四〇〇〇万ドル弱の貿易基金設定を許可した。対外貿易は経済復興のために必要なものであり、それはGHQが管理貿易の一部を解除するものであった。片山内閣も選挙公約の一つに「輸出の振興」を掲げ、食糧輸入に重点を置いていたこれまでの方針から、国内消費を抑えても輸出できるものは輸出し、外貨を得て資材の輸入を図ろうとしていた。

組閣からの約三ヵ月間、片山内閣の船出は順調であった。しかし、通貨のインフレ政策をとりながら、物価・賃金を抑制せよというのは難しく、一九四八年半ばまで卸売物価は年三倍になる勢いを示し、インフレは一八〇〇円ベースをひとたまりもなく飲み込んだ。加えて七、八月は米の端境期とあって、戦前から続いていた配給は、東京で二〇日、北海道では九〇日も主食が遅れる。

新物価体系の破綻は労組の反発を招き、次第に片山内閣への支持は冷えていく。全逓は一九四七年秋から翌年にかけて、職場放棄闘争を展開した。職場放棄闘争は、中労委が臨時給与委員会を設けて新給与を作成、一九四八年一月から実施することでひとまず収拾した。ここでの調停は、生活補給金として一八〇〇円ベースの二・八ヵ月分を支給するものだった。このうち二ヵ月分は年内に支給されたが、残りの〇・八ヵ月分の財源をめぐって意見が分かれ、片山内閣を危機に陥れることになる。

炭鉱国家管理法案

他方で、炭鉱国家管理問題（以下、炭鉱国管問題）が片山内閣を揺るがす。内閣の要である西尾官房長官は国家管理に必ずしも積極的ではなかったが、「唯一の社会主義的政策」ということで進めていた施策だった。

一九四七年六月に発表された社会党案は、すべての炭鉱を国家管理とし、本社機構と生産現場を分離するというものだった。具体的には、国家が本社を経由しないで直接生産現場を管理し、炭鉱ごとに経営協議会を設け現場管理を行い、政府全額出資の石炭公団を新設するというものである。

この社会党案に対して、民主党は国家管理の対象を経営不振の炭鉱に限定し、管理は本社経由とし、現場管理者も本社が指名し、石炭公団は不要と主張する。民主党は炭鉱経営者や関連の議員たちを抱え、経営権の移譲には反対が強かった。

片山はこの問題に関連して、マッカーサーに支持を求める書簡を送る。だがマッカーサーは九月一八日付の片山への書簡で、炭鉱国管問題に対し中立を表明する。それは問題を日本側の政党政治に委ねたことを意味した。

自由党は自由経済の立場から批判を強め、八月一九日には国家管理は「四党協定」に反するとして、完全野党を宣言していた。

民政局では九月末、「日本の政治的経済的運命を支配するための権力闘争が行われ、それが政党のラインを横断」して、「保守党と社会党のブロック」の分裂を促し、「切迫した危機の段階に差し掛かっている」と懸念を示した（『ＧＨＱ民政局資料』３）。

夏頃から吉田は保守勢力結集に乗り出していた。一一月、自由党は新党の裏づけとして「新政策要綱」を決定した。要綱では「現行統制は必要な最小限を残して他は一切廃止し、残存統制も自由への過渡的手段たることを明確にする具体的措置を講じる」とし、外資に依存しつつ貿易立国をめざす経済政策を主張して政府批判を強めていた。一一月末、国会で与野党が炭鉱国管問題をめぐって衝突するなか、民主党の幣原派がついに脱党、二八日に二二名で同志クラブを結成した。

平野農相罷免問題

炭鉱国管問題で揺れる最中、片山内閣にさらに降りかかったのが平野力三農相問題である。平野は米価問題などで、閣内で和田安本長官としばしば衝突していた。和田の安本はＧＨＱの後ろ盾を得て、片山内閣の経済政策をリードしており、平野は閣内で浮いた存在になりつつあった。二人の対立の際、官房長官の西尾が和田をつねに支持したことは、やがて西尾と平野の確執・離間を生む。

平野はＧＨＱ内でも不興を買いつつあった。一九四七年一〇月一一日、平野の談話が新党結成の意思表明として新聞に報じられ、二一日に吉田が「保守新党」構想をぶち上げ、「平野農相も大分われわれの線に近い」と応じるにおよび、民政局が動き出した。もともと民政局にとって、戦前皇道会に属していた平野の経歴は好ましいものではなかった。しかし片山・西尾らの懇請を受けて、片山内閣への協力を条件に不問に付した経緯があった。にもかかわらず、平野は民政局とライバル関係にあるG２と非常に近しい関係を持ち、生来の陽性で開放的な性格はそれを広言して憚《はばか》ることがなかった。このことが、さらに民政局を刺激する。

一〇月二五日、ケーディス民政局次長は片山を訪ね、ホイットニー局長からの命令として平野農相の罷免を要求する。民政局は平野を追放することで新党運動に楔《くさび》を打ち込み、片山内閣への梃子入れを図った。片山は、一一月四日に閣内非協力を理由に憲法六八条によって罷免した。しかし、平野の罷免は結果的に、平野に連なる右派系の農村関係議員ら（全農派議員）の離脱を招き、社会党左派の力を強めることになる。

平野問題はその後任をめぐって、さらに連立与党内の対立、社会党左派の造反を生んだ。一二月一三日、後任に左派が推す野溝勝でなく中間派の波多野《はたの》鼎《かなえ》が起用されると、一四日に左派は「わが党出身閣僚が自ら社会党首班たる建前を捨て」「民主・国協を主体とする三派連立内閣におとした」として党内野党宣言を発し、片山・西尾ら党首脳部との対決姿勢を明らかにする。

こうした状況のなか一九四七年末、吉田茂は岳父牧野伸顕宛書簡で、一九四八年の見通しを次のように述べている。

　一月早々保守新党結成の準備に取り懸《かか》り、休会明位《くらい》に旗上げ出来可申歟《もうすべきか》、幣原派以外の民主党、社会党右派其の他の小会派をも抱擁の見込みに有之《これあり》〔中略〕過半数を獲得できれば自然政変、総選挙と発展可致《いたすべき》見込に候。

（『吉田茂書翰』）

　この頃、吉田は多数派を形成し、政権への意欲を持ち始めていた。もっとも吉田のいう社会党右派が、誰であり、あるいはどのグループを指すか、おそらく平野力三らであったと思われるが、具体的にははっきりしない。

内務省解体――民主化の終焉

内務省分権化の覚書

　片山内閣が施策を進めるなか、民政局は内務省をターゲットとする民主化の最後の仕上げを急いでいた。たとえば一九四七年五月、ケーディス民政局次長は内務省との折衝で「自分は時を争っている。我々もいつ迄《まで》も永く日本に居るわけではないから」と、六月には「たとえ新憲法が発布されても日本に反民主主義の道具となるような中央集権政府をその儘《まま》にして日本を去ることができない」と語っている（『戦後自治史Ⅷ・内務省の解体』）。

内務省は戦前、地方行政・警察・土木・衛生などの国内行政を管轄し、「官庁のなかの官庁」と呼ばれていた。

四月三〇日、都道府県などの地方議会議員選挙の投票日、ホイットニー民政局長は終戦連絡事務局長宛に「内務省分権化の覚書」を出した。この覚書は、内務省が人民への「中央集権的統制の中心」であるとして、日本国憲法、地方自治法の公布施行に備え、新たな理念に基づく地方制度を所管する機関への再編を求めていた。そして内務省に六月一日までに返答せよと迫っていた。

五月一日にはケーディス民政局次長は、内務省分権化の要諦《ようたい》として、地方局の廃止、財政関係事項の大蔵省への移管、土木関係事項などの適当な他の省への移管を挙げた。

分権から解体へ

内務省は、ホイットニーの覚書を権限の分権化を指示するものと受け取り、先手を打つべく独自の改革案に着手した。六月二〇日、日本側は内務省を単独改組して、名称を「民政省」と改めるという案をまとめて閣議に提出、了解を得た。それは内局として総務、土木、調査など五局に、外局として公安庁を置くというもので、このほかの事務は極力他の省または地方に委譲し、地方に対する監督権を大幅に縮小するものだった（『内務省史』第三巻）。

だが、これが一部の新聞に報じられると、民政局の怒りを買う。ケーディスは西尾官房長官や内務省幹部を呼びつけ、内容もさることながら、民政局との協議を経ず新聞に報じられたことに対し、「これまでの話し合いを無視するものだ」として厳しく難詰し、六月二六日までに新しい案を民政局に出すよう命じる一方、民政局自ら改革案作成に介入する。

結局六月二七日、閣議で内務省を解体し、地方局を自治委員会に、国土局を建設院に、警保局を公安庁にし、総理庁の外局とする案が決定された。民政局は「分権化」から「解体」へ踏み出したのである。

内務省解体の動きは、先にみた警察改革をめぐる対立が解決し一〇月に入って加速する。九日にケーディスは曽禰益《そねえき》官房次長らを呼び出し、一三日までに法案を提出するよう強く求めた。最終的に地方局の機構は、暫定的機関としての地方財政委員会と内事局、そして全国選挙管理委員会に分割され、一九四七年一二月末、内務省は解体された。

国家公務員法の制定――労働三権をめぐる攻防

民政局は、官僚組織を「官閥」とし、軍閥・財閥と並ぶ「封建的全体主義的な日本の保塁」の一つと規定し、官僚制度の民主化が必要と考えていた。そこへ日本政府から経済科学局に、公務員の給与体系の改訂に関し助言を求める要請が入った。民政局は日本側の自主的改革に協力するという大義名分を得て、経済科学局からこの仕事を引き取り、公務員制度改革に乗り出す。そのために、一九四六年一一月アメリカ・カナダ人事行政協会会長ブレイン・フーバーを団長とする調査団を呼び寄せた。

フーバーらは内閣に設置された行政調査部と協議しながら改革案を作成、一九四七年六月片山内閣に内示した。フーバー案は、アメリカの公務員法をモデルに、強力な権限を持つ中央人事行政機関（人事院）の設立、成績主義に基づく任用および昇進の原則、職階制と職責に応じた給与の原則の確立、政治的行為の制限、争議行為の禁止などを骨子としていた。

フーバーはこれを修正することなく、数週間以内に立法化するよう求めた。だが各官庁は、人事院を頂点とする管理体系に強く反発。それ以上に日本政府を困惑させたのは、報告が公務員の労働三権、つまり公務員の争議権を制限禁止していたことであった。

西尾官房長官はケーディスを訪ね、労働者の支持を基盤にして成立している社会党内閣の手で、組織労働者の四〇％を占める公務員労働者の首を締めるようなことはできないと主張し、強行すれば片山内閣の命運に関わると訴えた。フーバー草案に対しては、経済科学局のキレン労働課長からも、頭越しに労働基本権が制限されたことに対し異論が出ていた。

ケーディスは両者の中間的立場にあったが、フーバーが新設される民政局公務員課のスタッフ集めのために一時帰国したのを幸いに、ホイットニーとマッカーサーの承認を得て、修正を図った。結局、国家公務員法はフーバー案を柱に一九四七年一〇月公布されたが、人事院は人事委員会と改められ、公務員の団結権・スト禁止条項は削除される。

一二月に再来日し、民政局公務員課長に就任したフーバーは、国家公務員法は彼の原案と重大な相違があるとし、巻き返しにかかる。フーバーとキレンの対決は、公務員の争議権の制限をめぐる政令二〇一号において再燃することになる。

占領政策の見直しへ——ドレーパーとケナン

ワシントンの変化とカウフマン報告

アメリカではすでに一九四七年初頭から、対日占領政策の見直しの動きが始まっていた。転機は、前年一一月に行われた中間選挙である。共和党と南部民主党の連合勢力がニュー・ディール派を破り、実業界出身者が議席を占めるようになっていた。ワシントンでは、GHQが依然としてニュー・ディール的政策をとっていることへの非難が高まり、保守的な空気が強まっていく（『日本占領革命』下）。

攻撃の先陣を切ったのは、アメリカのジャパン・ロビーとして知られるハリー・カーン率いる米雑誌『ニューズ・ウィーク』であった。同誌は一九四七年一月、経済パージについて、「日本経済の頭脳」と目される二万五〇〇〇から三万人の実業家が「心外にも資本主義の総本山であるアメリカ」の手で追放され、「ヤミ屋になるか共産主義者になるか」迷っているなどとセンセーショナルに報じ、議会に調査団を派遣して実態を調査せよと訴えた。もっとも当時、日本には中小企業も含めて企業はわずか一〇万、GHQの大企業についての制限リストでも一一〇〇しかなく、実際のところ追放された経済人は約九〇〇人だった（『日本占領革命』上、『指導者追放』）。マッカーサーはすぐさま反論したが、一九四七年を通して『ニューズ・ウィーク』の反ＧＨＱキャンペーンがやむことはなかった。

こうしたワシントンの雰囲気のなかに投じられたのが、「カウフマン報告」である。起草者ジェームズ・カウフマンは、ゼネラル・エレクトリック（ＧＥ）やスタンダード石油などアメリカ有数の企業の顧問弁護士を長く務めていた。彼は一九四七年八月、賠償政策の見直しのために派遣された第二次ストライク調査団の一員として来日、投資先としての日本の実情調査に従事していた。

カウフマンは、日本の非軍事化にはイデオロギー的な改革もあり、ＧＨＱの経済政策を共産主義的とまでは言わないが、「社会主義的な理想」に近接するものと痛烈に批判する報告書をまとめた。カウフマンはここで、ＧＨＱの経済政策が失敗であるだけでなく「非米的」ですらあると決めつけた。この結果は本来共産主義的でない日本が共産化し親ソ化する恐れがあり、ソ連に対する緩衝国になることをアメリカが日本に望む限り、対日占領政策の転換が必至であるとした。その矛先は農地改革、労働改革、公職追放などにも向けられたが、特にＦＥＣ２３０文書、つまりは極東委員会による経済力集中排除の方策を槍玉に挙げていた。

カウフマン報告は、帰国後の九月、非公式にトルーマン政権の中枢に配られ、陸軍省高官の注意を引き、ワシントンの目を対日占領政策に向けることとなった。『ニューズ・ウィーク』で反ＧＨＱキャンペーンを繰り広げていたカーンは、一九四八年六月カウフマンやジョセフ・グルー元駐日大使の秘書ドーマンを引きこみ、グルーを顧問にマッカーサーの占領政策への批判勢力として一種のジャパンロビー「対日協議会」を結成する。

ドレーパー陸軍次官の来日――納税者の論理

一九四七年九月一八日、ウィリアム・ドレーパー新陸軍次官が来日した。ドレーパーは、ディロン・リード社副社長を務めるなど戦前ウォール街の金融界を代表する人物としてその地位を確立し、戦後ドイツ軍政長官代理ルシアス・クレイ将軍の首席経済顧問として辣腕を振るっていた。

ドレーパーは投資銀行家として、ドイツ占領政策の非カルテル化やナチ時代の経営者の追放などに批判的であった。またアメリカで新たに設けられた「金融と財政に関する諮問委員会」で、財務省から対日援助削減の圧力を受けていた。ヨーロッパにおけるマーシャル・プランの実施はアメリカの海外援助を増やすものであり、日本での占領費の増大は避けなければならなかったからである。

ドレーパーは、マッカーサー、片山首相・閣僚たちとの会談を終えて、九月二七日に日本占領の新たな主目標が、今後「アメリカの納税者の負担を軽減すること」に置かれるだろうと述べる。対日援助予算の財布を握る人間として、米国の援助で日本を養うことをやめると告げたのである。もっとも、コーエン経済科学局顧問によると、対日援助は最盛時でさえ米連邦予算の一％を超えたことはなく、アメリカ人一人当たり三ドル四〇セントに過ぎず、しかも対日援助の大半は、当時アメリカ政府が国内の農産物価格を支えるために買い込んでいた余剰小麦だったという。

ドレーパーは帰国後、ドイツと日本はいまや非ナチ化、非軍国主義化され、軍閥は一掃された。日独は「国際社会で自尊心と自立性を持つ一員となる」ため復興を許されるべきであり、「我々の軍事占領の目的は、ドイツと日本の経済復興におかれよう」と述べた（『日本占領革命』下）。彼は、財閥解体や賠償政策に代表される経済改革政策を、早急にしかも根本的に変更しなければならないと確信していた。

一〇月三日、ドレーパーは経済復興を対日占領政策の中心に据えた「日本の経済復興（SWNCC384）」をSWNCCに提出した。こののちドレーパーは、日本の経済復興計画の推進者として格別の役割を果たすことになる。

W・ドレーパー（1894～1974）
軍人，投資銀行家．戦後，占領下ドイツで経済顧問．非ナチ化による経済弱体化を批判．1947年陸軍次官就任後，来日．経済復興に重きを置く対日占領政策報告書を作成．その後ドッジを日本に送り込む

他方でGHQ内部から、ドレーパーらの動きに対し批判の声が上がった。たとえば民政局のハッシー政務課長は、日本市場への復帰と制覇を狙う一部の企業がドレーパー、ジェームズ・フォレスタル海軍長官、ロベット国務次官らを操縦していると批判した。いずれ

もウォール街の大立者で、フォレスタルとドレーパーはディロン・リード社でともに重役を務めた間柄であった。経済科学局のコーエンは彼らは民主化に無関心で、ドレーパーはビジネスの視点から見ることで占領の性格を変えたという（『日本占領革命』下）。

ドレーパーは、安本と大蔵省の対立によって暗礁に乗り上げていた一九四七年一〇月の追加予算の編成でも、経済科学局に日本政府に健全財政の貫徹を励行させるよう叱咤激励し、経済科学局財政課を支持した。

ジョージ・ケナンの登場――「冷戦」からの眼

ドレーパーを国務省で支援していたのが、冷戦期の対ソ「封じ込め」政策を立案し、マーシャル国務長官に重宝されたジョージ・ケナンである。一九四七年晩夏、マーシャル・プランの立法化作業を終えて休む間もなく、ケナンの政策企画室（ＰＰＳ）は対日占領政策の検討を始めた。この後、ケナンは対日占領政策転換の大きなキーマンとなっていく。

当時ケナンの眼には、これまでのアメリカの対日政策が共産主義の政治的圧迫に抵抗できないほど日本社会を弱いものとし、共産主義者の権力奪取への道を開くことを目的として立てられた見本と映っていた。

ケナンは、ボートンら国務省極東局作成になる条約案が米ソ協調を前提としていることを批判し、非軍事化・民主化はもはや講和の重要な条件ではないと断じ、日独両国の復興こそがヨーロッパおよび東アジアの安定回復に不可欠だと考えた。ケナンが重視したのは、社会不安に乗じソ連と呼応した内部からの「侵略」をいかに防ぐかであった。

ケナンは冷戦の論理から、対日政策の見直しにかかるが、そのためにマッカーサーの総司令部が実際に何をしたか、また何をしようとしているか、占領の現実と政策について正確な情報を知る必要があった。しかし、マーシャル国務長官とマッカーサーとの関係は疎遠であり、マッカーサーは国務省が日本の占領行政に介入することを許さなかった（『ケナン回顧録』上）。一九四八年三月、敵意と猜疑《さいぎ》心に満ちたワシントンと東京との関係を解きほぐすために、ケナン自ら日本に赴くことになる。

ワシントンと東京の不協和――民主化か復興か

ウェルシュ反トラスト・カルテル課長の突進

GHQとアメリカ政府それぞれが、占領政策の重点を経済復興に置き始めると、ワシントンと東京との間で民主化と復興をめぐる摩擦が生じ始めた。

一九四七年四月、独占禁止法が公布され、七月にはE・ウェルシュ経済科学局反トラスト・カルテル課長によって三井物産と三菱商事が解散を命じられた。次に経済の民主化の仕上げとして、極東委員会によるFEC230文書、すなわち巨大企業を分割し、自由競争を促そうという経済力集中排除政策に取りかかる。ウェルシュは「巨大かつ支配的な企業は、それ自体反民主主義的である」との信念のもと、日本政府に強引に法の成立を迫った。

都留重人によると、ウェルシュは片山首相にFEC230文書をちらつかせて、「極東委員会では日本の経済力集中排除に関して決まっているんだから、もし日本側が了承しなければ大変なことになるぞ、抵抗してもムダだ」と語ったという。マッカーサーもまた、法の成立によって「自由かつ競争的な企業」が育つと支持した。

九月四日、窮した片山はマッカーサーに書簡を送り、同法はすでに弱体化した日本の経済力を一層衰退させ、日本から自立と国際経済における競争能力を奪い去ると善処を求めた。これに対し、マッカーサーは、経済力集中排除の大幅な修正を日本政府が提案することは各国の疑惑を生み、より厳しい方向への政策修正をもたらすかもしれないと警告した（『吉田茂＝マッカーサー往復書簡集』）。

九月二九日、政府はやむなく臨時閣議で最終案を決定し、一〇月六日に大企業の市場寡占を排除することを目的とした経済力集中排除法が国会に提出された。

「過度」経済力集中排除法としての成立

他方で、ドレーパー陸軍次官らは、経済力集中排除法に批判を強め、一〇月初め陸軍省を通じ、その採択延期を要請する。これに対しマッカーサーは、一〇月二四日に一〇ページにわたる返電で、法案審議を遅らせることは、かえって左翼や「私的な社会主義」を唱道する財閥を利するだけだと強く反発した。

マッカーサーの反対に、軍は戸惑う。一一月一日、フォレスタル海軍長官はロイヤル陸軍長官宛に、この経済力集中排除計画は日本で「社会主義化」が進んでいることを示しているとして、日本経済再建のための新しい総合政策の作成を求めた。同時に「日本の経済問題が、アメリカの将来の安全保障にとって直接の関係がある」と警告した（『通商産業政策史』2）。

この間ドレーパーは、『ニューズ・ウィーク』誌を通じて、反GHQとともに、FEC230反対のキャンペーンを張っていた。結果的にワシントンの動きは、マッカーサーを硬化させる。マッカーサーは『ニューズ・ウィーク』の記事をカウフマン報告と関連づけて読み、自らの大統領候補指名を妨害する「中傷キャンペーン」の一部ととらえ、経済力集中排除法の国会通過を促した。

しかし、日本側にはなお主要な大会社をいくつかの中小会社に分割することは経済力を弱め、再建を困難にするものだと抵抗が強かった。そこで法案の頭に「過度」という文字を付けることで、一二月に入り経済力集中排除法は過度経済力集中排除法として成立した。これによって、日本製鉄が八幡製鉄、富士製鉄に、大日本麦酒が朝日麦酒、日本麦酒に分割されたが、対象となった三二五社のうち実際に分割されたのは一一社に過ぎなかった。

公職追放の終結——ワシントンと東京

過度経済力集中排除法の成立によって、ワシントンはマッカーサーの総司令部に不信感を抱き、占領政策に対する攻撃を強めていった。ワシントンがターゲットに定めたのが公職追放の終結である。一九四七年一二月末、マッカーサーはドレーパー宛に書簡を送り、さまざまな分野における公職審査がほぼ終了しつつあり、公職追放の範囲および基準についても、超国家主義的・秘密愛国主義的団体を例外としてほとんど拡大はないとの報告を行い、追放政策が終焉を迎えつつあると伝えた。

翌一九四八年一月末、ケーディス民政局次長は日本政府に対し、「パージ審査をすべて三月中旬までに完了させる」との民政局の方針を伝えた。だがケーディスはパージ終結は時期尚早であると考えていた。さらに第二次公職追放によって追放範囲が拡大して審査に予想以上の時間を要し、またG2と民間諜報局の露骨な非協力的姿勢によって遅延していく。

五月末になり、民政局はあらためて追放政策が日本政府と国民における民主主義の目的と十分合致し、またポツダム宣言が直接必須条件とするものの一つであると指摘し、連合国は今後も間違いなく日本政府に十分な責任を持ってパージを実施させるとの声明を発表する。

ケーディスらは、追放政策の実施がいまだ終わっていないと述べたのである。以後マッカーサーと民政局は、ワシントンと直接対決することを避け、現場の利を生かして追放緩和の動きを封じ込めるようになる。

第4章　占領政策の転換――民主化から経済復興へ

I　中道政権の限界――片山内閣から芦田内閣へ

ケーディスの「中央党」構想

マッカーサーの年頭声明――一九四八年

一九四八年一月一日、マッカーサーは恒例の年頭声明で、「日本を改革し再建する計画が完了する日は近い。すでに下図はできあがり、進路は定められている。今後の発展は諸君の双肩にある」と述べた後、一九四七年を次のように振り返った。

経済分野では、封建的な少数家族が占有支配する制度が解体され、国民すべての福祉に資する経済の途が開かれた。政治分野でも、新憲法のもと心強い革新が行われ、さらに社会分野では、警察・司法・公務員制度の改革が行われ、「行き過ぎた官僚政治を和らげる各種の立法を見た」と。

マッカーサーは改革の成果を謳い、続けて窮乏状態にある国民経済の緩和を図るために、経済統制を廃止し、国際貿易に加えられている諸制約を除去する必要があると、日本経済の復興・自立を高らかに説いた。

他方で一月六日、ケネス・ロイヤル米陸軍長官がサンフランシスコで、「将来日本が極東における全体主義的戦争の脅威に対する緩衝国として役立つほど十分に強力な民主主義国たらしめなければならない」とし、日本経済の自立のために賠償問題、経済人の追放解除、集中排除計画を再検討していると述べた。続いて二一日、極東委員会のマッコイ米代表は、初期の占領目的はすでに達成され極東委員会の任務は事実上終わったとし、日本経済の自立化に向けてアメリカが単独行動に踏み切ることを示唆する声明を発した。

マッカーサーとアメリカ政府は、日本経済の復興が必要であるとの認識で一致した。ワシントンはこののち、ケナン、ドレーパー、ヤングらを次々と東京に送り込んでいく。両者は復興の方策をめぐって対立する。マッカーサーが民主化の強化を妨げない範囲で経済の安定を支持したのに対し、ワシントンは経済の安定を妨げない範囲で民主化を支持したからである。それはマッカーサーの威望のもと、独立国家のような行動をとっていたGHQ内に次第に影響を及ぼしていく。

民政局から経済科学局へ

マッカーサーが改革の終了を告げたことに合わせて、民政局も組織の縮小・再編過程に入る。すでに前年、一九四七年一二月一五日、ケーディス民政局次長は内務省解体の道筋がついたことを見届けて、「民政局の立法計画の終了」と題する文書で、現在同局が進めている国会で審議中の刑法改正など一一の立法計画のほか民政局が主導する法改正は行わず、「これは占領目的達成のために当民政局の立法計画が終了したことを意味する」と告げていた。

一九四八年二月にまず政治課が廃止され、三月に立法課が議会政治課（PPD）に改称、五月には「国家行政組織法案」を国会に提出する閣議決定を受けて中央政府課、つづいて法務課が法務局に移管された。そして、六月末には地方政府課も第八軍に移管され、民政局は管理課、議会政治課、公務員課、行政課、公事課の五課に縮小・再編された（一九五一年一月まで維持）。こうした組織変更と並行して、スウォープ、マーカム、ハッシー、ヘイズら民政局で改革を担ってきた人びとも任務を終え、順次帰国の途につき始めた。

対して、経済科学局は従来の九課に加え二課が新設され、拡充強化された。経済復興に関わる経済科学局は以後、日本政治への介入を強めていく。ウィリアムズ民政局議会政治課長は当時を振り返り、次のように述べている。

〔日本政治へのGHQの干渉を最小限にしようという民政局方針への〕最大の違反者は、規模がふくれあがって、管理の目が行き届きにくくなっていた経済科学局だった。経済科学局は——ときに他の部局も——占領目的に適合しないというだけの理由で法案の提出を認めず、新憲法下における国会の役割をないがしろにした。

（『マッカーサーの政治改革』）

「第三勢力」結集としての「中央党」構想

片山内閣は、炭鉱国管問題、平野農相罷免問題で内部に亀裂を生み混迷を深めていたが、一九四八年の年明け早々、社会党は平野力三ら全農派議員一六名の脱党という激震に見舞われる。全農派は小党派と「新政治協議会」結成に向け動き出すが、一月一三日に平野が公職追放された（三月に全農派議員は社会革新党を結成）。

一月一六日から四日間にわたり、社会党第三回党大会が開かれた。片山委員長の挨拶に続いて、西尾は「片山内閣の業績は必ずしも芳しくなく、世論の不評ももっともである」と認めつつ、食糧危機の突破、労働不安の除去、労働省設置などの労働政策、民主化の徹底など七つの業績を挙げ、「片山内閣であればこそ不十分ながらやり得たものだ」と報告した。西尾の報告は野次と怒号に包まれ、左派は「四党政策協定」の破棄、軍事公債利払い停止を決議し、攻勢を強めた。

一月二〇日、吉田茂は自由党議員総会で、民主・国協・農民・第一議員倶楽部などに対し「非社会主義陣営」の結集を呼びかけ、民主・国協両党を揺さぶった。

これに対し一月二九日、三木武夫国協党委員長は民主党の芦田均に「第三勢力」の結集を申し入れた。芦田もいわゆる「革新的中央政党」構想で応え、中道勢力の結集による芦田新党結成へと動き出す（『朝日新聞』一月三一日）。

しかし、国協党の狙いは、民主党と国協党および社会党右派を合わせて政治的安定勢力としての「中央党」をつくるところにあり、同党が吸収される芦田構想には消極的だった。

「〇・八ヵ月補正予算」問題

社会党が左右対立を深め、保守再編の動きが入り乱れるなか、片山内閣崩壊の導火線となったのが、第3章で触れた「〇・八ヵ月補正予算」問題だった。

この頃、政府は補正予算と一九四八年度本予算の編成に取りかかっていた。政府は当初、〇・八ヵ月分給与を含め、六・三制教育費、警察費などを第三次補正予算として提出する予定で、財源として郵便料金・鉄道運賃の値上げ、所得税のはねかえりなどで賄う予定だった。このうち、〇・八ヵ月分の支給が急がれたため、これを別建てとすることになる。だがそれは結果として、大蔵省と経済安定本部（安本）の省庁間対立から与党を巻き込んで、さらにGHQ内部の対立を呼び政治化していった。

大蔵省は健全財政の立場から、財源を鉄道運賃・通信料金の値上げに求めた。他方、物価体系の維持を主眼とする安本は、民間の賃上げにより自然増収が見こまれる「所得税収入」を財源に充てることを主張した。占領下、予算案はGHQの了承を必要としていた。問題は担当部局である経済科学局内部の対立も重なり複雑化していた。

当時安本を代表して、経済科学局との交渉を担当していた都留重人によれば、当初は安本ラインが優勢であった。だが土壇場で大蔵省が巻き返し、経済科学局の同意を取りつけた結果、財源として鉄道運賃・通信料金の値上げが直接「〇・八ヵ月」分と見合うことになる。

だが社会党左派がこれに猛烈に反発する。左派は料金の値上げは大衆課税につながり、インフレを加速すると主張していたが、それ以上に値上げ分が官公庁給与に充てられることは不都合だったからである。

衆議院予算委員長でもあった左派の鈴木茂三郎は、鉄道・通信料金に代わる代替財源を求め、政府・GHQに働きかけた。左右が対立するなか、中間派の浅沼稲次郎《あさぬまいねじろう》社会党書記長は運賃の値上げを認め、財源の組替えを行うという妥協案を社会党中央執行委員会に出し、可決、収拾を図ろうとした。しかし、左派は今後行動の自由を留保するとの決意を明らかにするとともに、予算案に反対投票するとの声明を発表した。

衆議院の予算委員会に出席している委員の多くは左派であった。しかも、自由党・共産党はじめ野党は反対の意向を示していた。社会党中執委が妥協案支持を決めても、予算委員会が予算案を否決する可能性は高まり、片山内閣は窮地に追い込まれていく。

民政局と内閣危機

GHQ内の権限から言えば、予算問題自体は民政局の管轄外である。しかし、それが「内閣危機」というかたちで政治化したとき、民政局も関心を示さざるをえなかった。

この間、ホイットニー民政局長の命を受けて、ウィリアムズ議会政治課長が仲裁に奔走している。栗栖《くるす》赳夫《たけお》蔵相と鈴木茂三郎の仲介の労をとり、必要とされる財源が鉄道・通信料金値上げと見合わぬよう回避の道を探った。他方で、経済科学局メンバーとも収拾策について協議を重ねた。

二月五日にウィリアムズは、経済科学局のメンバーとの協議に臨み、栗栖・鈴木案を受け入れるか、政府と衆議院双方が受け入れることのできる別の案を提示するよう迫った。そして、ホイットニーの憲法の下で内閣と国会が国内問題を運営する自由を持たなければならないという立場を強調し、日本のリーダーたちに調整を委ねるべきだと説いた（『GHQ民政局資料』3）。ウィリアムズは、経済科学局の日本政治への介入を排除し、補正予算問題の解決を日本人自身の手に返そうとしたのだ。だが残された時間がなく、実を結ぶことはなかった。

同日午後七時、鈴木茂三郎を委員長とする予算委員会は、与党不在のなか「〇・八ヵ月予算」を否決、この結果二月一〇日片山内閣は総辞職する。

ケーディスの「中央党」構想

この「〇・八ヵ月補正予算」問題で、片山内閣を実質的に動かしていた西尾末広官房長官の行動はほとんど知られていない。西尾は二月五日午後二時、秘かにケーディス民政局次長を訪ねている。

このとき西尾は、片山が「自分の家〔社会党〕を既に支配できなくなって以来、安心して自分の国をリードしえなくなった」とし、この危機下で内閣が取りうる途は、衆議院解散・総選挙か、内閣総辞職の二つしか残されていないとしたうえで、次のように述べた。

解散・総選挙は「政党政治家」の観点に立てば、もっとも支持する途であり、民主党・国協党のリーダーたちも支持している。しかし、「愛国者的」観点に立てば得策ではない。社会党から離れた左派は新党をつくり、共産党と提携しないまでも、現在よりもラディカルな立場をとるだろう。残された片山―西尾派を含む社会党は、労組のより左翼的部分の支持を失い、「一九二〇年代後半や三〇年代初期においてあったような二流の政党」となる。それは極右と極左の成長をもたらし、アメリカからの物質的援助の可能性を危うくし、かつ危険な階級闘争の途を歩ませ、連合国の世論に反するものになるかもしれない。

他方、総辞職は後継に吉田茂が選出される可能性を高くする。吉田が権力の座に就けば、石炭生産は停滞し、労働危機は進み、インフレの圧迫を感じるだけでなく、経済的・社会的不安定がさらに深まるであろう。そして最後に西尾は、吉田に代わる選択肢として、芦田の名を挙げた。

これに対しケーディスは、自分は助言を与える立場になく、最高司令官のみが助言できると断りつつ、以下の示唆を行った。彼は日本の政治勢力を、①共産党と極左勢力、②超保守主義勢力〔自由党〕、③進歩的民主主義勢力の三つに分け、社会党右派、民主党芦田派、国協党三派を「進歩的民主主義勢力」とし、これら三党派合同による「中央党」の結成を促したのである。そのモチーフには、ケーディス自らが仕えたローズヴェルト政権下のアメリカ民主党があった。西尾は、中央党の結成は時期尚早であり、可能性は薄いと応じたが、ケーディスの構想はかたちを変えて、芦田内閣の実現へとつながる（『GHQ民政局資料』3）。

芦田内閣成立とワシントンからの使者

民政局の芦田支持

片山内閣の総辞職を受けて、民主党は芦田首班に向け、吉田および自由党は、内閣総辞職後は野党第一党の自由党が政権を担うのが憲政の常道であると主張し動き出した。民主・自由の首班をめぐる争いに割って入ったのが民政局だった。民政局は吉田の自由党を「反動」として忌避し、芦田内閣成立へと動く。

一九四八年二月六日、民政局のガイ・スウォープ中央政府課長は「純理論からいえばどちらの方法〔解散・総選挙と総辞職〕も民主的だと言える。〔中略〕もし内閣が総辞職した場合は議員の間で相談して多数派というようなものが生み出され、それによって内閣を選出することが可能であれば、この手段が一番民主的であると思う。三党連立内閣という現状から推してこの方法はとくに民主的である」（『朝日新聞』二月八日）との新聞談話を発表し、芦田

芦田 均（1887～1956） 外交官を経て政治家に．戦前・戦中はリベラルな姿勢を貫き，翼賛選挙も非推薦で当選．戦後は自由党創立に参加．1947年に民主党総裁，社会党との連立政権では外相．48年に首相となる

内閣成立に向けての援護射撃を行った。

二月二一日、首班選挙が行われた。衆議院の議席は社会党一二三、自由党一一九、民主党一〇六で、民主党は第三党に過ぎなかった。だが、芦田は社会党などから票を集め二一六、以下、吉田一八〇、片山八で芦田が選出される。参議院では、決選投票の結果吉田一〇四、芦田一〇二となったが、憲法六七条の衆議院議決の優先に基づき、芦田が新首相に選ばれた。

二月二五日に芦田は吉田を訪ねた。吉田は「〔自由党と民主党の違いは〕社会党と共にいけるかどうかの点にある」と述べ、実際のところ「君に救われた。今日自由党が出てもどうしようも無い」と語ったという（『芦田日記』同日）。

芦田均は一八八七年（明治二〇）京都府に生まれ、東京帝国大学法科大学卒業後外務省に入った。最初の赴任地ロシアの首都ペテルブルクで具《つぶさ》に見たロシア革命は、彼のロシア観（ソ連観）に深く刻み込まれた。その後ベルギー、トルコなどで公使を務め、満州事変を機に辞職。一九三二年に政友会から衆院選挙に立候補し当選した。大戦後いち早く自由党結成に動いたことはすでに触れたが、一九四七年三月には民主党結成に参加、五月総裁に就任していた。芦田は、豊富な外交史研究の著作を持つ知性派の文人政治家としても知られていた。

芦田内閣成立と民主自由党の結成

一九四八年三月一〇日、芦田内閣が誕生した。社会党からは西尾末広が副総理格の国務相として、左派からも加藤勘十（労相）と野溝勝（国務相）が入閣した。注目の安本長官には、片山の和田博雄留任要請を芦田が断り、片山内閣で安本と対立関係にあった栗栖赳夫を蔵相から横滑りさせた。栗栖の就任は、安本がこれまで果たしてきた経済司令塔としての役割の終焉を意味した。以後、都留、永野、山本高行ら安本を担ってきた人びとが相次いで去っていく。

民政局の支持のもと芦田内閣は成立したが、政権基盤は脆《もろ》く、「政権たらい回し」の批判を浴び、不安定な出発となった。

自由党は三月一五日、幣原喜重郎ら同志クラブに民主党から脱党した斎藤隆夫らを加えて結成された「民主クラブ」三六名と合同し、民主自由党（民自党）を結成した。民自党は、衆院で議員数一五二名となり、第一党に躍り出た。彼らは綱領で、ポツダム宣言を誠実に実行し、国際正義に基き新日本の建設を期すると謳い、新憲法に則り責任政治を確立し、社会正義に立脚して庶政の刷新を期するとした。

他方で、労働を重じ、企業の自立を促して、産業経済の復興を期すると述べ、民自党もまた、新憲法による責任政治の確立を謳い、戦後政党への脱皮を図った。基本政策としては、行政改革・整理、輸出貿易を振興し、外資導入の態勢を整備し、自由経済復帰を目途《めど》として長期産業復興計画を立て、石炭、電力、鉄鋼、肥料を中心とする重点生産から漸次繊維、食品、化学、精密機械、工芸品振興への移行を掲げた。

ワシントンからの使者――ケナン、ドレーパーの来日

一九四八年三月一日、芦田内閣成立直前に、ジョージ・ケナンが来日した。国務省の高官を迎えるマッカーサーの対応は冷ややかで、「思い切り説教してやるとするか、耳にタコができるくらい」と言ったという。実際、第一回目の会談は、マッカーサーの二時間にわたる長広舌に費やされ、ケナンはうんざりしながら聞くしかなかった(『ケナン回顧録』)。

三月二日には、第二次ストライク調査団報告書が公表された。それは一九五〇年を目途とする日本経済の自立化のために、ポーレー中間報告が課した厳しい賠償条件を緩和し、対象とする施設を大幅に削減すべきだとの勧告だった。アメリカ本国政府は、賠償の緩和を梃子に日本経済の復興・自立へと対日政策の転換を図ろうとしたのである。

二回目の会談を前に、ケナンはマッカーサーへの質問状をつくり、①東アジア地域におけるアメリカの安全保障政策、②経済復興政策、③占領政策の緩和の三つを問うていた。

マッカーサーからの回答は以下の通りだった。①については、アメリカの戦略的境界線はアジア大陸東岸沿いの列島区域にあり、沖縄はアメリカの軍事戦略上の最前線の重要な拠点

であるから、沖縄を領有することが不可欠である。ただ日本本土に米軍基地を置くことは、他の連合国も戦略的権利を有するから不可能だと否定的だった。②については、政策目標の第一とすることについては大いに賛意を示し、海外貿易の振興、賠償の緩和が不可欠であると付け加えていた。③については、これまでも日本政府にはかなりの範囲で自主性が認められており、経済力集中排除法・公職追放などの諸政策もワシントンの指令ほど厳しく施行されているわけではないと反論していた。

三月二〇日には、ドレーパー陸軍次官が日本経済の実情調査を目的とするジョンストン調査団の一員として再来日した。ケナンはドレーパーと会い、公職追放の緩和、経済力集中排除法の再検討、日本の安全保障問題に関し綿密な打ち合わせを行い、占領政策の転換について合意した。

G・ケナン（1904～2005）
外交官のちに外交史家．1947年国務省政策企画室長として対ソ連「封じ込め」政策を提唱．48年以降，2度来日し，対日占領政策でも非軍事化・民主化から復興への転換を主張．講和条約への道筋を作る

三月二三日にケナンはドレーパーとともに、マッカーサーとの三回目の会談に臨んだ。ドレーパーは占領軍の撤退に備え、日本に「小規模な防衛力」を持たせる必要があると説いた。しかし、マッカーサーは、再軍備は占領目的に反するだけでなく、それ以上に心から戦争放棄を誓っている日本国民は受け付けな

いだろうと述べた。マッカーサーは日本の経済復興については同意したものの、再軍備については強く反対していた。

帰国後ケナンは、日本の経済復興と政治的安定を焦点に定め、新たな対日政策を作成する作業（「アメリカの対日政策に関する勧告〈PPS28〉」）に着手した。以後、国務省の日本問題の主導権は極東局からケナン率いる政策企画室へと移り、対日講和はいったん中断する。

経済復興をめぐる論争――一挙安定論か中間安定論か

芦田内閣下の外資導入問題

一九四八年三月、芦田は首相就任にあたり、内閣の目標は新憲法に基づいて「平和と、自由と、正義の支配する世界を建設する」ことにあるとし、この実現のために政治路線として中道を歩むことを明らかにした。そして、内閣の重要な使命は経済再建と対外信用の回復にあり、そのために生産の増大を図りインフレを抑制し、経営の合理化と外資導入を行っていくと述べた。さらに労働組合の健全な発達を切に願うと述べ、勤労大衆に協力を求めた。

当時経済再建をめぐっては、インフレ抑制に主眼を置き一挙に安定実現をめざす「一挙安定論」と、引き続き生産増大に重点を置き、徐々にインフレ克服をめざす「中間安定論」との論争が展開されていた。

芦田内閣は、一挙安定論によるインフレ抑制を強行すれば倒産・失業が急増すると危惧し、中間安定論を選択する。そのために一九四九年度を初年度とする五ヵ年計画を立て、五年間に国民の生活水準を戦前の一九三〇～三四年に近づけること、必要な食糧や工業原料の輸入を輸出で賄えるような経済的自立を実現することを目標とした。ＧＨＱ経済科学局も、芦田内閣の考えに暗黙の支持を与えていた。

外資導入について、民主・社会・国協は、三党政策協定の冒頭で「外資の導入を期待し、生産復興並に国民生活の安定を期する」と掲げていた。また社会党左派も「当面の危機突破対策」で「外資の積極的援助を仰ぎインフレーションの根本的処理ならびに生産の戦前水準への回復をはかる」とし、野党民自党も支持していた。

経済団体は特に熱心で、経済同友会は三月末、「民間外資導入促進に関する意見」や同決議を芦田首相などに建議していた。経団連も「〔民間外資の導入によって〕株式の過半数を占められる」との不安もあるが、経済復興のために必要であるとしていた。

労働団体では、総同盟が自力再建の必要を認めながらも、それには限界があり、生産復興の「誘い水」として外資導入を主張した。対して共産党と産別会議は、外国資本や日本の独占資本を利するものであり、日本の資産が外国資本の支配下に置かれ、受け入れのために行政整理や企業整備による首切りが行われると、外資導入に強く反対した（『経済復興と戦後政治』）。

経済再建の方途として外資導入（ガリオア資金、エロア資金、回転資金といった政府借款と、まず、極度のインフレの収束を図る必要があったからである。
民間投資を指す）への期待が高まったが、スムーズに進展したわけではない。そのためには

三月闘争とマーカット覚書

発足間もない芦田内閣は、全官公の労働攻勢、いわゆる「三月闘争」に直面した。三月一一日、政府は各官公庁労働組合に、前内閣が決定した「二九二〇円ベース」の承認を求めた。反共産党系が主導権を握った国労は一〇％の上乗せを得て受諾したが、産別会議傘下の全逓などはこれを拒否した。

三月一五日、全逓は政府の通告に対する「闘争宣言」と「声明書」を発表し、「歴史的な一大闘争」を予告した。そして一八日には、二三日を期して一斉に二四時間ストライキに突入するよう各地域協議会（地域組織）に指示し、翌一九日「スト宣言」を発した。二五日以降各地でストライキが始まり、三一日にはゼネストを行う準備が進められた。

芦田内閣に事態収拾の能力はなく、三月二九日にマーカット経済科学局長が、今回の全逓のストライキは二・一ストに際して出されたマッカーサー元帥の声明の条項に該当する旨の覚書を手交した。一年前と同様、ストライキはGHQの力によって収拾されたのである。

四月一日に芦田は、衆議院外務委員会で、一九四七年六月アメリカで成立した公務員のスト禁止などを含むタフト・ハートレー法のようなものの立案を示唆し、労働運動の規制の必

要性に言及することになる。

経済復興会議の解散——労働運動の分裂、資本の攻勢

安本とともに片山内閣を支える柱だった経済復興会議も、一九四八年に入ると事実上休止状態に陥っていた。経済復興会議の労資協調路線もこののち、労働戦線の分裂、外資導入を主張する資本の攻勢を受けて瓦解していく。

産別会議内部では、共産党系と反共産党系の対立が深まりつつあった。一九四八年一月一三日には、総同盟が「組合民主化運動」を提唱し、国鉄・全逓・放送・日通・電産、またその他の中立組合のなかに湧《わ》き上がりつつある反共産党運動にエールを送った。二月には、細《ほそ》谷松太《やまつた》産別会議事務局長らを中心に、共産党支配の排除を説く「産別民主化同盟（以下、産別民同）」が結成された。六月末には総同盟が、「共産党のサウンドボックス化した全労連にこれ以上とどまることに意義はない」として、全労連から脱退した。ここに労働運動は、産別会議、総同盟、民同の三派に分かれることになる。

経済界もまた、外資導入問題をきっかけに攻勢に転じた。三月、経済同友会は「民間外資導入促進に関する意見」で、資本尊重の立場を打ち出し、労働組合の行き過ぎに対抗する姿勢を示した。四月に入ると、経団連も外資導入、国際経済への参加を控えて、企業の整備・合理化が急務となったとの声明を出した。さらに同月には、「経営者よ正しく強くあれ」を

スローガンに、労務対策を主要な目的とする日本経営者連盟（日経連）が発足した。こうしたなか、四月末には、停滞していた経済復興会議は事実上解散する。

芦田内閣は片山内閣と同じ「改革派」連合として出発しながら、労資の対立のなかに引き裂かれ、その協調的性格を薄めていった。

第二国会――与党の亀裂

芦田内閣はGHQの介入により三月闘争を乗り切り、いよいよ国会に臨むことになった。しかし、内閣成立後、野党民自党は最大多数党として衆議院の解散を要求する構えをみせ、議員たちは浮足立っていた。四月三日には、ホイットニー民政局長が「衆議院議員が本会議に出席せず、ために議事進行に必要な定数すら時に困難になったことにいよいよ関心を深めざるを得ない」（『吉田茂＝マッカーサー往復書簡集』）という内容の書簡を芦田に送り、解散を否定、梃子入れを図った。かつて片山内閣を「傀儡《かいらい》」と評した芦田が民政局の介入に頼るようになったのは皮肉である。

国会は本予算編成をめぐって、冒頭から社会党左派の主張する「軍事公債利払い停止」問題をめぐる与党内の対立に悩まされた。三党協定では、社会党左派はこの支払いの停止を要求し、民主党がこれに強硬に反対したため「停止的処理」という曖昧な表現でまとめられていた。これを予算で具体化するにあたって対立が再燃したのである。苫米地義三《とまべちぎぞう》官房長官が軍事公債利払いの一年延期案を出し、ようやく収拾する。

しかし、新たな二つの問題が国会での予算審議をさらに停滞させた。西尾末広の土木献金問題と、鉄道・通信料金の値上げ問題である。特に後者は、片山内閣を崩壊させた因縁の問題だった。政府は旅客貨物運賃三・五倍、通信料金四倍値上げを実施することを閣議決定していたが、これに対し社会党は運賃二倍、民主党は旅客運賃二・五倍、貨物運賃三・五倍、国協党はそれぞれ二・五倍、四倍とする案を提出するなど、与党の足並みもバラバラであった。

六月二九日、マッカーサーは芦田宛書簡で予算案の国会審議を急ぐようにと指示し、芦田を支援した（『芦田日記』同日）。三〇日に民主・社会・国協の三党首が会談を持ち、貨物運賃は原案通り三・五倍とするが、旅客運賃は二・五五倍に修正する。予算案は七月二日、黒田寿男ら社会党左派の反対もあり、衆院予算委員会は一票差で否決したが、本会議で可決され、四日参院を通過成立した。

マッカーサーの支援を得て、七月五日第二国会はようやく閉幕した。だが、社会党から黒田寿男ら六名が脱党（同年末、労働者農民党を結成）、民主党からも六人が離党し、連立政権の基盤はさらに弱まった。また閉会直後、西尾は国務大臣、社会党中央執行委員を辞した。芦田の西尾への信頼は変わることはなかったが、芦田は社会党内の大きなパイプを失った。

第二国会が閉幕した七月五日、三木国協党委員長が同党議員総会で「国協党としては保守的な政策ではなく、計画経済的な行き方をすべきであり、方縦《ママ》な資本主義的方向には反対する。国協党は立党の精神からいっても保守勢力と社会党急進派との中間を行く」べきであるとして、「中央政治連盟の結成」を呼びかけた（『朝日新聞』七月六日）。翌六日に芦田は、民主党議員総会で「中央政党」を検討すると述べこれに応じた。「中央党」構想の再燃である。

他方、社会党では左派を中心に下野論が高まり、連立維持を主張する右派との溝を深めていた。七月一八日、片山は遊説先の仙台で、「社会党としてはこれ以上現在の連立政権に踏みとどまることは、政局を混乱させるばかりであり、社会党のためにもならない」と前置きして、「八月末に開かれる臨時国会が開会されるとまもなく議会解散を主張したい」と語った（『朝日新聞』七月一九日）。

この間、民自党総裁の吉田は自信を深めつつあった。首班指名で一敗地にまみれた吉田であったが、「マッカーサーは総司令部がいかなる政党をも支持していないことを保証した」（POLAD, No.431, 七月一〇日）と民自党を鼓舞した。

神戸朝鮮人学校事件——占領下初の非常事態宣言

国会が予算をめぐって紛糾を続けていた一九四八年四月下旬、朝鮮人学校の閉鎖問題に端を発し、占領軍の武力介入を招いた神戸朝鮮人学校事件（阪神教育闘争）が起こった。

ＧＨＱは戦後、「初期の基本的指令」で在日朝鮮人を「解放民族」とする立場から朝鮮本国への帰国を奨励する一方で、「日本人」ではないが「日本臣民」として「必要に応じて敵国民として扱われるべきである」と曖昧な態度をとっていた。こうしたGHQの対応のなか、南北に分かれた母国の政情への不安もあり、約六〇万人の人びとが日本に残っていた。この間、半島情勢を受けて、在日朝鮮人団体は共産党系の在日本朝鮮人連盟（朝連）と民族主義派の在日本朝鮮居留民団（民団）の二つに分かれた。

一九四六年三月にGHQは、在日朝鮮人は日本の法律の適用を受けなければならないとの声明を出した。翌年一〇月には、朝鮮人学校教育は文部省の指示に従わなければならないとした。四八年四月に文部省は朝鮮人学校の閉鎖命令を出し、朝連への圧迫を強めた。これに対し、在日朝鮮人は母国語を封じ民族教育を抑圧するものであるとして、各地で反対運動を起こす。その拠点の一つが兵庫県だった。

四月一〇日の兵庫県知事の閉鎖命令に対し、二四日になり数千人の在日朝鮮人が県庁周辺に集合し、代表が知事らを軟禁して交渉を行った。その結果、神戸市内の三朝鮮人学校閉鎖命令が撤回され、逮捕されていた朝鮮人七〇人も釈放された。

ところが、神戸軍政部はこうした行動を占領政策への公然たる挑戦とみて、同日深夜、神戸基地司令官の名で占領下唯一の「非常事態宣言」を出し、アイケルバーガー第八軍司令官が来神、鎮圧にあたった。日本の警察も動員され、一七三二人を逮捕、一三六人を軍事裁判にかけ、九名に最高重労働一五年を科した。

GHQは朝鮮人学校が共産主義教育を行っているとして警戒を強め、また、この事件を南朝鮮の選挙を混乱させる企てとみていた。周知の通り、日本降伏後、朝鮮半島は三八度線を挟んで南北に分裂していた。米ソ両国は、分断はあくまで暫定的なものであるとして、統一政府をつくる話し合いを続けていたが、一九四七年末には完全に行き詰まっていた。ソ連がアメリカの提案になる南北統一選挙を拒絶した結果、国連総会は、国連監視のもと南側だけで選挙を行うことを決議し、その選挙が五月に予定されていたのである。

一九四八年五月一〇日、南朝鮮で単独選挙が行われ、八月には李承晩《イスンマン》が大統領に就任し大韓民国が成立、九月には金日成《キムイルソン》を首席とする朝鮮民主主義人民共和国が成立、南北分裂が固定化した。

朝鮮人学校事件以降GHQは、集団行進、集団示威運動（デモ活動）を規制する公安条例制定を推進するとともに、団体等規正令によって朝鮮人団体への弾圧を強めていく。

経済復興のために――労働政策の修正

賃金統制――ドレーパーの宿題

一九四八年三月に、ドレーパー＝ジョンストン使節団は日本経済の実情についてマッカーサーと協議するために来日した。このとき、ジョンストンは栗栖安本長官に「物価統制と共に賃金統制を行わずに経済復興は可能か」と問いかけた。

この頃の経済政策は、新しい物価体系をつくり、それに賃金ベースをマッチさせ、経済の均衡と安定を作り出すものだった。しかし、実際は公定価格を決めても、物価水準はヤミ価格で破られ、それに賃金水準が追いつこうとして賃上げが繰り返され、物価と賃金の「悪循環」が起こっていた。

四月初め、アルバー経済科学局価格統制配給課長は安本の都留重人に対し、「Draper mission との会談の結果、司令部としては必要とあればどしどし directive を使って政策を推進することになった。殊《こと》に労働対策の面では Draper mission の支配的意見は強硬なものがあった」と賃金統制の検討を伝えた（『都留重人日誌』四月七日）。ＧＨＱもインフレ抑制の一方策として、賃金統制を考慮し始めた。

五月一日、マーカット経済科学局長は日本政府に、労働者、経営者、政府それぞれの代表者からなる賃金安定委員会を設置して、賃金を直接統制するため業種別安定賃金を決めるよう指示した。マッカーサーもまた、五月一四日の芦田首相との会談で賃金統制の必要を説いた。芦田は「主義としては賛成だが実質賃銀を増すには食糧や衣料を考えねばならぬ」と応えている（『芦田日記』同日）。以後ＧＨＱでは、経済科学局を中心に賃金統制の検討を進め、並行して政府内でも検討が始まった。

賃金統制の方法については二つあった。政府が最高賃金を定めるなどの直接統制と、賃上げの財源となっている企業への融資や補給金を抑制する間接統制である。

他方で、経団連、日産協、日経連の経済三団体は、賃金安定対策懇談会を設け、六月二二日直接統制が望ましいとしながらも、現在の情勢では間接統制が適切であるとする建議書「賃金安定対策に関する要望意見」を提出した。こうした政治や財界の動きに対し、総同盟は賃金統制自体に強く反対していた。

ドレーパー＝ジョンストン報告とヤング・ミッション

ワシントンでは、日本経済の復興と自立に向けての条件づくりを整えつつあった。

一つは、賠償の緩和である。一九四八年五月には、ドレーパー＝ジョンストン報告書は賠償の額について、三月に出されたストライク報告書よりもさらに大幅な軽減をすべきだと勧告し、その額を一九四六年の二五％としていた（4-1）。経済界はこの勧告について、「ドレーパー報告は、日本経済の自立化を第一義的要請として、それを妨げない範囲で賠償問題の早期解決を図るという方針をとるに至った」と歓迎した（『経団連の二十年』）。

もう一つは、貿易再開の準備である。当時の貿易は国営で、GHQの管理下にあった。日本の貿易商が直接外国を相手に取引することはできず、輸出品は政府がいったん国内から買い上げて輸出し、輸入品は政府が買い取って国内に売りさばくことになっていた。しかも為替レートも一定でなく、取引のたびにレートが決まるというものだった。

五月のドレーパー報告公表から二日後、連邦準備制度理事会のラルフ・ヤングを団長とす

4－1　賠償案の変遷（1939年価格，単位は100万円）

		産業施設	軍事施設	合　計
ポーレー案	1946年11月	990	1,476	2,466
ストライク案	1948年3月	172	1,476	1,648
ジョンストン案	1948年5月	102	560	662

出典：中村隆英『昭和経済史』（岩波書店，1986年）を基に筆者作成

る「円レート政策に関する特別調査団」が来日した。六月、この調査団は報告書をまとめ、インフレの収束を図るうえでも、一九四八年一〇月までに単一為替レートを設定することをアメリカ政府に勧告した。報告は加えて、日本経済の迅速な安定を図るために、予算の削減、賃金の安定などが必要であると提言した。

だが、この報告を受け取ったマッカーサーは激しく反発した。ワシントンから頭越しに指示が出されたこともあったが、単一為替レートの設定は時期尚早であり、その時期は貿易と生産の水準が戦前水準に復帰するまで待つべきで、急激な政策変更は社会不安を引き起こしかねないと考えていたからである。折から西尾の献金問題が政権を揺さぶっており、民主・社会の連立内閣の首を絞めることになるこの報告書に乗るわけにはいかなかった。

七月一六日、マーカット経済科学局長は、ヤング提案の眼目である単一為替レートに触れることなく、栗栖安本長官に鉱工業生産の増強、配給制の強化、食糧増産などを求める「経済安定一〇原則」を提示した。一〇原則は、これまで日本政府が採ってきた対症療法的施策を列挙した「中間安定論」を黙認ないし追認したものだった。経済科学局はワシン

トンとGHQの一致した見解であると説明したが、日本側がそのバックグラウンドと含意を尋ねても十分な回答を得ることはできなかった（『渡辺武日記』）。

政令二〇一号

経済復興策をめぐってGHQとワシントンの考えが相違するなか、再び労働攻勢が強まりつつあった。政府と労働側は、全官公庁労働組合協議会（全官公）の手取り三七〇〇円への賃上げ要求に対する裁定、公務員法改正、賃金安定問題などのいわゆる「労働関係の三大問題」をめぐって対立していた。五月、政府は中立委員を加えた「調停委員会」の設置を提案したが、六月に入って全官公はそれを「紛争処理機関」であると反対し、民間並みの手取り五二〇〇円を要求し、物価改定反対、大衆課税撤廃、首切り行政整理反対、最高賃金制策定反対を申し入れた。

政府の三七〇〇円回答に対し、組合側は物価が二・五倍、運賃が三・五倍、通信料金が四倍になっており、三七〇〇円では実質的に一四%の減収とし、「亡国芦田内閣即時退陣」の主張を掲げる。かくして、六月二三日に始まった政府と全官公との交渉は七月三日に決裂、賃金交渉は七日に中央労働委員会（中労委）に提訴され、一四日から調停に入った。

そこへ、七月二二日公務員の争議権を制限する芦田首相宛のマッカーサー書簡が出される。このマッカーサー書簡は、GHQの労働政策の転換を示すものと言われる。しかし、マッカーサー書簡は、帰国中に断りなく争議権の制限条項を削られたことに激怒したフーバー民政局公務員課長の巻き返しの結果であり、突然発せられたものではない。

フーバーは、公務員が雇用者である国民に対し、団体交渉で圧力をかけ、ストを行うことは非民主的であり、この点で公務員に与えられている権利は現状では共産主義勢力の活動を助長しているとしていた。他方、この団交権を奪う規程に猛然と反対したのが、キレン経済科学局労働課長だった。アメリカ労働総同盟出身のキレンは憲法で保障された労働基本権は公務員にも許されるべきであり、イギリスでも与えられている、また公共の福祉や国民主権を脅かすストはすでに労働関係調整法で禁止されていると反論した。

二人はマッカーサーを前に七時間あまり激論を交わした。課長クラスが、マッカーサーの御前で相まみえること自体異例のことだったが、結局、マッカーサーはフーバーに軍配をあげた。

ケーディス民政局次長はフーバーのアメリカ型公務員制度の導入に反対であったが、この度は動かなかった。彼はのちに「なるべくこの問題には巻き込まれたくなかった」と語っている（『日本占領』）。コーエン経済科学局顧問は、マッカーサーとホイットニーが承認した案に「勝ち目のない闘い」を挑み、上官の信用を失うほど、ケーディスは「愚か者」ではなかったと推察している（『日本占領革命』下）。

この公務員の争議権制限については、極東委員会でソ連や英連邦諸国の批判のみならず、アメリカ国務省などからも強い疑問が呈された。コーエンは、このマッカーサー書簡について「アメリカ民主主義に対する日本労働階級の支持が失われたのは、まさに一九四八年七月二二日がその始まりであった」と述べている（同前）。

七月三一日、芦田内閣はマッカーサー書簡を命令として受け取り、「『ポツダム』宣言の受諾に伴い発する命令に関する件（一九四五年九月二〇日に公布・即日施行）」にいうポツダム政令として「政令二〇一号」を公布した。それは公務員の団体交渉権、争議権を否定し、のちの公務員のスト権問題の淵源となった。

GHQの労働政策の変化

政令二〇一号をめぐり、組合の足並みは乱れた。共産党と産別会議は絶対反対を叫び、総同盟は政令の制定は共産党の闘争主義の結果であると攻撃し、抵抗はほとんど組織化されることなく終わった。渦中にあった国労と全逓を中核とする全官公も、共産党系と反共産党系の二つに割れ、反対の意思統一さえ困難だった。

一一月には、GHQは日本炭鉱労働組合（炭労）および全日本石炭産業労働組合（全石炭）など炭鉱労働者の賃上げ要求に対し、赤字融資、物価改訂、補助金支給を禁じた「賃金三原則」を示した。賃上げを、企業融資・補給金など財源面から抑制しようとしたのである。

吉田首相は、復興金融金庫からの赤字融資を含め、「公定価格の改訂、つまり引き上げを許して企業の収入を殖やし、また場合によっては国庫からの補助金で切り抜けさせるといった手段も用いられた。これらのことは、当時としては已《や》むをえなかったのであるが、それが賃金と物価のいわゆる悪循環を招く」として、この賃金三原則を「わが意を得たり」と歓迎した（『回想十年』第三巻）。

沖縄の経済復興――日本経済からの分離

一九四八年二月の市町村長選挙

沖縄で日本国憲法は施行されず、民法・労働法その他の法律も施行されることなく、旧法の下に置かれ、軍政府支配の下にあった。しかし、政治・行政面では緩慢ではあるが進展がみられた。本土から一年遅れて実施された一九四八年二月の市町村長選挙（一日）と市町村議員選挙（二八日）である（任期は一九五〇年予定の選挙まで）。投票率は男性八八％、女性八一％であった。

結果は、多くの市町村が無投票で、議員選挙で五五市町村中二七、市町村長選挙でも二一の村では選挙が行われず、現職が無投票で選ばれた。政党の当選者は五五人の市町村長のうちわずか六人（沖縄人民党三、沖縄民主同盟三）、議員レベルでも一一九二人のうちわずか四人にとどまり、女性議員も四人であった（『琉球列島の軍政』）。

しかし、『琉球新報』の前身である『うるま新報』（二月六日）は「市町村長選挙終わる／

俄然《がぜん》新人に有利」の見出しのもと沖縄本島の選挙について、「本島四三ヵ市町村の中《うち》旧あるいは現職の村長はわずかに一三名で残る三〇名は新顔の市町村長が登場することとなった」と伝えている。実際那覇市をはじめ六市町村で新人が現職を破り、無投票の一九村でも一〇村で新人が当選するなど、指導者の交代がみられた。なかでも教育界出身者が二〇市町村を数えたことが特徴的であった。

市町村レベルでの選挙の実施は、沖縄でこののち群島レベル、すなわち知事や議員の公選実施を求める動きを強めた。四月一二日には在野の名士や市町村長などが集まり、自治確立に関する決意を文書で表明する。これに対し軍政府は五月二九日に、「琉球列島における統治の主体」という文書で、「軍政府が琉球列島を統治する限りは恒久的民主政府も、完全なるデモクラシーも確立することはできない」とあらためて強調した。

悪性インフレの解消

一九四八年に入ると、沖縄の米軍政府の経済政策は、住民を飢餓と不安から守る救済政策から、復興に力点を置いたものに転換していく。その最大の目的は、一九四七年から四八年にかけて進行した悪性インフレの解消だった。

五月、フィリピン・ナショナル銀行をモデルに、琉球銀行が設立され、琉球銀行は、これまで別々の軍政によって分断されていた沖縄、奄美、宮古、八重山の四群島の経済を統合する中央銀行的性格を持ち、カネの流れを規制し、企業に対し合理的融資を行うために設けられたものだった。七月には、法定通貨がB円軍票に統一され、これまで占領経費の一部として日本政府の責任とされてきた発行責任をアメリカが担うことになる。

だが人びとの日常生活は、なお米軍の配給物資に大きく依存していた。八月一七日、軍政府から突然市町村売店閉鎖指令、すなわち配給停止の指令が出された。市町村が割り当てられた数の軍作業労働者を供出できないことに対する米軍の報復であった。配給停止という強硬手段によって、労務供出を迫る行動は、日本軍による戦時動員を思い出させた。指令は二六日に撤回されたが、住民生活に打撃を与え、軍政府に対する不信を招いた。

一一月に入ると、自由企業制が復活し、企業の自由取引、沖縄、宮古、八重山および奄美四群島相互の自由交易が認められた。列島間貿易は琉球列島貿易庁が管轄し、民間業者による外国貿易も一切禁じられた。また、全琉球を一円とする経済圏はつくられたが、この時期に工業などの生産業は育っておらず、交易する商品はほとんどなかった。

軍政府は沖縄経済の復興を、日本経済から分離することを前提に、これまで四群島ごとにばらばらに行ってきた経済運営を全琉球によるものに転換しようとしたのである。

琉球軍政課の設置

一九四八年八月一日、極東軍司令部はフィリピン・琉球軍司令部から琉球軍司令部を独立させた。この結果、琉球軍司令部は直接極東軍総司令官マッカーサーの指揮下に置かれることになる。九月には、極東軍司令部内に「琉球軍政課」が設置され、J・ウェッカリングが課長に就任した。

ウェッカリングは、琉球列島の経済運営についてアメリカの政策に大きな転換が行われたことを発表するとともに、一九五二年までに自給自足体制を築くことを明らかにした。そのうえで琉球軍政課は復興政策の指針ともいうべき「琉球軍政府の任務」を発表した。同指針は、①沖縄を日本から完全に分離すること、②沖縄を単一の憲法下に統一し、③その下に四群島それぞれの自治体を置くこととした。それはアメリカ政府の公式決定を暗黙の前提に軍部が一足先に沖縄統治に乗り出すことを意味していた。

一九四九年一月、軍政府は配給物資の値上げと所得税の徴収を通告した。軍政府の狙いは、値上げによって通貨吸収を図り、過剰な日本円の流入によってもたらされているインフレを抑える一方、これまで物資販売代金に依存してきた市町村の財政構造を転換することにあった。しかし、値上げは民政府が危惧したように、米が六・三倍、小麦粉が九・一倍、大豆が二二・二倍になるなど、配給物資の価格に平均約一三倍の急上昇をもたらした。それは闇市場価格の暴騰を招き、市町村を、住民を混乱に陥れた（『沖縄 基地社会の起源と相克』）。

II ドッジ・ライン——日米「保守派」連合の形成

吉田茂の再登場

昭和電工事件

公務員からスト権を奪うことになった七月二二日付マッカーサー書簡は、結果的に崩れかかっていた芦田内閣を延命させた。この書簡をきっかけに、全官公の三七〇〇円ベースをめぐる争議は事実上解決し、解散ないし総辞職必至とみていた政党と世論も鎮静化した。九月一四日、社会・民主・国協の三党首会談は、臨時国会を三〇日間の会期で一〇月一日に召集するという方針を決めた。

だが、芦田内閣は長くは続かなかった。六月に発覚した昭和電工事件（昭電疑獄）が、政界に波及したからである。昭和電工は、戦後の農業復興に不可欠な肥料生産に携わっていたが、その際復興金融金庫（復金）から融資を受けていた。その審査の過程で、商工省・安本・復金の高官やGHQ係官に贈賄し、さらに事件が発覚すると、そのもみ消しのために与野党から外国人記者にまで賄賂《わいろ》をばらまいたという疑惑である。

九月に入り、捜査の手は官界・政界に及んだ。一三日には大蔵省の福田赳夫《ふくだたけお》主計局長（のち首相）、つづいて一八日に大野伴睦自由党幹事長が、三〇日には栗栖赳夫安本長官が逮捕される。現職の閣僚が逮捕されるに及び、芦田内閣は一〇月七日総辞職した。ただし、昭電疑獄には謎が多く、裁判では栗栖以外の政治家、福田といった官僚も無罪となった。

山崎首班工作――民政局対吉田茂

芦田内閣の倒壊が確かになると、民政局は再び吉田内閣阻止に向けて動き出した。そのためにホイットニー局長とケーディス次長が担ぎ出したのが民自党の山崎猛《やまざきたけし》幹事長であった。二人の意を受け、ウィリアムズ国会課長は、民自党の増田甲子七《ますだかねしち》、社会党の鈴木茂三郎らを呼び、山崎首班への協力を要請した。

ここから吉田の反攻が始まる。G2や外交局（政治顧問部の後身）などGHQ内で民政局と対立する部局の力を借り、一〇月九日マッカーサーとの会談に臨んだ。

この二人の会談については記録がなく、吉田はここでマッカーサーから「理解と激励」を得たというが、実際のところはっきりしない。おそらくマッカーサーはいつもと同じように「頑張ってください」程度は言ったと思われるが、吉田にとってはそれで十分であった。

つづいてマッカーサーは国協党の三木武夫に会い、後継首相になるよう勧めたが、三木は第四党が政権の舵取りをすることは難しいと応じなかった。

結局、民政局による強引な工作は山崎が自ら議員を辞職したことで破綻し、一〇月一九日に第二次吉田内閣が成立した。この山崎の辞職について、ウィリアムズは興味深い一文を残している。

山崎の〔議員辞職という〕行動は武士道の教義を持ち続けるもので、それは侍がもし彼の主人と支配者に何ほどかの困惑を招くなら腹切りを行うことを要求する。〔中略〕政治的領域において、これは占領開始以来の民主政治のもっとも厳しいテストである。もし諸政党がこの決定の時において、山崎を見捨てるなら、世界はなお四七浪人〔赤穂浪士〕の精神が至高であると知るだろう。　（『GHQ民政局資料』3）

マッカーサーは、吉田の首班指名を「あまり喜んでいるふうには見えなかった」と言われる（『マッカーサーと吉田茂』下）。

他方で、吉田内閣成立から二日後の一〇月二一日から四日間、総同盟第四回大会が開かれた。大会では、左派が求める西尾末広中央委員の除名が決定され、会長に松岡駒吉が選ばれたものの、総主事に高野実が選ばれるなど左派の進出が目立った。また、一一月中旬開かれた産別会議第四回大会では、共産党の組合支配排除を要求する民同派と、民同派を反労働者的とする共産派が衝突し、民同派が大会会場から退場し、労働戦線は分裂した。

解散権論争——吉田茂、民政局との最後の闘争

第二次吉田内閣は衆院比較第一党の少数党内閣であり、吉田は政権の安定に向けて、早期の解散・総選挙を策した。他方で野に下った民主・社会・国協の「中道三派」は、解散の引

き延ばしを図った。

吉田内閣はその前に、芦田内閣が残した国家公務員法の改正と官公吏の給与改定のための補正予算を編成しなければならなかった。こうして公務員法改正と新給与法案は、与野党の駆け引きのなかに投じられた。

臨時人事委員会は、官公庁労組の七三〇〇円ベースの要求に対し、六三〇七円の裁定を下し、政府に勧告した。政府は財政上の困難を理由に、五三〇〇円ベースの給与改定を含む予算案編成で応じた。これに対し、野党は新給与法案の通過が公務員法改正の前提であるとして、解散の引き延ばしにかかった。

また解散をめぐっては、与野党間でいわゆる「解散権論争」も展開された。野党は、解散は憲法六九条が定める内閣不信任案可決によってのみ行われるべきであると主張し、政府は天皇の国事行為を定める憲法七条により解散権は内閣にあると応戦した。政府と野党は、それぞれGHQの支持を取りつけるべく精力的に工作した。吉田は「今国会は国家公務員法と関係法案を審議するためにのみ召集され、これらの法案が可決されれば衆議院が解散されることは、事前に最高司令官の承認を得ている」(『マッカーサーの政治改革』)とマッカーサーの権威を借り、野党を牽制した。

これに対し、ホイットニー民政局長は最高司令官の使者として、公務員の給与を改善しないまま国会を解散することは許されず、また国会解散を憲法七条によって行うことは、天皇を政治的に利用しようとするものであるとし、憲法七条による解散を封印しようとした。食い下がる吉田に対し、給与法案が成立した場合、野党が憲法六九条に基づく不信任案を可決し、国会を解散することには反対しないと告げた。

ウィリアムズによれば、「この時期ＧＨＱは日本の内政にかつてないほど干渉した。というのも、連合国最高司令官がワシントンの命令と衝突したこと、少数与党の政府が過半数を占める野党勢力を相手にしなければならなかったこと、民政局と経済科学局との衝突、ホイットニーが吉田首相と反《そ》りが合わないことなどが干渉の原因となっていた」という（同前）。

だが、民政局に昔日の力はなかった。一一月三〇日に国家公務員法および関連法案が成立したが、給与法案をめぐっては、民政局が野党を支持するなか、経済科学局が政府を支持する構図となった。結局、マッカーサーは経済科学局を支持し、給与法案は可決され、一二月二三日、野党の不信任案提出に対して憲法六九条による解散が行われた。

一二月初め、ケーディス民政局次長が帰国した。離日についてケーディスは、一つに軍歴七年に及びそろそろ元の弁護士に戻りたかったこと、もう一つはワシントンでの占領政策の転換を調査するためだったと述べている。

占領政策の転換——NSC13／2

新たな占領政策の「勧告」

一九四八年一〇月七日——第二次吉田内閣成立前夜、アメリカの国家安全保障会議（NSC、National Security Council）は「アメリカの対日政策に関する勧告」（NSC13／2）を承認した（非公表）。ここに国務省政策企画室長ジョージ・ケナンの主張は結実し、「初期の基本的指令」に代わる新たな占領政策が確定する。

NSC13／2は、連合国間の見解の相違およびソ連の「侵略的な共産主義拡大政策」によりもたらされた重大な国際情勢に鑑《かんが》み、「現時点においては平和条約を推進すべきでない」と対日講和の延期を示唆していた。

さらに、将来結ばれるであろう条約は「可能な限り簡潔で、包括的で、非懲罰的」でなければならないとしていた。そして、対日政策の重点を改革から経済復興へと明確にシフトさせる。私企業の強化を図り、そのための前提条件として、厳しい労働、最小限の労働争議、各種の耐乏措置、財政均衡を通じてのインフレ収束を挙げた。

なお、沖縄の処遇については、「本件に関する勧告は別途に提出する」と留保された。軍部がアメリカ政府予算から恒久的な基地建設や住民の経済復興費を支出する条件が整っていないとしたからである。

ここにアメリカ政府は、戦後初めて、正式に日本の経済と安全保障について、長期にわたってコミットすることを決定したのである。ただこの時点で、講和後の日本の安全保障にアメリカが単独で関与することについて、ケナンも国務省も慎重であった。

ドレーパー陸軍次官を通じて、一二月一日NSC13／2を知らされたマッカーサーは強く反発した。一八日次の返信を送り返した。

貴殿〔ドレーパー〕からの通知の主旨は理解できない。NSC13／2に採択された政策のどれとして、米極東軍司令官の責任の範囲に入るものはない。またすでに指摘したように、連合国最高司令官の国際的な権威は一九四五年の〔極東委員会の設置に合意した〕モスクワ協定に基づいており、極東委員会が決めるか、それとも特定の限られた条件の下でアメリカが中間指令として伝達するかした連合国の政策のみに従うことになっている。私への極秘情報として伝えられているが、これを実施に移せば、極東委員会の指令と矛盾を生じるのはほぼ確実である。

マッカーサーは、米極東軍司令官としてではなく、連合国最高司令官として、極東委員会を盾に本国政府の指令に従うことに抵抗したのである。

経済安定九原則――アジア版マーシャル・プラン

マッカーサーの抵抗を受け、ワシントンは一九四八年一二月一八日、「中間指令」のかたちで「経済安定九原則」を日本政府に実施させるようGHQに伝えた。それは、段階的にインフレの克服を図る「中間安定論」を進めてきた経済科学局ニュー・ディール派に対する痛烈なアンチ・テーゼであり、ワシントンが「外から日本に押しつけた」ものだった（『日本占領革命』下）。

九原則は、NSC13／2のうち経済復興に関する部分を具体的な政策として列挙したものだった。①政府歳出の削減による均衡予算の達成、②徴税の強化、③金融機関融資の抑制、④賃金安定計画の立案、⑤物価統制の強化、⑥外国貿易・為替の統制強化、⑦配給制度の効率化、⑧国産原料・製品の増産、⑨食糧統制の効率化である（4-2）。

九原則は、日本側が拒否することができないものであった。憲法と異なり、審議も許されなかった。アメリカ政府は九原則をマーシャル・プランと同等の経済安定計画と位置づけ、援助の条件として、日本政府にマーシャル・プランを受け入れた諸国と同じ計画を実施するよう求め、日本だけを例外扱いしないとした。しかし、マーシャル・プランによってヨーロッパ復興が進んだのに対し、日本が唯一の工業国であるアジアでは、全体の復興を促すことはなかった。結果的には、マーシャル・プランがドイツを要にヨーロッパ全体の復興と統合を意図し成功したのに対し、アジアでは、日本とアメリカとの結びつきを強固にする復興となった。

また、ワシントンは九原則に基づく経済安定計画を実行するために、日本政府を監督するのがマッカーサーの責任で、それ以上のことをしてはならないと釘を刺した（『日本占領革命』下）。マッカーサーは九原則によって、きわめて重要な経済の運営の支配権を失ったの

4－2　ヤング勧告，経済安定10原則，経済安定9原則の要点

ヤング勧告（1948年6月12日）
① 信用の量的制限
② 予算支出の20%削減
③ 徴税の強化
④ 原料割当の改善
⑤ 賃金の安定
⑥ 外国為替統制の日銀移管
⑦ 食糧集荷の促進
経済安定10原則（1948年7月16日）
① 鉱工業生産の増強
② 割当・配給制の強化
③ 食糧供出の強化
④ 公定価格の維持
⑤ 賃金の安定
⑥ 徴税の強化
⑦ 租税負担の公平
⑧ 特別会計の赤字縮小
⑨ 外国為替統制の確立
⑩ 信用統制の強化
経済安定9原則（1948年12月18日）
① 政府歳出の削減による均衡予算の達成
② 徴税の強化
③ 金融機関融資の抑制
④ 賃金安定計画の立案
⑤ 物価統制の強化
⑥ 外国貿易・為替の統制強化
⑦ 配給制度の効率化
⑧ 国産原料・製品の増産
⑨ 食糧統制の効率化

である。占領政策の決定権はワシントンに移り、マッカーサーの占領からアメリカの占領へと変わる大きな転機となった。

東京裁判の終結

一九四八年一一月一二日、東京裁判は、A級戦犯二五名に対する判決を下した。東条英機・広田弘毅ら七名に絞首刑が、木戸幸一・平沼騏一郎ら一六名に終身禁固、東郷茂徳・重光葵両元外相にそれぞれ禁固二〇年と七年の判決が言い渡された。松岡洋右《まつおかようすけ》、永野修身《ながのおさみ》は病死し、大川周明《おおかわしゅうめい》は発狂して判決の場にいなかった。

翌日の『朝日新聞』は、裁判について「二五被告個人の責任を追及すると同時に、間接的に、積極的にあるいは消極的に、かれらのいわゆる『国策』を支持し、またはこれに追随した国民一般に迫るものである」と、戦争について考え直す機会とした。また『読売新聞』も、「もし、わが国民一般が『勝てば官軍、敗ければ賊軍』という観念から抜けきれず、敗れたから裁かれたのだというように考えるならば、民主的な日本はいつまでたっても再建されないのである」と記していた。

吉田茂によって衆議院が解散された一二月二三日、東条ら七名の死刑が執行された。そして絞首刑が執行された翌二四日、岸信介ら第二次A級戦犯容疑者たちは釈放され、ここに敗戦後の最大の課題の一つであった戦犯問題が終結した。

第三次吉田内閣の成立

一九四九年一月総選挙

一九四九年一月一日、マッカーサーは恒例の年頭声明で、「いまや日本復興計画の重点が政治から経済に移行した」と告げ、民主化の終了と「経済安定九原則」の実施を強調し、来たる総選挙を九原則を実施する政権を作り出す機会として重視した。

一月二三日、第二四回衆議院総選挙が行われた。選挙は経済復興問題――九原則の実施を担う政権はいずれかをめぐって争われた。民自党は生産第一主義のもと、減税と統制の撤廃、公共事業費の増額、行政整理を公約に掲げた。民主党は外資導入のため法人税の減税を説く一方、石油産業の国有化を除いて重要産業の社会化に反対の意向を示した。社会党は減税、最低賃金制の確立、重要産業の社会化を掲げた。

投票率は七四％。選挙前から民自党の優位は伝えられていたが、結果は大方の予想をはるかに超えた。与党民自党は二六四議席を獲得、戦後初めて単独で過半数を制した。民主党は九〇から六九へ、社会党は一一一から四八へ、国協党は二九から一四へと中道三党は惨敗し、代わって共産党が四議席から三五議席へと躍進を遂げた。片山哲、西尾末広、一松定吉《ひとつまつさだよし》、竹田儀一《たけだぎいち》ら閣僚経験者が落選した。経済情勢が好転しないなか、片山・芦田内閣の政治指導の拙《つたな》さ、相次ぐスキャンダルは、吉田の民自党に有利に働いた。この選挙で注目されたのは、民自党から佐藤栄作《さとうえいさく》、池田勇人《いけだはやと》、前尾繁三郎《まえおしげさぶろう》、岡崎勝男ら高級官僚が当選したことである。

マッカーサーは、「今回の選挙はアジアの歴史上の一危機において、政治の保守的な考え方に対し、明確な、しかも決定的な委任を与えた」と民自党の勝利を承認した。

選挙結果は、民政局のメンバーを落胆させ、帰国中のケーディスは失意のうちに再び日本に帰ってくることはなかった。ただ議席数の差に示されたほど、民意が大きく右に動いたわけではない。一九四七年四月に行われた前回の選挙で社会・共産両党合わせて八一七万余票だったが、今回は社会・社会革新・労農党・共産党の票を合わせると八一一万票弱であった。民政局のウィリアムズ国会課長の、「左翼内部でのみ、左への明確な揺れがあったにもかかわらず、転換は質的なものよりも表面的なもの」との評は的外れではなかった。そして、この選挙結果を受けても、なお民政局の社会党への支持姿勢は変わらなかった。

政治の二極化

総選挙の結果は、GHQに日本政治の二極分解を示す兆候ではないかとの危惧を与えた。シーボルト外交局長は、民自党を「極右」とみなし、極右と極左を排した穏健なリベラルと保守の二大政党間で政権交代が行われることが健全な日本政治の姿であると考えていた（*FRUS* 1949, 7 - 2）。

第三次吉田内閣の成立を前に、外務省は以下の報告を作成している。

「マ」元師は屢次《るじ》の声明に於いて中道政治を擁護しており、〔中略〕「神聖な意味において民主政治が左右両極端を排した中道政治である」という「マ」元帥の信念は少しも変わっていないものと思われる。

言葉を換えて謂《い》えば「マ」元帥としては、〔中略〕日本政治における幅の広い中道が望ましいものと構想しており、従って、その中に従来、極右反動と称されてきた日本の既存一政党を含むことを必ずしも拒否しているものではない。この意味において、日本の二、三の政党が唱えてきた中道政治の内容が、「マ」元帥により構想されているそれと必ずしも一致したものであるとは云い難いのではあるまいか、と思われる。

（終戦連絡事務局「マッカーサー元帥の諸声明に見られる中道政治」一九四九年二月一日）

第三次吉田内閣の成立

過半数を制した民自党ではあったが、吉田は保守合同を視野に入れ、より一層の安定を求めて民主党に連立を働きかけた。民主党は昭電事件で総裁を退いた芦田に代わって、犬養健が総裁となっていたが、党内は犬養ら自・民連立派と芦田ら野党派が反目しあっていた。芦田は「吉田内閣が絶対多数をとったのだから、それで当分やるのがよい。然しどうせ行き詰った時、後はどうするのだ」と連携には否定的であった（『芦田日記』一月二四日）。

一九四九年二月一六日、第三次吉田内閣が成立した。民主党連立派から二人（稲垣平太郎《いながきへいたろう》商工相、木村小左衛門国務相）が入閣し、三月七日民主党は分裂した（連立派四一名、野党派六六名）。また、吉田は組閣において長老級の党人を排し、官房長官に増田甲子七を、蔵相に初当選の池田勇人を、政務調査会長に同じく初当選の佐藤栄作を配するなど官僚出身者を重用し自前の内閣をつくり上げた。

吉田は内閣発足直後の記者会見で、経済安定九原則の断行、これと関連する行政機構の改革、警察力の強化を約束するとともに、防共政策として特にアメリカの非米運動を参考にして「非日活動委員会」の創設に触れている。そして、社会党左派と共産党を排除したうえで、外交政策・経済政策で一致するイギリスの保守党と労働党をモデルに、二大政党の育成を説いた（『読売新聞』二月一七日）。

四月四日には、吉田は軍国主義団体の解散を命じた勅令一〇一号を改正して「団体等規正令」を公布、指定された団体メンバーの登録を義務付けた。それは禁止されるべき団体を「極端な国家主義的」団体だけでなく、「反民主主義的団体」の取り締まりへと、対象を明らかに右から左へとシフトさせたもので、具体的には三五議席を獲得した共産党対策だった。共産党はこれに対して争う姿勢をとらず、有力党員の登録で応じた。だが、この登録がのちのレッド・パージのデータとして使われることになる。

ドッジの来日――一挙安定へ

「新しい経済の帝王」

一九四九年二月一日、ジョセフ・ドッジが「経済安定九原則」の実施を監視するために、ロイヤル米陸軍長官とともに来日した。第三次吉田内閣成立前後、民主党との連立をめぐって紛糾していた頃である。

ドッジはデトロイト銀行頭取を務め、占領下のドイツの通貨改革で辣腕を振るったことを買われ、トルーマンからGHQを飛び越えて采配を振る公使という資格を得ていた。古典的な自由主義経済論者として知られるドッジは、「新しい経済の帝王」として日本で君臨することになった（『日本占領革命』下）。

J・ドッジ（1890～1964）
銀行家．占領下ドイツで財政顧問として通貨安定に尽力．1949年2月にGHQ財政顧問．超インフレ下の日本へ．経済安定9原則を具体化した総予算均衡，単一為替レートなどの「ドッジ・ライン」を提示

二月五日、大屋晋三《おおやしんぞう》蔵相に随行して、初めてドッジに面会した宮沢喜一《みやざわきいち》は、ドッジから「今日本国民に一番必要なのは一言でいえば耐乏生活、今の日本政府や占領軍に一番必要なのは、国民に耐乏生活を押し付ける勇気だ。夢は捨ててリアリズムに立ち帰れ」と聞かされる。このとき宮沢は、「これは大変な爺さ

んが来た」との印象を抱くと同時に、ワシントンの風向きの微妙な変化を感じ取った。

マーカット〔経済科学局長〕という置物と、その下のニュー・ディーラー達には、日本の財政当局はその時までいじめ続けられていた。財政当局の人びとは、出来るだけ金を出すまいという根性を長年の習性で養われて来ている方だから、極端にいえば、物価の安定とか賃金引上とかいうことよりは、まず財政の緊縮を主張したいところだった。それを何年かニュー・ディーラー達に妨げられて来たうっぷんを、ここでドッジという、未知ではあるが、頑固らしい年寄りの力を借りてやってみようという気持が無かったわけではないのである。少なくとも、ニュー・ディーラーの舟に乗るよりは、ドッジの舟の方が乗り易いという程度の共感はあった。（『東京―ワシントンの密談』）

三月七日、ドッジは記者会見で、「日本経済は二本の竹馬の足の上に乗っている。一本はアメリカからの経済援助であり、もう一本は財政からの大量の補助金である。この竹馬を取り外さなければならない。あまり高い竹馬に乗っていると、転んで首の骨を折るおそれがある」と語った。そして、①一般会計のみならず特別会計を含む総予算の均衡、②補助金の全廃、③復興金融金庫の新規貸出の全面的停止を要求した。

日本経済の自立と安定を目的とする、ドッジによって実行された財政金融引き締め政策＝

ドッジ・ラインの始まりである。

ドッジ・ラインと吉田内閣

ドッジ・ラインの核心は、「経済安定九原則」のなかでも均衡予算にあった。ドッジは、吉田内閣が提出した「一九四九年度予算案大綱」（二月二三日閣議決定）を拒否し、三月二二日にGHQ経済科学局に作らせた独自の予算案を日本政府に内示した。それは民自党の公約を完膚なきまでにたたき潰すものであった。公共事業費は希望していた約一〇〇〇億円が半分に削減され、所得税減税や取引高税廃止は取りやめとなり、鉄道・郵便料金も五、六割の値上げとなった。

池田勇人蔵相は、ドッジと与党民自党の強い突き上げの板ばさみとなり、一時は辞職も覚悟した。吉田はドッジ・ラインという逆風を、憲法と同様に「大局のためにこれを堪え忍ぶ」とし、池田を励ました。吉田は、ドッジと旧知の銀行家加納久朗《かのうひさあきら》宛三月一七日付書簡で、「ドッチ〔ママ〕氏所見に対しては一々尤《もっと》もと存、其ラインにて進行致候様当局に申遣わし置候」と送っている（『吉田茂書翰 追補』）。

野党もドッジ・ラインを表立って批判することは許されず、予算審議で「九原則」と民自党の公約違反を突く以上のことはできなかった。民主・社会両党は党内対立の処理に追われ、ドッジ・ラインへの対応どころではなかった。

ドッジの内示案が予算案として基本的にそのまま国会に提出され、四月二〇日に無修正で成立した。アメリカからの援助は新たに設けられた「見返り資金特別会計」に組み入れられ、当初復興金融債の償還などインフレの跡始末に使われ、のち産業資金に転用される。

この予算案通過をみて、二三日にはGHQは一ドル三六〇円の単一為替レートを与え、日本の国際経済への復帰を許した。

吉田の変身――内政の「凍結」

一九四九年四月二〇日、つまり予算案が通過した日、吉田茂は衆議院外務委員会での質問に答えて、現在憲法改正の意思はないと明言した。一九四六年一〇月に極東委員会が決定した「新憲法の再検討」に対する吉田の答えであった。吉田は講和条約を射程に、講和締結を脅かすような、改革を逆転させるような行為を慎もうとしたのである。そして、吉田は「経済安定九原則」を具体化するなかで、経済復興と国際経済への復帰をめざし「事実上の講和」へと邁進すると述べた(『読売新聞』四月二一日)。

五月の憲法記念日の声明で、マッカーサーは日本国民に対し「諸君が自国問題を処理する幅がより拡大されていくであろう」と述べる。七月には、地方軍政部が民事部に改称され、次第に縮小化に向かうなど、GHQとワシントンの政策が合致しつつあった。

吉田はドッジという人間、その背後にあるワシントンの勢力を観察し、「これなら乗ったほうが得策だ」(『東京—ワシントンの密談』)と判断した。ドッジも「吉田内閣は極東におけるアメリカの無二の資産である」と評価し、日本の政官財の保守派の要人とアメリカ政府の高官たちとのパイプとなり(『日本占領革命』下)、吉田のワシントンに対する情報ルートを広げていく。

ドッジ・ラインの遂行過程で、経済の政策目標は「復興」から「自立」へ転換していく。六月、吉田は経済安定本部が立案した「経済五ヵ年計画」の基本的考え方が自給自足経済であり、国際感覚を欠いているとして、その再検討を指示。九月に予定していた計画の公表を正式に差し止めた。吉田は輸出振興による経済の発展を図るために、一九四九年五月、商工省を通商産業省に改組するにあたり、国内開発の担当官庁としてではなく、貿易振興の役割を与えるべくリードした。彼は通商による立国を進めたのである。

揺れる社会党——第四回党大会

一九四九年四月一四日、社会党第四回党大会が開かれた。大会では、党の性格や政治路線をめぐって、左右両派が激しく衝突し、片山・芦田内閣で文相を務めた右派の森戸辰男と左派の稲村順三《いなむらじゅんぞう》との間で論争が展開された。

片山・芦田内閣について、稲村が社会主義革命の視点を失った「目前の便宜主義、極度の日和見主義」に陥ったと批判したのに対し、森戸は国家再建については、第一党として左右の挟撃のなかで「自立再建への一定の役割を果たした」と反論。また党の性格について、稲村が「勤労大衆の階級政党」であるとしたのに対し、森戸は「勤労国民大衆の党」であると応じた。社会主義の実現についても、森戸は資本主義経済から社会主義経済への移行は「漸進的、段階的、建設的、平和的プロセスを通じて実現される」と説いたのに対し、稲村は平和的移行に異存はないとしつつ、革命とは何よりも政治権力がひとつの階級に移動することであると反論した。

大会では、中間派の勝間田清一《かつまたせいいち》の調停によって、「国民政党か階級政党か」に象徴される対立は「階級的大衆政党」で妥協が図られたが、対立の火種が消えたわけではなかった。人事面では、片山が委員長に留任したものの、書記長には左派の鈴木茂三郎が右派の浅沼稲次郎を破って当選。また中央執行委員の比率も左右各一〇名、中間派五名、労組代表五名となり、ここでも左派が進出した。左派進出を支えたのは、二・一ゼネスト後産別会議の民主化を唱えて作られた産別民同、国労民同など民同勢力に集まった労働者たちだった。

共産党とドッジ・ライン

他方で、共産党は、衆議院で三五議席を獲得し、「平和革命」の幻想のなかで、労農党、社会党その他の民主勢力、さらに労働組合、農民組織その他の大衆団体によってつくられる「人民政府」の樹立を夢想していた。五月一日、徳田書記長はメーデーの挨拶で、「九月までに吉田内閣をぶったおすために大運動を展開している」とぶちあげた。

共産党は「経済安定九原則」を日本経済を復興させる基本原則であると肯定し、「保守反動勢力の悪政を一掃」し、「人民の生活の安定と、民主主義の勝利と、民族の独立の前提」ととらえ自らの支持勢力との関係を見誤った。

共産党はドッジ・ラインに対して、企業整備反対を主張して産業防衛闘争の組織化を呼びかけ、産別もこれを推進したが各組合は敗北を重ねた。五月末には、東京都の公安条例制定に反対して都労連と警察が衝突し、六月末には福島県平《たいら》市（現いわき市）で、共産党の指導する五〇〇名の労働者と在日朝鮮人が市警を一時占拠する事件が起こるなど（平事件）、過激化しつつあった。

ドッジ・ライン後の人員整理で共産党員が大量に解雇されたことは、産別会議の勢力をさらに削いだ。一九四八年一一月段階で一二五万だった産別の組合員数は、四九年一一月には七七万に減退していた。

企業整備・行政整理——一九四九年の暗い夏

ドッジ・ラインによって、インフレは収束に向かい、物価も安定へと向かいつつあった（４−３参照）。しかし、その副作用は日本経済と社会を混乱させる。金融の引き締め、企業整備・行政整備の嵐は、生産の停滞、滞貨の激増、中小企業の倒産、失業の増大、賃金の切り下げ、不払い、遅配を招いた。

一九四九年二月から一二月までの間に、八八一四の企業整備が行われ、四三万五〇〇〇人余りの労働者が解雇された。大企業では、沖電気二八〇〇人、川崎車両一三〇〇人、三菱電機一八〇〇人など、機械工業を中心に人員整理が行われた。また電機の最大企業である東芝では、過度経済力集中排除法によって、四四事業所のうち二八事業所の処分を命じられ、七月には四六〇〇人の人員整理が発表される。各企業は人員整理に際し、共産党員や産別系の労働組合運動家を対象に指名解雇を行った(『日本労働組合物語 戦後篇』上)。

五月には行政機関職員定員法が成立し、二七万人近い官公庁労働者が首切りの対象となった。七月一日、国鉄は九万五〇〇〇人の首切りを組合に提示し、同四日第一次分三万七〇〇〇人に通告を開始した。五日、国鉄総裁下山定則《しもやまさだのり》が行方不明となり、六日轢死体《れきしたい》となって発見される。この事件は下山事件と呼ばれ、戦後の代表的な社会的事件となるが、各紙は『毎日新聞』を除き他殺説をとり、暗に共産党や組合による犯行を匂わせ、増田官房長官は「治安を乱すことについては、政府は毅然《きぜん》とした態度で国民の信託に応えたい」との談話を発表した。

次いで七月一二日、国鉄は第二次整理分六万二〇〇〇人を通告。その直後の一五日、中央線三鷹駅構内で無人電車が暴走、民家に突入し、二六名の死傷者を出した。三鷹事件である。政府は国鉄労組の共産党員九名などを逮捕し、共産主義者が煽動《せんどう》して社会不安を起こしてい

4－3　卸売物価指数・東京小売物価指数

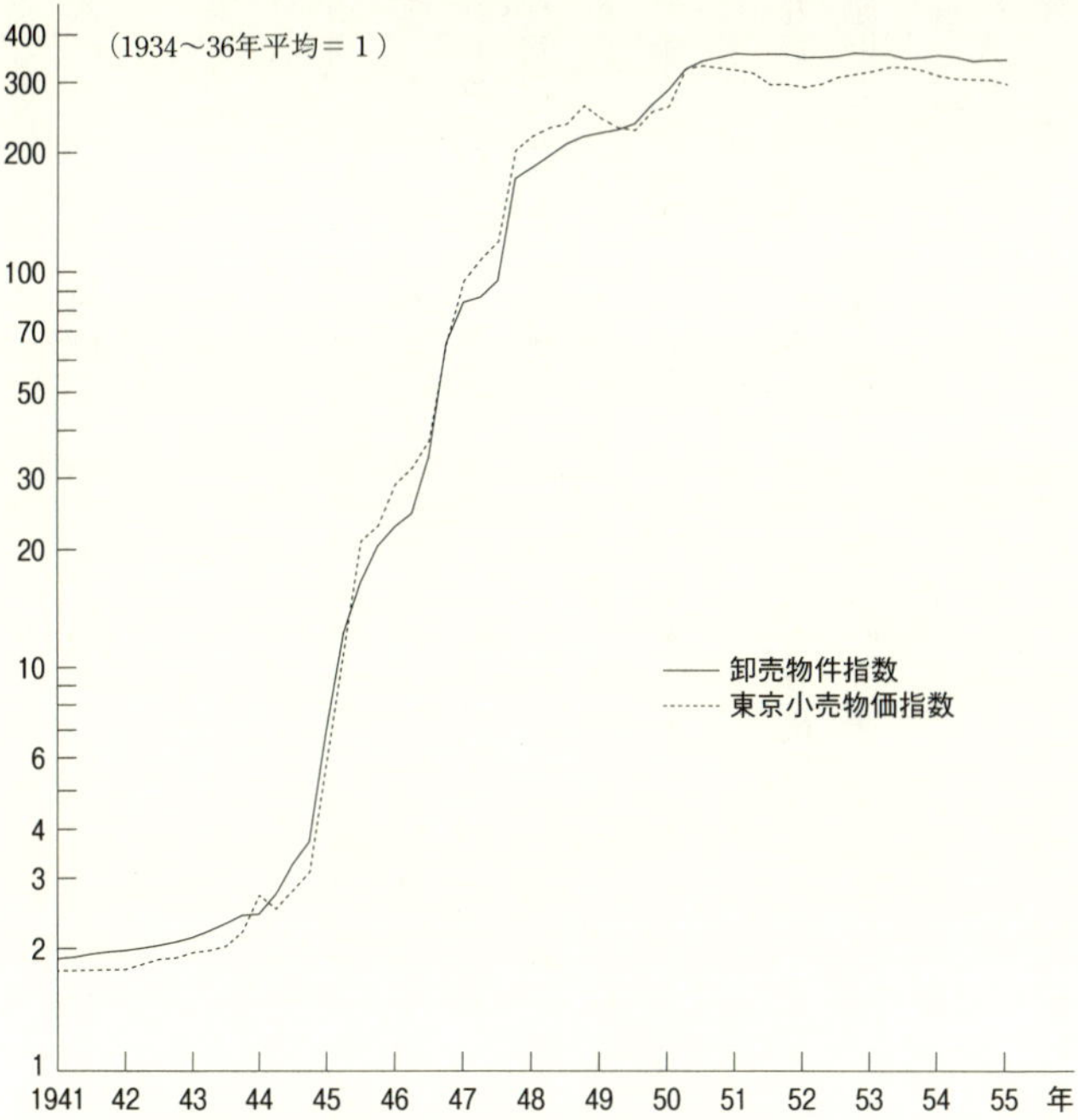

出典：日本銀行統計局『明治20年―昭和37年　卸売物価指数』，同『大正11年―昭和42年　東京小売物価指数』より作成

るとの声明を発表した。

八月一七日には、東北本線松川駅付近で列車が脱線転覆し、三名の死者が出る。この松川事件では、国鉄および東芝労組に属する共産党員ら二〇名が検挙された。

下山・三鷹・松川と続いた怪事件は、共産党や組合側が関わったかのように報道され、労働運動に打撃を与えた。そして、国鉄のみならず、八月に始まった全逓の人員整理もさしたる抵抗を受けることなく進行した。組合員数は一九四九年六月の六六五万人から五七七万人に落ち込み、組織率も四五・九％と一〇ポイント近く下落した。

シャウプ勧告

一九四九年九月、コロンビア大学の財政学者シャウプを団長とする税制調査団の手になる報告書、いわゆるシャウプ勧告が発表される。それはアメリカの日本経済復興計画の一環をなす、ドッジの経済政策のなかで欠けていた税制改革を実行するものであった。

シャウプ勧告は次の三つを骨子としていた。第一に所得税を中心とする直接税中心主義をとり安定した税収の確保を図ること、第二に所得税に累進課税を導入し、課税の公平を徹底すること、そして第三に地方自治体の財源の強化を図るために、府県税と市町村税の再配分と、中央から地方への財政調整の制度としてこれまでの配付税に代えて平衡交付金を導入することであった。

九月一五日、マッカーサーはシャウプ勧告の全文を吉田首相に伝え、「勧告に述べられた諸原則と諸目標実現に相応しい政策を立案」するよう要求。これに対し、吉田はシャウプ勧告に、民自党の公約であった取引高税の廃止や所得税の軽減などが盛られていることをみて、受け入れ実施するという首相声明で応えた。

だが、地方財政を担当する木村小左衛門国務相は勧告案について、理論的には立派なものだろうが、現在の日本の経済・社会情勢および地方団体の徴税能力に適合したものかどうかと、懸念を示していた。しかも、シャウプ勧告は国民がもっとも期待した減税要求を満たすものではなかった。一九五〇年度に計画されたのは、国税で約六〇〇億円の減税、それとひきかえに地方税で逆に約四〇〇億円の増税があり、減税は差し引き二〇〇億円と小規模であった。この結果、後述のように地方税法改正は、国会で思わぬ野党のしっぺ返しを受けることになる。

ドッジ不況と労働運動の再編

労働運動の再編

ドッジ・ラインによって労働運動は後退を重ね、労働者はただ不況の波間に漂うばかりであった。一九四九年に入っても、共産党系と反共産党系の労働運動をめぐる主導権争いは続き、労働戦線は分裂状態にあった。

また、冷戦の進行は労働組合の国際組織にも影を落としていた。一九四九年一月、第二次世界大戦後世界の労働組合が結集した世界労働組合連盟（世界労連）はマーシャル・プランの受入れをめぐって、ソ連派とアメリカ派に分裂する。世界労連から脱退したイギリスのTUC、アメリカのCIO、オランダ労働総同盟（NVV）は、一一月末にアメリカのAFLも加え、国際自由労働組合総連盟（国際自由労連）を結成した。GHQは、国際労働組織の分裂を受け、日本の労働組合を国際自由労連に加入させるために奔走する。九月には、民同派を中心に「自由世界労働組合加盟準備促進協議会」を結成する。GHQも、労働組合から共産党の影響を排し、非共産党系的労働組合の結成をめざしていた。

民同派は国際労働戦線が分裂するなか、共産党系の産別会議に対抗しうる中央組織の結成をめざした。一九四九年二月、前年一〇月の総同盟第三回大会で、総主事に選ばれ、総同盟の主導権を握った高野実と産別民同の細谷松太は、総同盟・産別民同・国鉄民同を中心に、全国労働組合会議（全労会議）結成準備会を結成した。二人は「左（産別会議）を切り、返す刀で右（総同盟右派）を切る」、という構想のもと民同勢力の結集を図る。同時に彼らは、「社会党の再建を中心として民主的政治勢力を結集する」と決定し、陸続と社会党に入党した。しかし、全労会議は、総同盟・産別民同・国鉄民同以外に広がりを持たず、尻すぼみになっていく。

GHQの労働組合への認識――労働法の改正

六月には、労働組合法・労働関係調整法が改正された。これはGHQの強い示唆によるものだったが、東大退官後中労委会長を務めた末弘厳太郎はこの間の事情について、GHQの意見を次のように記している（『日本労働組合運動史』）。

①日本の労働組合のなかには内部運営が十分に民主化されておらず、時には政党によっ

て指導された少数の幹部によって独裁的に運営されているものが多い。

②組合のなかには、職務の性質上、当然経営者側に属すべき従業員までも組合に加入している例が多く、そのため一方では組合を御用組合化させている。

③組合の多数で、その事務に専従する役員が経営者から給料をもらっているほか、組合の経費につき経営者からかなりの援助を受けている。

ＧＨＱはこれらを不健全であるとし、これまでの労働者教育を通し改善する方法から、政府に法律改正の勧告を与えることにしたという。

改正は、管理職の非組合員化、組合専従者給料の経営者負担禁止、暴力行為の否認、労働協約の自動延長禁止、争議行為を理由とした解雇に関する労働委員会の同意規定の削除などである。これは敗戦後の特殊な状況の下で従業員・職員の「混合組合」として発展してきた日本の労働組合を規制するもので、組合の自主化を強める半面、組合の既得権を奪い、企業整備の強行を前に労働組合の闘争力を削ぐものとなった。

一九四九年一一月、私鉄、全鉱、海員、炭労など中立系民間組合で結成した統一懇談会に総同盟、新産別、国労の全労会議三組合が合流、「全国労組統一準備会」が旗揚げした。この間、国労・全逓では民同派が共産派との争いに勝ち、主導権を握っていた。それは反共産党系の民同運動の締めくくりであった。この統一準備会を基盤に、一九五〇年三月に日本労働組合総評議会（総評）結成準備大会が開かれる。

吉田茂の挑戦――治安機構再編の試み

斎藤昇国警長官罷免問題――吉田の警察制度への挑戦

一九四九年六月三〇日、新警察制度が発足して一年あまり経った頃、吉田はG2のウィロビーに斎藤昇《さいとうのぼる》国警長官の更迭を求める書簡を送った。吉田は、斎藤が鉄道山猫ストに迅速に対処できなかったことや吉田の警察改革に非協力であったことなどを挙げ、長官として「適当な人物とは思えない」と述べていた。翌日にはウィロビーへ、後任に久山秀雄《ひさやまひでお》を推薦する書簡を届けた（『吉田茂＝マッカーサー往復書簡集』）。

もともと国家警察が発足するとき、長官の第一候補は警保局長だった久山で、第二候補が警視総監だった斎藤であった。だが民政局が警保局長だった久山を嫌い、結局斎藤に落ち着いたという経緯があった。斎藤は民政局と近く、吉田とは距離をとっていた。吉田にとって、国家警察を内閣の影響下に置き、斎藤に代えて久山を据えることは政治的妙案であった。警察制度を「押しつけられた占領改革の一つ」（『回想十年』）とみる吉田の挑戦にほかならなかった。しかし、任免権は国家公安委員会にあり、政府にはなかった。

吉田はウィロビーに働きかける一方で、七月四日に辻二郎国家公安委員会委員長に会い、直接斎藤の罷免を要求した。だが翌日、国家公安委員会は、斎藤罷免には明確な根拠がなく、斎藤は警察行政を有効に指揮しているとの結論を出す。

七月八日、増田官房長官は政府声明として、国家公安委員会が政府との協調を欠き、首相が警察の責任者として斎藤が不適格であるとして要求した更迭を拒否していると発表したが、国家公安委員会はこれを受け入れなかった。政党指導者やメディアも、国家公安委員会を支持した。

民政局も吉田の要求を認めず、結局実現にはいたらなかった。ケーディスの後任として民政局次長に就任していたフランク・リゾーは、国家公安委員会が政府の圧力、恫喝《どうかつ》に屈することなく拒否したことは、他の独立した政府委員会を勇気づける先例となり、その活動は「民主的な警察制度を運営するのに必要な諸原則への健全な理解を示すものであり、非難されるべきものではない」と支持した（『GHQ民政局資料』11）。

七月二二日、吉田が来る八月一五日の終戦四周年を期して、大幅な追放緩和を実現しようと計画しているとの報道が流れた。これに対し民政局は、占領軍はすでに公職から追放された戦時中の指導者約二一万名については「何ら政策変更を考慮していない」と発表した。

警察制度をめぐる攻防

斎藤罷免問題が落着して三週間後の八月六日、吉田はあらためてマッカーサー宛書簡で、小規模自治体警察を廃止し、自治体警察中心の警察制度から、国家警察を中心に政治と警察の統合を図り、内閣の影響力を強化する警察制度の再検討を求めた。

こうした動きに対し、ホイットニー民政局長は「SCAPの書簡に違反する案が現われることは極めて不得策であり、かような無責任な行為は日本政府にとってもエンバラッシング〔やっかいな〕なものであろうし、又面目を失することともなる。SCAPとしてもまた然り」(『GHQ民政局資料』11)と、不快感も露わに警告を発した。

吉田はさらに、マッカーサーへの書簡で、三鷹事件の処理の不手際などを理由に新警察制度の欠陥を挙げ、再検討を求めた。だが吉田の要求は、これまでGHQが示してきた精神に反するものであり、マッカーサーが受け入れる余地はなかった。

マッカーサーは八月八日付返書で、警察官僚の中央集権的形態が復活する危険性を説き、現在の「国家、地方自治体両レベルにおける警察力の行使にたいする行政上の統制は、議会の承認を得て執行部により一定の任期で任命された、責任ある市民の代表から成る公安委員会の監督の下におかれることになっている」と拒否した。あわせてマッカーサーは、「同様の点に関し貴下の注意がまだ向けられていない場合に備えて」とわざわざ一九四七年九月一六日付片山首相宛マッカーサー書簡のコピーを同封した。マッカーサーと民政局は、警察制度改革の骨格を占める「民主化」「分権化」において譲ることはなかった。

沖縄の基地化――シーツ施政

一九四九年五月六日、ＮＳＣ13／2を改定し、沖縄の処遇を明らかにしたＮＳＣ13／3が正式に決定された。アメリカ政府は、①沖縄基地を長期保有のうえ開発していくこと、②沖縄の経済復興を図っていくこと、③北緯二九度以南の琉球諸島をアメリカが戦略的に支配するため、将来の適当な時期に国際的な承認を得るとしていた。

長期保有の決定によって、沖縄統治に関する予算支出の裏づけが確立され、アメリカが住民の生活・福祉にも責任を負うことになり、これまでの「場当たり的」政策からの転換が図られることになる。以後、沖縄に対する経済援助は大幅に増額されていく。

アメリカ議会は、一九五〇会計年度に五八〇〇万ドルの本格的な沖縄基地予算を組み、四九年一〇月二八日にトルーマン大統領の承認を受けた。この予算が承認されたとき、ＧＨＱ渉外局は、マッカーサーは長い間の最大懸案の一つを解決すべき手段をついに与えられたと発表した（『戦後沖縄経済史』）。

沖縄の復興政策立案のために、極東軍総司令部の要請を受け、四月にＧＨＱ天然資源局のデリンジャーをチーフとする調査団（「沖縄における当面の課題」という報告書を提出）が、九月中旬には農業経済学者レイモンド・ヴィッカリーを団長とする農業調査団がワシントンから来沖した。

一一月、ヴィッカリー調査団はジョセフ・シーツが実施しつつあった沖縄復興計画の「手引書」となった、「琉球における農業・経済の再建」と題する報告書を提出する。そこでは農業生産力を回復するために、行政上の問題と技術上の問題の二つに分けて勧告を行い、特に行政機構、貿易、金融、土地所有など行政的問題がきわめて妨げとなっているとして、①十分な財政力と権限を持った全琉球を統轄する中央政府の樹立、②食糧および農業問題を扱う独立した機関の設置、③軍政機構の再編、④日本およびその他の諸国との貿易チャネルの確立、B円価値の見通しと価格の適正化などを求めた。

シーツ「善政」

一九四九年一〇月一日、中華人民共和国が成立した日、シーツ少将が琉球米軍政長官に就任した（翌五〇年七月末病気のため離任）。シーツは着任直後の記者会見で、「沖縄行政の責任は次第に沖縄に譲り、米軍は一歩一歩行政から手を引き、たんに住民の顧問のような存在になることが望ましい」と、民主化への意欲を語った。

新長官は就任早々、これまで沖縄・宮古・八重山・奄美の四群島に置かれていた各軍政府を統轄する琉球軍政本部を設置し、軍政の統治能力の強化を図った。また、住民の反発をかっていた「その軍紀は世界中の他の米駐屯軍の誰よりも悪い」と評されたアメリカ軍人・軍属を更迭した（『戦後沖縄経済史』）。経済面でも、配給食糧の五〇％増配を発表し、住民の反発を招いた所得税についても一九四九年度分を徴税保留とした。

一九五〇年一月、シーツはまた「臨時琉球諮詢委員会」を設置し、琉球列島四民政府全体の利害に関係ある問題に関し、軍政府の付託する事項を研究討議し、これを軍政府に助言する任務を与え、委員長には民政府官房長の比嘉秀平《ひがしゅうへい》が就いた。

基地依存経済へ――沖縄版ドッジ・ライン

一九四九年九月初め、訪日したボーヒーズ陸軍次官は、帰途ホノルルで「マッカーサー元帥と日本人および沖縄人の労働力を陸軍および空軍の建設工事に利用し両地域の経済に好影響を与える可能性について討議した」と語った。シーツも米軍工事に島民約二万五〇〇〇人が雇用され、沖縄経済の自立復興計画にきわめて大きな意義があると述べた（同前）。折しも一九四八年から四九年にかけて沖縄を襲った大型台風は、戦時中に建てた暫定施設のほとんどに全壊に近い損害を及ぼしていた。

軍工事は、日本本土と沖縄の業者を参加させ、建設資材を日本本土から輸入し、労働者は沖縄住民を優先的に採用するという方針のもと進められた。一九四九年一一月末には、清水建設など本土の大手土建業九社が調査のため沖縄を訪れた。

アメリカは基地建設によるドルの放出で沖縄の復興を図るとともに、その放出通貨で日本本土市場から物資を輸入することにより、同時に本土の復興にも役立てるという、「ドルの二重使用」政策を展開した（同前）。一九五〇年四月には琉球復興金融基金が設置された。四九年から五〇年にかけて、これら資金援助によって、運輸、食糧、石油販売などの民間企業が次々と設立されていく。

住民たちも、生活の糧を求めて基地に移動していった。沖縄の産業別人口の割合は戦前一九四〇年で、農林業が七四・二％を占め、工業七・五五％、商業六・九％、公務員および自由業三・八％、水産業二・一％であったが、一九五〇年段階で、農林業五八・一％、軍作業一五・一％、商業三・五％、工業三・四％、水産業二・六％、土建業二・三％となった。沖縄の社会は農業中心の社会から米軍施設に相当程度に依存したサービス経済（『琉球列島の軍政』）、「基地依存経済」に変容していく。

あわせて一九五〇年一月、本土に遅れること八ヵ月有余、一ドル＝一二〇Ｂ円という円高為替レートが設定される。本土では輸出振興による復興を果たすために三六〇円という円安レートが定められたが、沖縄では輸出するものがほとんどなく、基地収入で生まれたドル収入による、輸入依存型経済への誘導がなされたのである。

基地建設は「沖縄経済の夜明け」を告げるとともに、政治的に分離された沖縄とドッジ・ラインのもと不況にあえいでいた本土を経済的に結びつける。本土と沖縄はアメリカの東アジア戦略のなかに組み込まれ、ここに二つの占領が統合されたが、行政的には本土と沖縄の分離が決定的となった。

第5章　サンフランシスコ講和——占領の終結

Ⅰ　講和への道——全面講和か単独講和か

東西冷戦の深化と「四つのハードル」

アジアにおける冷戦

一九四九年四月、北大西洋条約機構（NATO）が成立し、五月にはソ連によるベルリン封鎖が解除され、冷戦開始後最初の危機は回避された。五月にはドイツ連邦共和国（西ドイツ）が、一〇月にはドイツ民主共和国（東ドイツ）が生まれ、ヨーロッパの東西両陣営への二分化の過程は終了した。この間、九月にソ連での初の原爆実験成功が報じられ、アメリカの核兵器開発の独占的優位は揺らいだ。ヨーロッパは政治的にも軍事的にも相対的安定に向かい、冷戦の問題はアジアに移った。

東アジアでは、一九四八年半ばに朝鮮半島が南北に分断され、中国では共産党軍が国民党軍を破り、四九年一〇月に中華人民共和国が成立していた。新生中国は翌年二月にソ連との間で友好同盟を結んだ。それは「締結国の一方が日本あるいは日本と同盟するその他の国家の侵略をうけ戦争状態になったときは、締結国の一方は全力を尽くして軍事その他の援助を与える」と記し、明らかに日米を対象とした軍事同盟だった。

他方、東南アジアでは、植民地体制の復活をめざす旧宗主国と独立をめざす現地の人びととの間で激しい戦争が展開されていた。ベトナムは南北に分裂し、フランスの支援する南（バオ・ダイ政権）と中ソの支援する北（ホー・チ・ミン政権）が対立するなど、インドシナの民族解放運動は東西の代理戦争の様相を呈していた。

講和問題の再燃──四つのハードル

アジアにおける冷戦の深化によって、アメリカ政府は日本の地政学的位置をあらためて確認し、独立後の日本の行動に不安を覚えた。中国を失ったアメリカにとって、続いて日本を西側陣営から失うことはあってはならないことだった。国務省は占領の長期化がもたらす政治的悪影響を憂い、対日講和に向けて動き出す。

一九四九年九月一三日、ディーン・アチソン米国務長官とアーネスト・ベヴィン英外相はワシントンで会談を持ち、ソ連の参加がなくとも、対日講和を推進することで意見の一致をみた。一四日にアチソンはロベール・シューマン仏外相からも同意を取り付け、米英仏が結束する。ここに一九四八年初頭以来途絶えていた、対日講和の動きが再燃する。一一月には国務省は「対日講和起草準備中」の発表を行った。

しかし、講和条約を進めるアチソンの目の前には「四つのハードル」があった。それは共産主義者（ソ連）だけでなく、ペンタゴン（米国国防省）、同盟国（オーストラリアをはじめとする英連邦諸国など）、そして旧敵国（日本）であった。このうち講和条約へのもっとも頑強な、長期にわたる反対者はペンタゴンであった（『アチソン回顧録』）。

ペンタゴンは対ソ戦略の観点から対日講和に否定的で、終始消極的姿勢を示していた。彼らは中国本土が共産党の手中に落ちるなか、日本の持つ戦略的重要性をあらためて認識し、沖縄はもちろん日本本土の基地を自由に使用できる占領状態の継続を望んだ。そのため、中ソ両国が参加する講和条約締結によって米軍の日本本土駐留が承認される見通しが立たない限り、対日講和は時期尚早であるとの立場をとったのである。それは誰が見ても非常に困難な条件だった。

アチソン声明——講和へのアクセル

一九四九年一二月三〇日、アメリカの国家安全保障会議は早期対日講和に向けて、「アジアにおけるアメリカの地位（NSC48／2）」を承認し、アジア戦略を再構成する。そこではまずアメリカのアジア政策の根本方針は、安定的で自給的なアジア諸国・諸国民の発展にあるとする。そのうえでアジアの非共産主義諸国が国内の安全を確保し、共産主義によるさらなる侵食を防ぐために、ソ連の勢力と影響力を減少させ、最終的には消滅させるとしていた。具体的には、日本、沖縄、フィリピンにおけるアメリカの地位の強化を図り、共産主義のこれ以上の侵略を阻止するために十分な軍事力の増強を図るとしていた。

一九五〇年一月五日、トルーマン大統領はソ連の参加がなくとも米英で講和を促進すると表明した。つづいて一二日にはアチソン国務長官が、日本をアジアにおける自由陣営の中心として再建し、民主化された極東で影響力を持たせると述べた。さらに、西太平洋におけるアメリカの防衛線を北のアリューシャン列島から、日本列島、沖縄、フィリピンと定義し、必要な期間、対日防衛の責務を負うことを明言する。このアチソン声明が台湾と朝鮮半島を除外していたことは、のちに議会から朝鮮戦争の一因ともなったと非難を浴びることになる。

対日理事会元英連邦代表だったマクマホン・ボールが「一敗戦国がその敗北後いくばくもなくしてかかる重要な役割をもたされたということは珍しい」(『日本 敵か味方か』)と述べたように、アメリカは日本に極東を安定させる役割を与え、友人として遇しようとしていた。

全面講和か単独講和かのディレンマ

一九四九年一一月の国務省による「対日講和起草準備中」の発表は、日本国内にも連合国との講和条約が近くなったという雰囲気をつくり出した。講和問題は、日本がどのようなかたちで国際社会と結びつくかを問うとともに、国際社会から隔離されていた日本を国際政治の荒波のなかに巻き込んでいく。

講和条約が、最終的な戦争の終結と平和回復のための交戦国間の合意であるとすれば、すべての交戦国と単一で共同の条約、つまり全面講和が望ましい。ただし講和問題をいつどのように議題にのせるかは、戦勝国側がイニシアチブを持っていた。

全面講和はソ連をはじめとする共産圏諸国とも講和を結ぶものであり、単独講和（片面講和、多数講和）はそれらの国々を排除することになる。形式的にも実質的にも西側陣営に入り、中立政策が制約を受けるだけでなく、国際連合加盟への可能性をなくすものでもあった。

一一月八日、吉田首相は衆参両院の施政方針演説冒頭で、「平和条約締結の促進を要望する」と演説し、一一日の参議院答弁で、全面講和か単独講和かの問題は国際関係によって決まるのであって、日本に選択の自由はないとしつつも、「講和がたとえ少数の国と成り立っても、無いよりはいいのであって、いわんや、これが全面講和に導く一つの道であるならば、喜んで応ずべきものだと私は考えます」と発言する。単独講和で主権を回復後、残された国と順次国交を回復していく考えを示した。

マッカーサーの「日本中立化」構想

アメリカ政府が対日講和へと再び歩み出したことは、マッカーサーにとって朗報だった。一九五〇年一月、マッカーサーは恒例の年頭声明で、四九年は「占領軍の管理がつぎつぎと大幅に緩和された年」であり、日米両国の間にはすでに「事実上の講和」がなされていると指摘し、あらためて日本の軍事的中立を強調した。

現在一部の皮肉屋たちは日本が憲法によって戦争と武力による安全保障の考えを放棄したことを単なる夢想にすぎないとあざけっているが、諸君はこうした連中の言葉をあまり気にかけてはいけない。この憲法の規定は日本人みずから考え出したものであり、もっとも高い道義的理想にもとづいているばかりでなく、これほど根本的に健全で実行可能な憲法の規定はいまだかつてどこの国にもなかったのである。

このときマッカーサーは同時に重要な発言を行っていた。すなわち、日本国憲法の規定は「相手側から仕掛けてきた攻撃にたいする自己防衛の冒しがたい権利を、全然否定したものとは絶対に解釈できない」との言葉である。

これを受けてだろうか、吉田も一月二三日の施政方針演説で「憲法において厳正に宣言せられた戦争軍備の放棄の趣意に徹して、平和を愛好する世界の世論を背景として、あくまでも世界の平和と文明と繁栄とに貢献せんとする国民の決意それ自身が、わが国の安全保障の中核をなすもの」であると断りつつ、「戦争放棄の趣意に徹することは、決して自衛権を放棄することを意味するものではない」と述べている。二人ともかつて憲法制定に際し、自衛権放棄を言明した態度から転換を図ったのである。

全面講和論の動き――知識人、共産党から保守まで

平和問題談話会と「全面講和」

吉田首相は講和条約について慎重に言葉を選んで発言したが、日本国内では講和条約のあり方――全面か単独か、さらには安全保障のあり方をめぐって論議を呼んでいた。

積極的に全面講和論を展開したのが、平和問題談話会である。この会は、一九四八年七月にベルリン封鎖をめぐって東西対立が激しくなるなか、ユネスコから発表された八人の科学者の平和に関する共同声明に啓発され生まれた平和問題討議会にルーツを持つ。

平和問題討議会は岩波書店の吉野源三郎《よしのげんざぶろう》が呼びかけ人となり、安倍能成《あべよししげ》、和辻哲郎《わつじてつろう》、田中耕太郎《たなかこうたろう》、高木八尺《たかぎやさか》、蠟山政道《ろうやままさみち》、矢内原忠雄《やないはらただお》らいわゆるオールド・リベラリストから、大内兵衛《おおうちひょうえ》、有沢広巳、脇村義太郎ら労農派経済学者、丸山眞男《まるやままさお》、中野好夫《なかのよしお》、都留重人ら若い世代の研究者が参加していた。平和問題討議会は政治的・イデオロギー的対立を超えて、平和と戦争の問題を研究し、一九四九年一月一三日、ユネスコ声明に「根本的に同意する」との共同声明を発表していた。平和問題談話会はこの会のメンバーを引き継いで結成され、一九五〇年一月一五日に「講和問題についての声明」を発表する。

この声明では、占領下に進められた「民主化の基礎と刺激」を、「日本国民自身の責任と創意」によって今後一層発展させるために、講和後「世界の諸国民との間に自由な交通と誠

実な協力の関係を樹立すること」が日本民主主義発展の必須条件であると主張する。

そして、第一に、日本国憲法に示されている平和的精神に則って世界平和に寄与するため、また東西冷戦が次第に高まるなか、冷戦の一方の極であるアメリカに与《くみ》して単独講和を結ぶことは、「たとえ名目は講和であっても、実質はかえって新たに戦争の危機を増大する」とし、日本の中立と国連への加入を求め、「特定国家との軍事協定、特定国家のための軍事基地提供」に反対した。

第二に、単独講和は日本経済を「特定国家への依存および隷属の地位」に貶《おとし》め、日本の政治的自立をも妨げることになるとし、日本が一刻も早く経済的自立を達成するためには、日本とアジア諸国、特に中国との広範、緊密かつ自由な貿易が不可欠であると全面講和を主張した(『世界』一九五〇年三月号)。

三月には南原繁《なんばらしげる》総長が東大の卒業式で同様の主張を行い、これに対し五月に吉田は「南原総長が政治家の領域に立ち入って言うことは、曲学阿世《あせい》の徒に外ならない」と非難した。

平和問題談話会は、雑誌『世界』を中心に、「全面講和」の論陣を張り、一九五〇年六月には来日中のダレス特使に宛て書簡を提出し、社会党の動きを支援することになる。

社会党と「平和三原則」

政治勢力のなかで、中立主義に基づく全面講和論を説いたのは社会党だった。一九四九年一二月四日、社会党中央執行委員会は右派の曽禰益が起草した「講和問題に対する一般的態度」が提示した、全面講和、中立堅持、軍事基地反対の、いわゆる「平和三原則」を左右両派が一致して採択する。それは、日本国憲法の非武装、平和宣言に基づき「自ら戦争を放棄することはもとより、国際紛争に対しても当然中立的立場を意味する」とし、「日本は一方の陣営とのいわゆる単独講和が他方の陣営とわが国の関係を機微ならしめることを憂慮し、強く全面講和を要望する」と主張していた。

ただこの時点で、社会党の大勢が必ずしも全面講和で固まっていたわけではない。たとえば左派の鈴木茂三郎は「いまはっきりしたことは云えないが、党として希望するのは全面講和で、それがだめなら単独講和ということになるが、英米は極力ソ連を誘って全面講和の方へ導くことに努力してほしい」と述べている。また戦前からの社会主義者で、長老格として社会党左派のブレーンだった山川均や荒畑寒村《あらはたかんそん》などは、むしろ「単独講和やむを得ず」と明言していた（『読売新聞』一九四九年一一月一九～二三日）。

社会党は講和への態度が曖昧なまま、一九五〇年一月、第五回党大会で、左右の対立を伏線に独立青年同盟問題をめぐって分裂（第一次分裂）。さらに二月の中ソ同盟の締結は、社会党に国際情勢・講和問題への態度を迫るものとなった。

二月一七日、社会党は中央執行委員会名で「中ソ同盟条約の締結に際し全党員に訴う」を出す。そこでは日本が東アジアにおける米ソ両国間の抗争の重大な焦点であり、国内でも親米派と親ソ派に分裂する傾向が見られる。それゆえに、日本は米ソいずれの陣営にも与しない「第三勢力」として、戦争に巻きこまれないよう、不動の原則として「全面講和」の方針を堅持し、厳正中立な態度で安全保障を確保する必要があると主張していた。

一月の分裂は、地方組織を巻き込むものではなかったため、四月の第六回臨時党大会で左右両派統一後、前年一二月に採択された「平和三原則」をあらためて党の方針として正式決定する。ただし、この原則に基づき具体的にいかなる政策をとるかは定かではなかった。

国民民主党の結成とマッカーサーの〝転向〟

一九五〇年二月、犬養健、保利茂《ほりしげる》など民主党連立派が大量脱党し、翌三月に民主自由党に入党、民自党はあらためて自由党となった。合同に際し、吉田首相は保利に「どうしても講和にもっていくためには、統一した保守党が責任をもち、民族百年のためにその功罪を一身に背負う体制でやりたい」と口説いたという（『戦後政治の覚書』）。

残された民主党野党派は、四月二八日に国民協同党と合同して、国民民主党を結成した。衆議院六七名、最高委員長には苫米地義三が就き、以下の綱領を掲げた。

一、我等は、高き人類愛に徹し、世界恒久平和と日本民族の完全独立を期する
一、我等は、広く進歩的国民勢力を結集して純正なる民主政治体制を確立する

一、我等は、社会連帯の理念と協同の精神に基き、生産の自由と生活の保障を調整し均衡なる国民経済機構を確立する

一、我等は、豊かなる理性に立って、基本的人権を尊重し、勤労精神を高揚して福祉社会を実現する

国民民主党の結成は、自由党と社会党の中間を行く「中央党」構想の一つの結果であり、自らを「進歩的国民勢力」の結集体と位置づけた。国民民主党は講和問題について、吉田と自由党の「単独講和への猪突《ちょとつ》猛進ぶりは、国民の名において断じて容認できない」と批判し、「全面講和」を掲げた。同時に東南アジア貿易の積極化、中国貿易の促進を主張した（『経済復興と戦後政治』、苫米地義三文書）。

四月二五日、共産党を除く野党各派は「外交対策野党連合協議会」を結成、二六日にマッカーサーの日本をアジアにおけるスイスの立場に置くとの方針を支持し、平和・中立・全面講和を主張する共同声明を発表した。だが翌日、米政府関係者は「中立は理想論だ」と論評する。

五月一日には国民民主党の苫米地委員長が、外交政策を政争の具にすることなく国民の希望と意思とを講和に反映させるために、超党派外交を形成することを唱えた。

年頭声明から半年を経た六月一四日、マッカーサーはジョンソン国防長官に、「日本の平

和、安全と正義」を脅かす「無責任な軍国主義〔共産主義〕」が世界に存在する限り、連合国は日本の諸地点に駐屯し続けるとした覚書を送っている。ポツダム宣言の枠内で、軍国主義を冷戦の文脈に置き替え、従来の日本の非武装化から、日本本土の基地としての活用、それも大規模な活用を認める方向へマッカーサーもまた転じたのである(『対日講和と冷戦』)。

ソ連の攻勢——コミンフォルム批判

一九五〇年一月、ソ連のマリク国連代表は、北京政府でなく台湾政府が国連代表権を持っていることに抗議して国連安全保障理事会(以下、安保理)をボイコットした。ソ連はまた、極東委員会でも同様の主張を行い退場、国際政治の交渉の舞台から降りる。そうしたなかソ連の関心はアメリカと同様、欧州からアジアに転じつつあった。

一九五〇年一月六日、コミンフォルムの機関紙『恒久平和と人民民主主義のために』は、野坂参三の「占領下平和革命論」を批判する記事「日本の情勢について」を掲載した。そこでは野坂理論は日本の帝国主義占領者、つまりアメリカ帝国主義を賛美する、日本人民を欺く理論であると全否定し、武力革命を示唆した。いわゆる「コミンフォルム批判」である。

二日後の一月八日、共産党はコミンフォルム批判を党の結束を攪乱《かくらん》しようとする敵の挑発行為であると非難し、一三日には野坂の「『日本の情勢について』に関する所感」(以下「所感」)を発表して反論。だが一七日には、中国共産党機関紙『人民日報』が野坂の「所感」

を批判、共産党は中ソ両国から非難を受けることになる。

一九日、共産党はこれまで掲げていたポツダム宣言の厳正実施、人民による経済復興と日本の完全な独立に加え、戦争に導く単独講和反対、大国間の協和に基づく平和を保障する全面講和の促進などを訴えた。他方で中ソ同盟については、「全面講和、公正な民主主義的講和の即時締結を促進する偉大な力であることを認めて、これを支持する」と応えた。

共産党は中ソの介入を受け、野坂を支持する徳田球一ら主流派（所感派）と、コミンフォルムに同調する志賀義雄《しがよしお》・宮本顕治《みやもとけんじ》ら反主流派（国際派）との対立を深めていく。

GHQの共産党への対応

一九五〇年三月、シーボルトGHQ外交局長は日本共産党の動きを受けて、国務省北東アジア局長アリソンに、共産党が反米的、反占領軍的な性格を帯びつつあり、その活動は極東でアメリカの立場を破壊するというソ連の目標と完全に合致すると報告。共産党は日本の政党の地位に与えられるべき誠実な団体ではなく、日本においてソ連の政策を実施する機関だという基本的な事実をもはや無視できないとした（*FRUS*, 1950, Vol. VI）。

これ対しアリソンは、共産党幹部の間で激しい路線論争が展開されている状況で、共産党を非合法化することは、彼らを武力闘争に転換させ、逆に幹部間の対立を解消し、党の団結を強めるおそれがある。さらに、クレムリンと緊密化させ、依存を強めることにつながるとし、慎重な姿勢を示した。

GHQが反米化する共産党に対し警戒を深めるなか、五月三日にマッカーサーは声明で共産党を「国際的略奪勢力の手先」となったと厳しく批判。三〇日には皇居前広場で共産党を支持するデモ隊と米軍が衝突する。米軍は米兵への暴行容疑で八人を逮捕、六月三日軍事法廷で全員重労働五年以上の重刑を宣告した。事件は、「公衆の面前で占領軍に加えられた最初の暴行事件」として、米紙は「占領が長期にわたりすぎる結果不可避的に起きる占領当局に対する非難」であり、日本占領の「ハネムーン時代」は終わったと報じた。

レッド・パージと非合法化への動き

この事件直後、G2のウィロビー局長はマッカーサーに共産党の非合法化を進言する。だが、ホイットニー民政局長は日本の国会が決めることであるとして反対した。マッカーサーは、公然と占領軍に反抗的な態度を示し始めた共産党に何らかの対策が必要であると考えていたが、非合法化には賛成ではなかった。マッカーサーは公職追放令を前例とし、その適用によって、非合法化などのあからさまな抑圧策を回避しようとする。そして、共産党内部を合法・非合法の二つに分断しようと試みる（「マッカーサーと日本共産党」）。

六月六日、マッカーサーは徳田・野坂ら共産党中央委員二四名の追放を指令し、二六日には機関紙『アカハタ』の発刊を停止した。追放を受けた徳田ら主流派は地下に潜る。

他方で吉田は、五月三〇日の事件後、「共産党の非合法化を考慮せざるを得ない」と言明していた。六月八日マッカーサー宛書簡で、共産党への団体等規正令の適用を「政府の判断でいつでも発動できるように、前もって貴官の承認を得」たいと希望している。さらに非合法化の国会提出を考えたが、社会党が憲法違反であると反対し、国民民主党も慎重で実行に移せなかった。

ドッジ不況――野党の攻勢

池田蔵相の「放言」

講和条約をめぐる議論は、一九四九年一〇月の第六臨時国会から一二月の第七通常国会で展開された。喫緊の課題はなお経済問題、具体的には一九五〇年度予算の編成にあった。一九五〇年に入っても、ドッジ・ラインによるデフレと景気の停滞は一向に緩和の兆しをみせなかった。失業者の増加は社会不安の種を増し、金融逼迫《ひっぱく》が生じ、企業経営はことさら厳しくなりつつあった。この間の事情について、宮沢喜一は次のように述べている。

〔ドッジ・ラインによりインフレは止まったが〕その反面、国内に金づまりや滞貨がいちじるしくなり、経済学者達は、中小企業は今や倒産一歩寸前のいわゆる安定恐慌が来たと主張しはじめ、ドッジ・ラインを幾らかずつ緩和すべきだという意見が出て来た頃である。しかもこの不景気は、ドッジという冷酷な外国人によって占領という権力の名の下に行なわれた結果だ、という印象が国民の間に深く、国民一人一人の生活への圧迫感が、占領への不満へと転化する気配をみせはじめていた。（『東京―ワシントンの密談』）

二月、吉田は池田勇人蔵相に、渡米を打診する書簡を送っている。書簡に「ダレス氏より来電有之《これあり》」との記述がみられることは、後述する池田訪米のもう一つの意図を示している。

こうしたなか、三月一日、第七回通常国会の最中、池田蔵相は記者会見で「ディス・インフレという大きな政策の前に、五人や一〇人の中小企業の業者が倒産し、自殺しても、それは止むを得ない。ドッジ・ラインという政策の大転換をやっているときだから仕方ない。〔中略〕これは、戦争に負けた日本経済再建にとって、一度は受けなければならぬ試練である」と発言する。

野党は池田の放言に対し、衆議院本会議で「池田蔵相不信任案」を突きつけたが、吉田の一声で与党内がまとまり否決された。

こうしたハプニングを経て、三月一〇日衆議院は一九五〇年度予算を多数で可決したが、野党が多数を握る参議院は公務員給与の引き上げについて異なる議決を行った。そのため、予算案の成立は四月一日にずれ込み、三日間の「予算の空白」という事態が生じた。

地方税法案の否決——GHQの限界

野党の攻勢は、シャウプ勧告に基づく地方税法改正問題で再び起こった。地方税法改正は、府県税と市町村税の再配分を図るとともに、府県税とされた付加価値税と市町村税とされた固定資産税を引き上げ、税収を増やすことをめざしていた。野党は国民生活擁護を叫び、参議院を拠点として政府への攻勢を強めた（『占領下の日本』）。

一九五〇年一月、地方税法改正案は閣議に提出されたが、業界の利害を代表して各省庁が減税を要求したため紛糾。政府としても、近づく参議院選挙対策として減税を少しでも実現したいと考えていた。政府・与野党も含め、ドッジ・ラインの緩和を求める声が湧き起こっていたのである。池田蔵相は税率の引き下げを求めてGHQと交渉したが、GHQはシャウプ勧告をドッジ・ラインの一環としてとらえ譲らなかった。

三月一八日、吉田はマッカーサーに書簡を送り、固定資産税の税率修正を求めたが、マッカーサーは受け入れず「四月一日から地方税法の施行は至上命令」であると返した。二三日、政府はやむをえず地方税法改正案を国会に提出し、さらに四月二〇日、政府・自由党はマッカーサーの指令を受けて、衆議院地方行政委員会で野党不在のまま委員会を通し、本会議でも押し切って政府原案通り可決し、参議院に送った。

参議院は七四名の緑風会が最大勢力で、自由党は五二名の第二勢力だった。法案は、参議院地方行政委員会は賛成五、反対八で、つづく参議院本会議でも賛成七三、反対一〇二で否決された。残された道は二つ、衆議院で出席議員の三分の二以上の多数で再可決するか、両院議員総会を開催するかである。衆議院では三分の二以上の多数が確保できず、両院議員総会でも与野党の妥協はならず、五月二日、地方税法案は不成立となった。地方税法案の否決は、ＧＨＱが後押ししたにもかかわらず実現できなかった稀有の例である。

共産党を除く野党は「政府の最重要政策の一たる本法案が国民大衆の支持と国会の協力を失った以上即時総辞職をし、罪を天下に謝すべき」と政府批判を強めた。

一九五〇年五月一日、共産党を除く野党各派は共同で「吉田内閣不信任案」を衆議院に提出した。不信任理由は、吉田内閣が自主的責任政治を回避し、多数の暴力を用い議会主義、政党政治の危機を招来させ、財政経済政策でも未曽有のデフレ恐慌を惹起《じゃっき》し中小企業者、農民、労働者をして塗炭の苦しみに陥れている。そして、講和会議に対しては単独講和ならびに中立放棄によって国論の分裂を策しているとした（『読売新聞』五月一日）。

この時点で、共産党を除く国民民主党、社会党など野党各党は「全面講和」で足並みをそろえ、吉田政権への対決姿勢を明らかにした。

民主主義的手続きのディレンマ

地方税法案の否決は、ドッジ・ラインの一角を破るものであり、マッカーサーの面目を失わせた。五月二日、マッカーサーは「怒りの表情」も露わに、ホイットニー民政局長、マーカット経済科学局長、リゾー民政局次長らを呼び出し、失敗の顚末《てんまつ》を説明させた。同席した民政局のウィリアムズ国会課長は次のように記している。

私は最高司令官麾下《きか》の二つの部局の非妥協的な硬直性がこのトラブルの根元にあるという、彼〔マッカーサー〕がすでに知っている真実をありのままに話すことをやめ、国会が理論上も、また実際上も国権の最高機関になるよう助長する彼の啓蒙的政策は、遅かれ早かれ国会における反対票を不可避にする、と答えた。（『マッカーサーの政治改革』）

ウィリアムズは、地方税の採決問題は「占領の政治目的と経済目的の相克」の結果もたらされたもので、経済安定計画を優先させれば議会の審議権を無視することになり、議会を尊重すれば経済安定計画が確保されない場合もあるとした。そしてGHQの仕事は、法案の最終承認の前に、野党の代表に説明し、その意見に耳を傾けることにあったとした。

三日、マッカーサーは、「こんどのような立法上の行き詰まり状態は今回と同じような事情の下で民主主義的な手続きで事を運ぼうとすれば時に起こることであって別に珍しいことではない」としつつ、参議院選挙後に国会が「経済安定計画の立法方面を担当するという責任を果たす」ことを強く求める談話を発表した。

その後、地方税法案は七月三一日、第八国会で修正のうえ可決された。朝鮮戦争勃発後であり、GHQも国内の関心も朝鮮情勢に向けられていた。そして、税率を一・七%から一・五%に引き下げるなどとする国民民主党の修正案を軸に、政府と自由・国民民主両党が歩み寄り可決されたのである。

池田訪米と一九五〇年六月参議院選挙

一九五〇年四月、池田蔵相が先進国アメリカの財政事情視察を名目にワシントンを訪れた。だが実際には二つの任務を担っていた。一つは六月に迫った参議院選挙を前に政府・与党として、ドッジから緩和の約束を取りつけることであり、もう一つは講和問題について、吉田から託された「大事なことづけ」(『均衡財政』)についてアメリカの反応を探ることであった。これについては後述する。

さて、池田はドッジから公務員給与の引き上げ、減税の内諾を得ることができたが、さらにドッジと講和問題などについても協議した。だが、マッカーサーの頭越しにこれらの問題を協議したことにGHQは強い不快感を示す。五月二二日、マーカット経済科学局長とホイットニー民政局長は連名で「ドッジ・ラインの緩和を獲得したというようなことを政治的キャンペーンとして打ち出すこと」をしないよう池田蔵相を叱責、しばらくの間池田のGHQへの出入りを差し止めた。これは「渡米土産事件」と呼ばれる。

一九五〇年六月四日、参議院選挙が行われた。講和問題は一つの争点であったが、選挙戦のなかでの比重は低かった。吉田は遊説に際し必ず講和問題に触れたが、野党は先の「池田放言」を中心に、自由党の経済政策を攻撃することに終始した。

結果は、自由党五二（非改選と併せ七六、以下同）、社会党三六（六一）、国民民主党九（二九）、緑風会九（六一）、共産二（四）、その他二四（三〇）となった。自由党と社会党が伸長し、自由党は緑風会を抜いて第一党になったが、過半数には遠く及ばなかった。

ダレス来日と朝鮮戦争勃発——警察予備隊の発足

ダレスの対日講和構想

トルーマン政権は、中華人民共和国成立後、議会で野党共和党から中国政策の失敗を激しく批判されていた。一九五〇年二月には、共和党上院議員ジョセフ・マッカーシーが国務省にいる「共産主義者」の告発を行い始める。マッカーシーは『中国白書』の起草者フィリップ・ジェサップ特使と外交局のジョン・サーヴィスを、中国を共産主義に売り渡した破壊活動分子であると非難。反共ヒステリーとでも呼ぶべきマッカーシズム、いわゆる「アカ狩り」の始まりである。

四月に入るとトルーマンは超党派外交を再構築すべく、共和党のジョン・F・ダレスを国務長官顧問に、五月には正式に対日講和担当に任命した。

ダレスは反共イデオロギーの戦士として、のちにタカ派国務長官としてアメリカの冷戦外交をリードしたことで知られるが、このときは国務・軍部・マッカーサーの三者、そして連合国とのタフなネゴシエーターとしての役回りを果たす。

ダレスは、第一次世界大戦後ドイツに課された懲罰的講和が結果的にナチスの台頭、第二次世界大戦を招いたとし、懲罰的講和は決して長期的には平和と安定をもたらさないと確信していた。ダレスは、占領初期の民主化政策を尊重しつつ、日本国民が「平和愛好的で」「基本的人権を実効的に尊重する」西側諸国の基本的価値を共有することを期待し、自由世界の一員として、親米的で共産主義に対抗するアジア諸国の模範となることを望んでいた（『対日講和と冷戦』）。

ダレスの来日とマッカーサーの中立放棄

六月半ば、アメリカから二つの使節が来日した。一つは、一七日羽田到着後その足で韓国訪問、二一日に東京へ戻った国務省を代表するダレスであり、もう一つは、一八日に来日した軍部を代表するジョンソン国防長官とブラッドレー統合参謀本部議長である。ジョンソンらの目的はダレスとは対照的に、軍部として早期講和に反対の立場から、マッカーサーに対日講和を支持しないよう説得するためだった。「国務省と国防省の行詰り」（『日本占領外交の回想』）が前線に持ち込まれたのである。

ダレスの訪日は、マッカーサーをはじめ多くの要人と会見し対日講和条約締結が可能かどうかの情報収集が目的だった。そのため吉田をはじめ苫米地義三、浅沼稲次郎ら政界の要人だけでなく経済界、労働界、言論界の代表たちと精力的に会談を重ね、超党派外交の必要を説くとともに、安全保障問題について意見を聴取した。

吉田は、ダレスとの会談で再軍備よりも経済復興、国内の安定が先決であると強調し、一九五〇年四月の池田訪米の際に託した「大事なことづけ」については決して言質を与えなかった。無駄話のできないダレスは、回りくどく、曖昧模糊《もこ》とした言葉で語る吉田の態度に面喰《く》らい、会談後シーボルト外交局長に「まるで不思議の国のアリスのような感じがした」（同前）と不機嫌に語ったという。

対して国民民主党の苫米地は、全面講和・国連加盟などの要望を伝えたが、その一方でソ連が平和条約に調印しない場合でも条約締結に異存はないとも述べ、事実上単独講和容認の意向を示した。社会党の浅沼は、非武装国家日本がその中立的立場を保持するためにも、全面講和が必要であり、国連加盟による安全保障、特定国への軍事基地提供・軍事協定締結反対、日本の経済的自立化のためにアジア諸国との貿易が必要であると話した。

J・ダレス（1888～1959）
政治家．1950年アチソン国務長官のもと4月に国務長官顧問，5月には対日講和担当に就任し，3度来日．朝鮮戦争の進行下，日本に再軍備を求め，講和条約と安保条約をセットした独立の道筋を開く

六月二三日、ダレスはマッカーサーと会談

し、米軍駐留について日本本土全域に基地を展開し、米軍に「無制限の行動の自由」が与えられることについて支持を得る。ここに日本の軍事的中立は事実上放棄される。ダレスは米軍基地の保持について、軍部を説得する材料を得たのである。

朝鮮戦争の勃発

六月二五日、ダレス来日から四日後、北朝鮮軍が三八度線を越えて韓国側に侵入し、朝鮮戦争の火蓋《ひぶた》が切られた。北朝鮮の指導者金日成は、朝鮮半島の武力統一について、スターリンと毛沢東《もうたくとう》から南進の同意を得ていた。朝鮮戦争は、冷戦の最前線はあくまで欧州であるとの認識を覆す。

同日、アメリカの要請により国連安保理が緊急招集された。安保理はソ連が欠席するなか、北朝鮮の攻撃を「平和の侵犯と侵略行動である」と認め、即時停戦と三八度線以北への撤退要求を決議。六月二七日には加盟国に韓国への武力援助を勧告する決議も行われ、トルーマン大統領は米海空軍に韓国への出動を命令。第七艦隊を中国の台湾への侵攻に備え、台湾海峡に派遣した。七月七日には安保理は国連軍の創設を決定、八日にトルーマンはマッカーサーを国連軍最高司令官に任命した。

国連軍とはいえ、イギリス、カナダ、オーストラリアなどの参加はあったものの、実質的に米韓が主体の軍であった。準備を整えていた北朝鮮軍は半島を一気に南下し、開戦からわずか三日で、首都ソウルを占領、九月には米韓両軍は朝鮮半島南端の釜山周辺まで追い詰められていた。

警察予備隊の創設――限定的再軍備へ

国連軍最高司令官として前線の指揮を執ることになったマッカーサーは、七月八日に吉田首相に対し、現有の自治体警察・国家警察一二万五〇〇〇に加えて七万五〇〇〇の警察予備隊の創設、海上保安庁に八〇〇〇人のさらなる増員を指令する書簡を送った。このなかでは占領軍が朝鮮の戦場への動員後、治安の空白を埋めるために警察力の強化が必要であるとしていた(『吉田茂＝マッカーサー往復書簡集』)。

同日、ホイットニー民政局長は岡崎勝男官房長官に対し、マッカーサー書簡を具体化した指示を出す。警察予備隊が国家警察とは別組織で、中央政府の直属となること、ポツダム政令で創設することなどである。その過程で警察制度改革に示された精神を変える意思のないことも付け加えていた。またリゾー民政局次長は、国家公安委員会との会談で、警察予備隊の性格を軍隊でも警察でもない、非常事態に備えたアメリカの州兵(state troopers)に似たものであると説明した。いずれにせよマッカーサーは、北朝鮮軍の南下に接して限定的とはいえ日本再軍備の道を開いたのである。

吉田はじめ日本政府側も、治安維持のために警察力強化を求めており、マッカーサーの指示は好機だった。八月一〇日、「警察予備隊令」がポツダム政令二六〇号として公布された。

警察予備隊は、G2公安課が所管し、民政局が関与できる領域は少なかった。ただ幹部要員不足のため、旧軍人の追放解除を求める動きが起こると、ホイットニーは極東委員会の決定を持ち出し拒否。さらに、トップ人事に民政局の事前の承認を求め、幹部からの追放軍人・特高警察排除を求め続けた。

警察制度の改革——GHQ、吉田、警察の思惑

一九五〇年一二月、マッカーサーはさらに国内治安の強化を必要とし、警察改革の容認を日本側に伝えた。日本政府は早速改革案（一二月二八日案）を作成し、民政局に提出した。対応の早さは、作業が水面下で進められていたことを物語っている。政府案は、①国家警察の権限拡大、②国家警察と自治体警察の相互援助、③中小都市以上に限定した自治体警察の整理などを骨子としていた。これに対し、リゾー民政局次長は占領政策の主要な目標に地方自治の伸張を掲げているとし、廃止対象に一部自治体警察が入ることに難色を示した。

ただ日本側の警察改革の方向性も必ずしも一致したものではなかった。吉田は国家警察の権限強化のほか、国家公安委員会の独立性を縮小しようとしていたが、国家警察本部は権限強化では同意していたものの、国家公安委員会への政治介入を嫌い、その独立性を温存しようとしていた。さらに警視庁など自治体警察は、国家警察の権限強化に警戒を示していた。

ＧＨＱでは、民政局、Ｇ２とも一九四七年マッカーサー書簡の精神、すなわち警察の政治からの独立、地方自治原則を基本的に維持することで一致しており、国家警察や内閣の権限が強化されることには一貫して批判的であった。

一九五一年一月、ＧＨＱと日本政府との協議で、自治体警察の廃止対象を住民投票の実施を前提に町村自治体警察に限定する意向が伝えられた。その後、国家警察は住民投票条項の削除を求めたが、Ｇ２は自治体に不利な改革は行わないとの姿勢を崩さなかった。

II　米軍駐留容認と朝鮮戦争の激化

政党への朝鮮戦争の影響

吉田メッセージ

すでに述べたように、一九五〇年四月の訪米に際し池田は、吉田からドッジに「大事なことづけ」を託されていた。そこで吉田は野党の唱える全面講和論は主として政府攻撃の意図によるもので、妥当な内容の早期講和が結ばれれば世論の支持は期待できると述べていた。同行した宮沢喜一蔵相秘書官は、そのうえでことづけについて以下のように記している。

日本政府はできるだけ早い機会に講和条約を結ぶことを希望する。そしてこのような講和条約ができても、おそらくはそれ以後の日本及びアジア地域の安全を保障するために、アメリカの軍隊を日本に駐留させる必要があるであろうが、もしアメリカ側からそのような希望を申出でにくいならば、日本政府としては、日本側からそれをオファするような持ち出し方を研究してもよろしい。
（『東京―ワシントンの密談』）

米軍駐留によって、講和条約締結後の日本の安全保障を確保するという考えは、すでに一九四七年夏の「芦田メモ」でも示されており、吉田もまた芦田外相の構想との連続性を強調している。ただし、芦田が「有事駐留」を説いたのに対し、吉田が「常時駐留」を可としている点で異なる。また吉田は、わざわざ米軍駐留は違憲ではないと伝えていた。

しかし他方で吉田は、七月の参議院外務委員会で、社会党の金子洋文《かねこようぶん》の質問に「私は軍事基地を貸したくないと考えている」と答え、その考えを明らかにはしていなかった。

いずれにせよ吉田は早期の独立を図り、その代償として米軍に基地を提供する、日本の防衛はアメリカとの安全保障条約に基づく軍事的協力に委ねることを朝鮮戦争以前から決めていた。吉田の伝言は、バターワース国務省東アジア局長、ダレス、その後マッカーサーに届けられる。バタワースは「この表明は、講和条約および関連問題について日本政府の公式態度としてわれわれが手にした最初のものであるから、この会議は重要である」としたためた。

吉田と朝鮮戦争――自民連携か自民社連携か

朝鮮戦争が始まって三週間経った七月一三日、在日イギリス大使は本国宛報告で「〔吉田は〕朝鮮問題を不快に思っているようにも、憂慮しているようにも見えない。彼はこの戦争が短期的には日本経済を支えてくれると考えているらしい」と伝えた（『マッカーサーと吉田茂』下）。実際、朝鮮戦争は第三次吉田内閣を苦境から救った。「ドッジ・ラインの緩和とか、ディスインフレーション政策の修正とかいうことも、引き続いて起った朝鮮動乱の勃発という一大転機を迎えて、その様相はすっかり変わってしまった」（『回想十年』第三巻）。米軍から大量の商品やサービスの注文が殺到し、需要がなく落ち込んでいた日本経済への大きなカンフル剤となったからだ。

六月二六日、朝鮮戦争勃発の翌日、吉田と国民民主党の芦田との間で会談が持たれている。このとき吉田は「早期講和を望んでも国内がこれでは仕方がない。我々は、幣原老も君も僕も外務省育ちだから外交のことは解ってもらえると思う。どうかして、民主党とは提携していきたい」と芦田に協力を求めた。芦田は、国内が二つに分かれていてはよろしくないが、「少なくとも社会党の右派は同調させたい」と応じている（『芦田日記』同日）。

しかし、吉田は国民民主党との連携に積極的ではあったが、社会党とは否定的であった。吉田は左派を含む社会党は共産党と同じとみていた。他方で芦田は、これまでの連合政権・野党連合の経緯からみて、また国民民主党内をまとめるためにも、少なくとも社会党右派を含めた三党連合政権の樹立が必要であり、さらに社会党を政権から疎外し、共産党の側に追いやってはならないと考えていた。政界再編構想への思惑の違いに各党の内情も重なり、超党派外交の試みは迷走する。

七月八日、社会党は中央委員会で、朝鮮戦争の原因を北朝鮮の武力侵略とし、それへの反対の立場を明らかにし、「国連による法と秩序の維持を精神的に支持する」と表明、「一切の戦争放棄を明らかにした新憲法下における日本国民として戦争介入に反対する」中立の立場を打ち出した。そして「朝鮮の事態は不完全なる講和を焦慮することが危険であることを示している」とし、「わが党は講和問題については既定の方針をもって進む」と結論づけた（「朝鮮戦争と社会党の態度」）。社会党は、全面講和・中立堅持こそが「戦争に巻き込まれない」最良の手段であると考え、当面自らの「平和三原則」を放棄しないとしたのである。

社会党は北京政府の承認問題、朝鮮半島、台湾、さらにはインドシナなど「未解決のアジア問題」があり、アジアの日本という立場から、全面講和はアジアの平和にいかに貢献するかの視点から考えなければならないとしていた。

彼らを勇気づけたのは、インドのネルー首相による北朝鮮非難、朝鮮戦争の局地化、朝鮮人自身による解決を求めた発言だった。社会党はこれを支持し、「日印中はじめ東亜諸国は一致団結して東亜の戦火の波及を防止すべきである」として、東西対立をアジア諸国の連帯を通して克服するとした（『対日講和と冷戦』）。

総評の結成と朝鮮戦争

朝鮮戦争勃発直後、一九五〇年七月一一日、総評が結成された。組合員数三七六万人、当時の日本の労働者の過半が結集した。総評は結成直後から朝鮮戦争への態度表明を求められ、社会党と同様に朝鮮戦争の原因は北朝鮮の侵攻とし、占領軍への協力も積極的だった。たとえば組織部長に就いた高野実は「アメリカ帝国主義は侵略的帝国主義ではない」と前置きしたうえで、「アメリカ軍は、世界民主主義の発展のために闘わざるを得ずして闘っている。今度の戦争の性格が北朝鮮軍の侵略に対する民主主義の戦争という観点からも占領軍の命令に従うことが必要だ」と社会党より踏み込んだ発言を行っていた。のちに総評の反米的左旋回の立役者となる高野だが、当時は単独講和論者であり、再軍備にも賛成であったという（『日本の人脈』）。

総評と社会党は、国連支持のあり方をめぐって対立していた。八月末に社会党は労働組合（国鉄、新産別、全逓、官公労、海員など）と懇談会を持ち、国連への協力について「社会党の精神的協力の方針と各労組が現実に行っている経済的協力とは法と秩序を守り平和を建設する国連の警察行為を前提として両者の間に何ら矛盾のないことを確認」するという妥協を行うことになる（『読売新聞』八月三一日）。

国民民主党──芦田均のイニシアチブ

七月一二日、国民民主党は議員総会を開き中立政策の放棄を決定した。転換を主導したのは、昭電疑獄で公判中だった芦田均である。芦田はかねてより、日本の中立や全面講和に疑念を持っており、日記に言葉も荒く、この日、中立政策を「抹殺」したと記している（『芦田日記』同日）。

七月一八日、芦田は社会党との提携を模索して、落選中で党を除名されていた西尾末広と会った。西尾は「大戦は既に始まっている」「朝夕この問題許《ばか》り考えている」と語り、「社会党の責任は大であるから何とか纏《まと》めたいと思うが手掛かりがない。僕なら纏めて見せる。第一には左派の和田博〔雄〕と話し、中間派の浅沼、三宅正一に話し、片山さんとも相談することだが、どうも除名されている私には手掛かりがない」とこぼした。他方、芦田は西尾と危機意識を共有していることを確認し、「やはり西尾は社会党の第一人者だ」との思いを強めた（『芦田日記』同日）。

いずれにせよ朝鮮戦争の勃発は、国民民主党を全面講和から単独講和へと転換させる契機となった。

国連協力をめぐって──政党間の亀裂

七月一四日、吉田首相は第八臨時国会の施政方針演説で、北朝鮮が韓国に侵入し、共産主義の脅威が日本にも迫っているとし、日本が現在積極的にこれに参加したり、国連の行動に参加する立場にはないが、できうる範囲でこれに協力する必要があると強調した。さらに全面講和・永世中立は空理空論であり、「みずから共産党の謀略に陥らんとする危険千万な思想である」と切り捨てた。

八月一九日、外務省情報部は「朝鮮戦争の動乱とわれらの立場」を発表した。それは共産主義世界の「平和」は、民主主義世界の平和を破壊することによって達成される。したがって、二つの世界の間で中立はありえず、わが国としては民主主義国の団結に加わり、国連軍に極力協力する以外安全はないと述べていた。

国連への協力のあり方は、政党間に亀裂を生んだ。国民民主党は外務省の声明を概ね妥当であるとし、憲法の許す限り国連に積極的に協力するとした。これに対し社会党の勝間田清一政策審議会長は、独断に満ち、自ら好んで国際紛争に介入せんとする不穏当な態度であると強い反発を示した。

一〇月、共産党は第五回全国協議会で「反米」を重視する民主民族解放路線を主張する。国際情勢を「帝国主義と、反帝国主義の社会主義・民主主義」の二つの陣営の対立ととらえ、中ソ両国が参加する全面講和を即時締結し「内外の反帝統一戦線」の形成の必要を説き、中立政策を放棄する。中ソと提携し、武力革命路線を採り、国際共産主義運動の一翼を担おうとしたのである。

一二月、芦田はGHQの求めに応じて朝鮮戦争に対処するための国内体制に関する意見書を提出し、日本再軍備の必要を説いた。二六日に開かれた国民民主党の外交対策委員会も、この芦田の意見書を踏まえて、自主的防衛力の強化および国連による安全保障を骨子とする講和方針を発表する。

国民民主党は年末の党大会で、早期講和を実現すべく単独講和の締結を支持し、国連への加盟と集団安全保障体制の確立、自衛上の警察力充実、経済的自立、超党派外交、民族的歴史的に日本の版図と認められる領土（千島・琉球・小笠原各諸島）の保有などの方針を綱領として採択した。国民民主党内では、自衛力整備の第一段階として警察予備隊を二〇万人に増強するよう提案するなど、自主防衛論が高まりをみせていた。

知識人と世論

平和問題談話会「三たび平和について」

朝鮮戦争の勃発は、知識人たちの平和問題談話会にも衝撃を与えた。彼らは先の外務省の声明に対する反論を込めて、一九五〇年一二月「三たび平和について」と題する声明を発表する（『世界』一九五〇年一二月号）。

声明は、戦争がもはや手段として意味を持たなくなったいま、武装に託して安全保障を確保しようとする考え方は観念的であり、逆に憲法の戦争放棄や非武装に基づく方針こそが現実的である。またイデオロギーとしての自由主義と共産主義の対立がただちに戦争を意味するわけではなく、また今日の最強国としての米ソ対立は、第三次世界大戦に勝者なしという共通の認識をもたらしている。それゆえ、世界平和および国民の幸福を望む限り、日本が中立政策をとることは国際情勢に左右される便宜的政策ではなく、原理的態度であるべきと説いた。

声明はのちに社会党左派の支持基盤となる青年、婦人、組織労働者に再軍備反対の理論的根拠を与えることになる。

世論の動向――講和と再軍備

「全面講和」か「単独講和」かで国内政治が二分されるなか、世論はどうであったろうか。一九四九年末から五一年にかけての『朝日新聞』『毎日新聞』『読売新聞』三紙の世論調査の結果を手がかりに見てみよう（５－１）。

もっとも早い『毎日新聞』（一九四九年一一月）では、単独講和賛成が四五・二％で、全面講和賛成は三三％である。朝鮮戦争勃発後に行われた『朝日新聞』（一九五〇年一一月）の調査でも、単独講和が四五・六％で、全面講和の二一・四％の二倍を超えている。さらに一九五一年一月の『毎日新聞』の調査では、単独講和が六六・三％と二一ポイントも急上昇し、全面講和が一四・三％に急落している。同じ日の『読売新聞』になると、全面講和は「可能

5－1　三大全国紙の世論調査結果（％）

講和のあり方			米軍駐留			米軍基地			再軍備		
全面	単独	わからない	賛成	反対	わからない	賛成	反対	わからない	賛成	反対	わからない
33	45.2	21.8									
—	—	—	46.4	35.8	17.8						
21.4	45.6	33				29.9	37.5	32.6	53.8	27.6	18.6
									43.8	38.7	17.5
14.3	66.3	19.4	41.2	38.4	20.4				65.8	16.5	17.7
7.1	64.5	28.4	42.5	41.2	16.3						
									63	19.5	17.5
			62.8	18.5	18.7	51.9	29	9.1	50.8	31.5	17.7
									71	16	13

（1949年８月15日）では，「永世中立」支持が73.4%,「集団保障」支持16.6%という結果も

和の歴史８・占領と民主主義』（小学館，1989年）を基に筆者が加筆・作成

かどうか」と設問の仕方が異なるので単純に比較できないが、「全面講和」を不可能とするものが六四・五％で、可能とするもの七・一％の約九倍となっている。米ソ対立に加え、朝鮮戦争の勃発で、世論は単独講和に大きく傾斜したと言えよう。

　他方、再軍備問題については、三紙とも当初より、再軍備「賛成」が「反対」を大きく上回っている。『朝日新聞』（一九五〇年一一月と五一年九月）では賛成がいずれも過半数を超え、五〇年と五一年を比較すると賛成が二〇ポイント近く上昇しているのに対し、反対は逆に一〇ポイント減っている。『毎日新聞』（一九五一年一月と三月）の場合は、いずれも「賛成」が六割を超えているが、「反対」が三ポイント上昇しているのが特徴的である。

	調査日
毎日	1949.11.21.
読売	1949.8.15.
朝日	1950.11.15.
読売	1950.12.22.
毎日	1951.1.3.
読売	1951.1.3.
毎日	1951.3.3.
読売	1951.8.15.
朝日	1951.9.20.

註記：『読売新聞』
出ている
出典：神田文人『昭

また米軍駐留については、『読売新聞』では一九四九年八月段階で賛成四六・四％だったのに対し、朝鮮戦争勃発後四二・五％と四ポイント減少したが、五一年八月には六二・八％に急上昇している。米軍基地については、『朝日新聞』の一九五〇年の調査は、反対三七・五％で賛成の二九・九％を上回っていたが、五一年の『読売新聞』調査で、賛成が過半数を超えたことが注目される。

「対日講和七原則」の公表へ

「対日講和七原則」

朝鮮戦争は対日講和を覆う暗雲だった。アメリカ軍部は朝鮮戦争の勃発を受けて、再び対日講和に対し消極的となった。しかし他方で、ダレスは朝鮮戦争が、日本人を憲法九条による牧歌的空想から目覚めさせると判断し、アメリカ政府に対日講和の促進を要請した。

ダレスは軍部に対しては、日本が将来国連に加盟することを前提に、日本の国連加盟と国連の集団安全保障による国際平和が実現するまでの「暫定措置」として米軍駐留を諮った。

一九五〇年八月、アメリカ統合参謀本部は、朝鮮戦争が有利に解決するまで平和条約を発効させないとしつつも、条件としていた中ソ両国の参加を撤回し、早期対日講和に同意する。

これを受けて、国務省は九月一一日に省内で二六ヵ条からなる対日講和条約草案を準備し、条約の基本点として「対日講和七原則」を用意した（一一月二四日、国務省より公表）。

（1）対日戦参加国で、会議手続きの一般原則に従う国は参加資格を与えられる

（2）講和条約調印後、日本をただちに国連に参加させる

（3）日本は、①朝鮮の独立を承認する、②琉球・小笠原諸島をアメリカの信託統治下に置くことに同意する、③台湾・澎湖《ほうこ》諸島・南樺太・千島の将来は、米英中ソが決定することを承諾する。もし、一年後、なお四ヵ国の意見が一致しない場合は、国連総会で決定する

（4）講和後、日本が軍隊を持つに至るまでは、日本地域の国際的平和と安全の維持は、日米、およびおそらくその他の諸国を加えた双方の責務とする

（5）麻薬・漁業などの国際協定の厳格な遵守。通商上の交渉への参加、関税上の最恵国待遇を享受できる

（6）対日賠償要求を撤回する。ただし、全連合国は自国領土内に残された日本の資産を差し押さえることができる

（7）原状回復要求についての紛争は、国際司法裁判所長の任命する特別中立法廷で解決する

九月一四日、トルーマンは対日講和の予備交渉を開始するとの声明を発表した。

分かれる連合国の反応

対日講和七原則に対しては、ソ連・中国からすぐに反論が寄せられた。

ソ連はまず対日講和条約に米英中ソ四ヵ国全部が参加するのか、一部のみが参加するのか問うた。また台湾・澎湖諸島はカイロ・ポツダム宣言により、南樺太の返還、千島列島の引渡しはヤルタ協定により、すでに決定しているとし、新たに四ヵ国で決定する理由を求めた。さらに琉球・小笠原諸島の信託統治の根拠、講和条約後の「日本地域の国際的平和と安全のための共同責任」とは陸海空軍・参謀本部の設立を意味するのか、講和後も米軍基地が存続するのかについて疑問を呈した。

中国（北京政府）は、中国が参加しない対日平和条約は「不法かつ無効」であると主張し、ソ連と同様にカイロ宣言およびヤルタ協定によって、台湾・澎湖諸島・南樺太・千島についてはすでに決定済みであり、再討議する理由はないとした。また琉球・小笠原の信託統治は、アメリカの長期占領の意図の現れであり、日本の再軍備は「日本国を合衆国の植民地とし、かつ日本国をアジア民族に対する合衆国の侵略の具として駆り出そうとする企て」であると批判した。

英蘭仏三国は「寛大な講和」に対し、おおむね好意的であった。ただイギリスはアジア市場におけるライバルとして日本の再登場に批判的で、対日講和七原則が日本の経済活動の抑制規定を欠いていることに不満を持った。

オーストラリア・ニュージーランド・フィリピンは日本の再軍備に反対し、日本の侵略に対する確固たる保障なしに「寛大な講和」を結ぶことに強い抵抗を示した。またフィリピン・ビルマは賠償放棄に強く反対していた。

仁川上陸作戦から中国義勇軍の参戦

トルーマン声明が出された翌日、つまり一九五〇年九月一五日、朝鮮戦争で大きな戦局の展開があった。マッカーサーが釜山一帯に退いていた国連軍の反撃を期し、ソウルに近い仁《イン》川《チョン》への上陸作戦を敢行したのである。この奇襲攻撃によって、二八日には首都ソウルを奪回。背後から攻撃を受けた北朝鮮軍は総崩れとなり、撤退を余儀なくされる。トルーマンは、陸海空軍とも中ソとの国境を越えてはならないこと、国境付近は韓国軍だけを進ませることを条件に、三八度線以北への進撃を承認した。

一〇月一日、国連軍は三八度線を突破、なおも北進を続け、一九日には平壌を占領した。この間中国は、国連軍の三八度線突破は中国の安全に対する重大な脅威となると警告を送り続けていた。二五日、国境にアメリカ軍が迫るのを見ると中国義勇軍が参戦、戦争は「米韓」対「中朝」の戦いに拡大した。

国連軍は一気に三八度線付近まで押し返され、一九五一年一月四日にはソウルが再び北朝鮮軍の手に落ちた。だがその後国連軍も巻き返し、六月には戦争は膠着《こうちゃく》状態に陥っていく。

対日講和と沖縄

朝鮮戦争と沖縄

朝鮮戦争勃発時、沖縄の米軍基地は大規模な建設工事の最中であった。戦争は沖縄米軍の需要増をもたらし、沖縄の基地は朝鮮戦争の出撃拠点として戦争に組み込まれていく。他方で、戦争の進展による灯火管制、防空演習の実施は、沖縄の人びとに五年前の沖縄戦の記憶を呼び戻した。

六月三〇日、志喜屋孝信知事は県民に「不必要な混乱招くな。復興に一層精出せ」との談話を出している。また七月三日にシーツ長官は、琉球列島では平常な状態が続くと力説し、「アメリカは現在戦争をしているのではなく南鮮〔ママ〕共和国に不当侵略の罪を犯している北鮮〔ママ〕に対する対抗の為国連参加国としての警察活動を行っているに過ぎない」と説明した（『沖縄タイムス』一九五〇年七月四日）。

ただし沖縄戦後史の叙述で、朝鮮戦争期に触れているものは少なく、当時沖縄で何が起こったのか、人びとはどのように暮らしていたかを知ることは難しい。

『うるま新報』は、おびただしい朝鮮戦争関連の記事が目立つ一方、群島選挙関連にも多くを割いている。ただ、一九五〇年八月末、米軍が全琉球にわたる警察機構の強化に乗り出し、一〇月末に琉球特別警察大隊の編成を発表している記事は目を引く。マッカーサーの警察予備隊創設指令から二ヵ月半後であり、警察予備隊の沖縄版とも言うべきものであった。

一二月一日、軍政府は群島知事宛に、「特別警察隊について」という命令書を発布している。その後の動きは定かでないが、実際に警察予備隊が設置されることはなかった。

群島知事選挙・議会選挙

一九五〇年九月から一〇月にかけて沖縄、宮古、八重山、奄美の四つの群島で、それぞれ知事および議会議員選挙が行われた。

沖縄本島知事選には、アメリカからの援助を基盤とする復興費の権限を握る松岡政保《まつおかせいほ》沖縄民政府工務交通部長がまず名乗りを挙げ、農漁業関係者・青年層・教職員の支持を得た平良辰雄琉球農林省総裁、瀬長亀次郎《せながかめじろう》人民党委員長が続いた。各候補者とも政策に大きな違いはなく、将来の沖縄の国際的地位とか軍事基地に対する態度を明確にはしていない（『沖縄――政治と政党』）。この点について、平良はのちに「日本復帰を唱えるのがタブーとされた時代でもあった」と説明している。結果は、平良が一六万票近くを獲得、松岡に二倍以上の大差をつけて圧勝した。その他、西原雅一《にしはらがいち》（宮古）、安里積千代《あさとつみちよ》（八重山）、中江実孝《なかえさねたか》（奄美）が各群島知事に選出された。

一一月四日、沖縄群島政府が成立し、戦後五年にしてようやく、住民の直接選挙によって選ばれた首長による政府が設置された。

一週間後、群島議会議員選挙が行われた。沖縄群島は一〇地区に分けられ、各地区から二人を選出する。立候補者数四三人（うち人民党四、民主同盟三、他は無所属）で、投票率は八六％。人民党候補が一人当選したのみで、政党がその力を示すことはなかった。

社会大衆党の結成

選挙結果は沖縄の政党再編を促した。一九五〇年一〇月、全員落選した民主同盟は解散し、松岡を支持したグループによってつくられた共和党に合流。共和党は琉球全体の中央政府の設置、沖縄の政治的独立を唱えた。

他方、平良を支持したグループは、民主同盟、人民党、社会党などの既成政党を「沖縄民政府の非をならすのに力をつぎこみすぎる政党、アメリカの態度に反抗的になりはじめた政党、あるいは沖縄の信託論にこだわる政党」と批判、選挙後大衆に支持されるような「農民、漁民、中商工業者並びに一般な勤労層の結合体」として、「新琉球建設を期す」との思いを抱いて新党結成に向けて動き出す。

一〇月三一日に平良辰雄知事を委員長とする社会大衆党（以下、社大党）が結成された。社大党は①政治が民衆のためのものであり、民衆のものであることの自覚と責任、②ヒューマニズムを基底とした国民政党、③結成の目的は大衆の力を結集しての新琉球の建設の三点にあることを強調した結党宣言を採択した。社大党は日本復帰を掲げていたわけではなかったが、議員二〇名中一五名の参加を得て、知事の与党となった（『沖縄社会大衆党史』）。

ＦＥＣ指令――臨時中央政府の成立

一九五〇年一二月、極東軍司令部は占領の継続に向けて、「琉球列島アメリカ民政府に関する指令」（ＦＥＣ指令）を出す。指令によって軍政府は琉球列島アメリカ民政府（ＵＳＣＡＲ、以下、米民政府）と改称されたが、米民政府が琉球のすべての行政機構を統轄することに変わりはなかった。琉球民政長官には極東軍総司令官マッカーサーが、実質的統治者となる民政副長官には琉球軍司令官があたり、住民の「民主主義国における基本的自由」も「軍事占領に支障を来たさない範囲」でしか保障されなかった。

米民政府は当初、四つの群島政府（沖縄・奄美・宮古・八重山）の上部に、琉球全域を管轄する「中央政府」を設置し、「連邦制」をとる構想を持っていた。

一九五一年三月、米民政府によって「布告第三号」が出され、四月一日には恒久的中央政府が樹立されるまでの暫定機関として臨時中央政府が設立された。主席には諮詢委員会委員長で社大党の比嘉秀平が横滑りし、副主席には地域的バランスを配慮し奄美の泉有平《いずみありひら》が就いた。だが、臨時中央政府と群島政府の権限は曖昧で、こののち沖縄の政治を二分する争いを招くことになる。

揺れる祖国復帰運動

一九五〇年末の国務省による対日講和七原則の発表は、沖縄でもその将来の地位についての議論を巻き起こした。

一九五一年二月、人民党の呼びかけで四政党が超党派的に帰属問題に対処するための協議を行った。しかし、社大党と人民党は即時日本復帰を、共和党は独立を、社会党はアメリカの信託統治を主張して、統一見解を得られなかった。そこで社大党と人民党は三月、それぞれ党大会を開いて日本復帰運動の推進を決議した。一九日沖縄群島議会は、長時間の討議の末、独立を唱える共和党議員三名の反対を退け、一七対三で日本復帰決議を行った。

四月二九日には、両党を中心に「日本復帰促進期成会」が結成された。並行して沖縄青年連合会や社大党の青年部である新進会などによって、地域懇談会や満二〇歳以上の住民を対象とする署名運動が組織された。約三ヵ月で対象住民の七二・一％にあたる一九万九〇〇〇人の署名が集まり、署名簿は吉田首相、ダレス特使宛に発送された。

しかし、沖縄は復帰論でまとまっていたわけではない。共和党は先にも触れたように琉球処分以来の日本の統治が「沖縄を貧乏にした最大の原因である」と主張し、アメリカの援助を前提に独立論を説いていた。

また六月、琉球臨時中央政府の比嘉秀平行政主席は、「結局は日本に復帰するだろうと思っている。しかしながら現実を直視するとき、また経済復興が日本によって望むべくもなく米国の援助に頼る外ないことを考えるとき一定期間の信託統治が必要でありかつ必然的だ」と、復帰は「時期尚早」である旨の発言をした（『沖縄 基地社会の起源と相克』）。この比嘉の発言に、新進会は激高し社大党は分裂していく。

III 二つの条約締結へ——講和と日米安保

ダレスの再来日——再軍備の要求

朝鮮戦争下、国務省と軍部の対立

一九五〇年一〇月二五日の中国義勇軍の参戦によって、朝鮮半島の戦況は国連軍にきわめて不利な展開となり、マッカーサーは本国政府に増援を要請した。しかし統合参謀本部は、増援要請には消極的で、米軍の半島からの撤退を検討し始めていた。中国軍は国連軍を半島から駆逐できる十分な戦力を持っており、日本の安全を優先しようとしたからである。マッカーサーは本国政府の撤退要請を批判し、台湾に逃れていた国民党軍の大陸反攻策を提起する。だがそれは受け入れられず、ワシントンと前線との間で不協和音が目立ち始めた。

朝鮮での戦況が悪化するなか、ダレスはなお積極的に対日講和に動いていた。一二月八日、ダレスはアチソン国務長官に、朝鮮半島における劣勢のなか、日本を自由世界の一員として確保するため、ある程度の代償を払ってでも交渉を行う必要があると進言する。

ダレスの提案を受けて、一二月一三日にアチソンは、新たな条件のもと対日講和を進めなければならないとして、マーシャル国防長官に以下の覚書を届け、統合参謀本部をはじめとする軍部との交渉に入った。

（1）朝鮮戦争が有利に解決していない場合でも、対日講和条約の早期締結を求める
（2）アメリカがアジア大陸近海諸国の防衛を行うことを前提に講和問題を論議する
（3）沖縄・小笠原を日本の主権下に残す
（4）太平洋協定構想を推進する

一二月二八日に回答が届いた。軍部は早期講和に向けて、「朝鮮での情勢の有利な結果」という条件を譲歩する気はまったくなく、アジア大陸近海諸国をアメリカが防衛することは、日本の再軍備努力をサボタージュさせるおそれがあり、沖縄・小笠原の返還についても「そのような無償の譲歩」をする必要はないとしていた。またNATOのアジア版とも言える太平洋協定についても消極的であった。

この頃、軍部は中国との全面戦争から大戦まで想定していた。そのため国内の騒乱に対してさえ、対処するに十分な軍事力を持っていない日本に関して、「改憲再軍備しない限り」講和締結をすべきでないと強い反対の態度を示すようになっていた。そして、ダレスが講和交渉のために訪日することも、ソ連の対抗活動を招くおそれがあるとして反対する。

軍部の巻き返しに対し、年が明けた一九五一年一月三日、ダレスは交渉を先送りすることは、日本の不安を募らせ、講和問題でイギリスに先を越されるとして説得を試みた。その結果、アジア大陸近海諸国の防衛と太平洋協定について軍部の同意を取りつけ、沖縄・小笠原問題についてもアメリカの戦略的統治下に置くことで合意した。ただし、対日講和を朝鮮戦争の終結前に行うか、対日講和の早期締結がソ連の日本に対する、特に北海道占領のための軍事行動を誘発する危険はないかについて、最後まで意見の一致をみることはなかった。

一月四日、ソウルが再び北朝鮮軍の手に落ちると、九日軍部は部隊の安全および日本の防衛という最優先任務を考慮して戦闘を継続し、撤退がやむをえないと判断した時点で、日本に撤兵するよう指令を発した。

こうした緊迫した状況下の一月一〇日、トルーマン大統領は朝鮮戦争の有利な解決を待たず、対日講和を推進することを決意する。ただし、軍部の意向に配慮し、発効の時期を考慮するとしてダレスの訪日を承認した。

日本政府の講和準備対策――ABCD四つの案

一九五〇年九月のトルーマン大統領の対日講和の予備交渉を開始するとの声明を受けて、日本側でも、外務省が首相に提出する講和の対策の検討を始めていた。一九五〇年九月から年末にかけて、西村熊雄《にしむらくまお》条約局長を中心に外務省でつくられたA作業、B作業、C作業、D

作業と名付けられた対米交渉についての対策である。

一〇月五日に完成を見たA作業は、「対日講和問題に関する情勢判断」「米国の対日平和条約案の構想」「米国の対日平和条約案の構想に対応するわが方要望方針」「対米陳述書」の四文書からなり、講和条約全般に対する日本側の考え方をまとめたもので、外務省の考えの一つの到達点だった（『日本外交文書・平和条約の締結に関する調書』第一冊、以下『調書』）。

A作業は単独講和を前提に、「完全な主権の回復と平等の基調における民主主義諸国との協力」を謳っている。領土問題については、朝鮮の独立、台湾・澎湖諸島などの権利権限の放棄には異存ないが、千島列島をソ連に引き渡さないこと、琉球列島・小笠原諸島の日本への帰属を求めていた。米軍駐留については、日本と米国一国との特殊関係に基づくものではなく、アメリカが日本を防衛する国連の「機能を体現して、その衝に当る」と国連と関連づけていた。したがって、米軍駐留も「一定の期間（なるべく短く）」、地点についても「なるべく中心部から遠い場所に」、経費も「アメリカの負担とする」ことで、アメリカが「日本側の要請に応じて派兵」という立場をとるとした。

さらに再軍備については、国家の破産を招くことは「必定」であり、不完全な軍備の保有はかえって他国の侵略を招くおそれがあり、「無防備こそ最大の保障である」として反対の意向を示していた。

しかし、吉田は一〇月一一日、A作業について「単に客観状勢観察を主として之に対する施策の考察に乏し」「野党の口吻《こうふん》の如し、無用の議論一顧の値なし、経世家的研究につき一段の工夫を要す」(『調書』第一冊)などと手厳しい批判を浴びせて差し戻した。西村条約局長は、「従前の全面講和を前提としての考察と結論からまだ完全に脱しきれないでいた事務当局にとって、これは痛烈な批判でもあり、同時に無言の激励でもあった」(『日本外交史27・サンフランシスコ平和条約』)とのちに記している。

この一〇月一一日には、講和後の安全保障に関する取り決めに関する草案、B作業が完成した。それは講和後の米軍への基地提供を国連憲章の原則に従って「個別的又は集団的自衛の固有の権利」とし、国連との結びつきをより明らかにしたものだった。

C作業は、吉田の要請に基づいてつくられ、日韓に米英ソ台を加えた六ヵ国で、日本および朝鮮半島を非武装化するなど、北東アジア地域を対象とした非武装地帯設置構想であった。韓国政府と台湾政府を正統政府としたものであり実現性は薄かった。

D作業は、外務省がA作業に対する吉田の手厳しい批判に奮起し、「交渉者の立場に身をおき経世家的識見を打ち出」した現実的なものであった。

まず「日本は、あくまで共産主義勢力に対抗し、民主国家とともに世界の平和と安全の維持に協力する決意である」としていた。そのうえで、①現実の形態としては多数講和となるだろうが、それが無理な場合はアメリカ一国とだけでも講和条約を結ぶという文字通りの単独講和を主張、②日米二ヵ国の安保条約を平和条約とは別個に対等な立場で締結する、③米軍の日本駐留を認める、④当面再軍備に関しては拒否するなどからなっていた。日本の平和と安全は太平洋地域、特にアメリカの平和と安全にとって不可欠ゆえに、アメリカは日本防衛の義務を負うことを期待するなどの方針がまとめられた。

再軍備問題をめぐる応酬——ダレスの再来日

一九五一年一月二五日、ダレスが来日し、二六日にはアメリカ側から対日講和七原則に関する覚書と領土、安全保障、再軍備などの協議リストが渡された。二九日に吉田首相との第一回会談が開かれた。

ダレス「三年前条約ができれば日本にとって今日にくらべようのないほど悪条件のものができたであろう。今日われわれは勝者の敗者にたいする平和条約をつくろうとしているのではない。友邦として条約を考えている」

吉田「日本はアムール・プロプル〔自尊心〕をきずつけられずして承諾できるような条約をつくってもらいたい。平和条約によって独立を回復したい。日本の民主化を確立したい。セルフ・サポートの国になりたい。かような国になったうえで、日本は自由世界の強化に協力したい」

ダレス「日本は独立回復ばかり口にする。独立を回復して自由世界の一員となろうとする以上、日本は自由世界の強化にどう貢献しうるのか。今、アメリカは世界の自由のために戦っている。自由世界の一員たる日本は、この戦いにいかなる貢献をしようとするのか」

吉田「いかなる貢献をなすかといわれるが、日本に再軍備の意思ありやを知られたいのだろう。今日の日本はまず独立を回復したい一心であって、どんな協力をいたすかの質問は過早である」

（『調書』第二冊）

会談は冒頭から、再軍備問題をめぐって気まずい雰囲気に包まれた。

吉田は再軍備について、①日本の国力が再軍備に耐えうるほど回復していない、②軍国主義者が再び権力を握る危険がある、③社会不安を起こし共産主義者にチャンスを与える、④近隣諸国の反発を招くなどの理由を挙げ、消極的姿勢に終始した。アメリカ軍の駐留は容認した吉田だったが再軍備には否定的であった。この間、ダレスは「すこぶる不興気な顔色」を示したという。シーボルト外交局長は、吉田が「大まかな原則を討議する用意すらなく、ただ腹を探っていただけだった」（『日本占領外交の回想』）と推察している。

同夜、吉田とダレスはマッカーサーの部屋で再び相まみえる。このときマッカーサーは「自由世界が、今日、日本に求めるものは軍事力であってはならない。そういうことは実際できない。日本は軍事生産力を持っている。労働力を持っている。これに資材を供給し、生産力をフルに活用し、もって自由世界の力の増強に資すべきである」(同前)ととりなし、吉田を背後から支援した。吉田にとって日本の再軍備を嫌うマッカーサーは絶好の切り札だった。

吉田の再軍備の決意——日米安保条約へ

一月三〇日、日本側はアメリカ側にD作業を基にした「わが方の見解」という文書を手渡した。「わが方の見解」は、対内的安全は自力で確保するが、対外的安全は国連とアメリカの協力を待つとし、日米間の取り決めは平等のパートナーとして平和条約と別個に結ぶ、再軍備については当面不可能であると明確にしていた。

三一日、吉田はダレスとの二度目の会談に臨んだ。吉田は安全保障について相変わらず明言を避け、日本も「積極的に役割を果たす積《つも》り」であり、日本が共同防衛について果たすべき「貢献」について、アメリカの意見を聞きたいと付け加えた。またこの日、吉田は琉球の帰属について、その国連信託統治に日米共同であたることができないか、あるいはバミューダ方式による九九ヵ年の租借もありうるとして、日本の主権の保持を訴えた。しかし、ダレスの反応は、「解決済みである」とにべもなく、吉田に衝撃を与えた。

この後、吉田とダレスの会談は二月六日まで行われず、その間日米間の事務レベル折衝が続いた。二月一日、日本側はB作業を基に「相互の安全保障のための日米協定に関する構想」を提示した。アメリカ側は、警察力や生産力だけでなく、「グラウンド・フォース（地上部隊）」による協力などを要求、さらに再軍備のための改憲をも示唆した。翌二日、アメリカ側は基地関係の条項を含めた「相互の安全保障のための日米協力に関する協定」なる対案を出してきた。それは露骨に「日本のどこであれ、必要と思われる期間、必要と思われるだけの軍隊」を置きたいというアメリカ軍部の願望であり、西村条約局長は「一読不快の念を禁じえない性格のもの」（『日本外交史27』）と漏らしている。

二月三日、再軍備に関して一貫して強硬な態度を示すアメリカ側に対し、吉田も五万人の陸海両軍からなる「保安隊」の創設を回答せざるをえなかった。アメリカ側は、安全保障条約と国会の批准を必要としない行政協定の二本立てでいくことを提案した。

二月五日、ダレスは日本側に、講和条約では日本の再軍備について一切規定を設けず、また日本に再軍備を強制することもないと確約し、講和七原則を基礎としたアメリカ側暫定案を手渡した。そこには琉球・小笠原諸島をアメリカの管理下に置くことを除き、無賠償、自衛権の容認などが記されており、西村条約局長は「一読その寛大さと公正さに打たれ（中略）勇気百倍した」（『調書』第二冊）との感慨を記している。安全保障をめぐる問題は峠を越えた。

六日、吉田はマッカーサーと会い、ダレスとの会談で領土問題を取り上げたのは、日本国民の強い関心に鑑み、政府責任者として一言しておかねばならぬところからであり、領土事項が既決事項であることはとくと理解しており、他意はないと、米国の沖縄領有を説くマッカーサーに弁明している。

同日、ダレスは鳩山一郎、石橋湛山らと会い、再軍備に賛意を示す意見書を手渡された。二月九日、日米間で合意がなり、一〇日には、ダレスは昭和天皇と会い、講和条約への支持を要請し快諾を得た。

対米カードとしての社会党

一九五〇年一〇月の中国の朝鮮戦争への介入は、講和問題をめぐって社会党左右両派の対立を再燃させた。右派が朝鮮戦争によって米ソ対立が決定的になったとし、単独講和容認へと傾斜したからである。

一九五一年一月に開かれた社会党第七回大会は左派優勢のなか、右派の単独講和もやむを得ず、再軍備にも原則的に反対でないという含みを持たせた要求を三四二対八二という圧倒的大差で退けた。代わって、「平和三原則」に再軍備反対の一項を加えた「四原則」を採択する。大会では委員長に鈴木茂三郎が選出され、左派の優勢を特徴づけた。このときの鈴木茂三郎の「青年よ銃をもってはならない。断じて背ノウを背負ってはならない」という発言は、有名な反戦スローガンとなっていく。

この間、吉田は女婿の麻生太賀吉《あそうたがきち》や武見太郎《たけみたろう》ら側近を通じて、社会党の勝間田清一や鈴木茂三郎に接触し、再軍備反対の運動を起こすよう依頼している（『対日講和と冷戦』）。吉田は再軍備反対を主張する社会党を対米カードとして利用しようとしたのである。それは自社提携とも言えるものだった。

二月一日、吉田の依頼に意を強くした鈴木は、浅沼稲次郎書記長とともにダレスと会見し、あらためて再軍備反対を訴え、以下の要望を伝えた。①日本の経済的自立、②南樺太および千島、琉球、小笠原諸島に対する日本の主権の承認、③国連加盟による安全保障の確保、④アジアの一員として中国およびインドとの協力の必要である。そして単独講和の場合におけるソ連および中ソ同盟への対応、それへのアメリカの対策などを尋ねたうえで、重ねて全面講和を要請した。

シーボルト外交局長は、二人の「積極的中立」を繰り返す主張に、世界情勢と平和条約交渉の複雑さについて現実的な理解を欠いた「最も長く、最も不満足」な会談だったと不快感を示している（『日本占領外交の回想』）。

一九五一年四月に鈴木、浅沼らは三度目の来日を果たしたダレスに「平和四原則」に基づく要請を再度行っている。ダレスは、三月にソ連のマリク国連代表がダレスとの対日講和に関する交渉停止を言明したことから全面講和は不可能であり、全面講和を唱えるのは、政府批判のためか、もしくは講和をまったく望んでいないと判断せざるをえないと一蹴した。

総評の変身——単独講和から全面講和支持へ

社会党が朝鮮戦争下の講和条約をめぐって左右対立で揺れるなか、総評も揺れていた。ブラッティ経済科学局労働課長は、総評の指導部に単独講和に賛成するよう働きかけていた。一九五一年一月、総評の武藤武雄《むとうたけお》議長と高野実組織部長は、占領下で導入された民主主義を堅持すること、労働条件を維持して共産主義者の浸透を防ぐうえで不可欠な対日経済援助を継続すること、これら二つの保障があれば単独講和を支持すると答えた。

さらに二人は、ソ連に対して千島列島の返還を求める一方、日本の主権の維持を条件とする沖縄のアメリカへの租借を容認した。なお高野は、再軍備については反対の意向を述べている（『日本労働政治の国際関係史』）。

しかし、三月の総評第二回大会は、全面講和・中立堅持・軍事基地反対・再軍備反対という社会党の「平和四原則」を採択する。この間、総評内部にどのような転換があったかは定かではない。いずれにせよ反共から始まった総評は、反共の枠からも、国際自由労連の枠からも飛び出し、中立主義を軸として反米へと変身を遂げていく。GHQにとって、望ましからざる方針転換であった。

この大会で、総同盟左派の高野実が事務局長に選ばれ、そのリーダー・シップのもと総評は政治・経済の両面で戦闘的・反体制的行動を強めていく。こうした動きは総同盟右派の反発を買い、一九五一年三月に開かれた総同盟解散大会は左右対立の場と化し、右派は六月に総同盟再建大会を開き、五四年四月、のちの同盟の前身となる全日本労働組合会議を結成することになる。

対日講和をめぐる国際環境——米国以外の対応

連合国各国と対日講和

二月一一日、ダレスは対日講和への同意を取りつけるために、フィリピン、オーストラリアに向かった。いずれも日本に対して厳しい講和を求めていた国である。対日講和交渉を終始リードしたのはアメリカだったが、日本占領が連合国の占領である以上、また中ソと敵対するなか、他の連合国の同意と協力を得る必要があった。

イギリスにとって、対日講和は「周辺的」問題であった。ドイツの再建やイランやエジプト、さらにはマラヤ（現マレーシア）における反英運動の激化は、イギリスに日本への関与の余裕を与えなかった。イギリスの最大の関心事は、アジアでの自国の後退をいかに防ぐかであり、アジアにおける貿易大国として日本が復活することへの懸念にあった。

これに対し太平洋諸国の対日感情は厳しかった。なかでもオーストラリアとニュージーランドは、日本に侵略させないという保障なしに「寛大な講和」には賛成できなかった。特に一部地域で日本の空爆を受け、イギリス連邦軍として日本と戦火を交えたオーストラリアには対日警戒心が根深く、世論の「厳しい講和」を求める声は無視できない圧力としてたえず働いていた。オーストラリアにとっては、日本を守るではなく、いかに日本から守るかが課題であり、再軍備・経済制限については厳しい対応を迫った。

一一〇万人という犠牲者を出し戦場となったフィリピンも同様に、「寛大な講和」に反対であった。フィリピンは、一九四八年以来のアメリカの占領政策の転換に強い不満を持っていた。経済民主化をはじめ、日本の民主化のさらなる促進を主張し、日本が工業・軍事面で大国として復活することに強い懸念を抱いていた。当然フィリピンは日本の賠償支払いを求めていた。

日本に対し寛容で柔軟な政策を示したのはインドである。インドは、ネルー首相のリーダーシップのもと、日本の再起と国際社会への復帰を早める方策に賛成し、日本の経済復興はアジアを利すると考えていた。日本に経済的制限を課すことに反対する一方、日本の技術面その他の援助に期待を寄せた。インドは米ソ以外の「第三勢力」の途を探り、アジア・極東での永続的平和を求めていた。一九五一年八月、インドは日本との戦争状態の終結および講和条約を締結したいと述べつつも、米軍駐留、琉球・小笠原、台湾、さらには千島・南樺太の帰属問題について不満であるとし、結局講和会議への不参加を決定した。

太平洋協定——アジア版NATOの不発

対日観・対日講和への距離の差は、太平洋における安全保障問題をめぐって、連合国間に不協和音を奏でた。

一九五〇年五月、フィリピンのキリノ大統領は、NATOをモデルに日本や台湾政府を含む反共色が強い太平洋協定を提唱する。フィリピンは反日感情が強く、キリノ自身、日本軍によって妻子を殺されていたが、協定によってアメリカの関心をひき、同時に日本の脅威を抑えようと考えていた。だがオーストラリアとニュージーランドは、日本はもちろん台湾政府の加入は、北太平洋の争いごとに巻き込まれかねないとして、きわめて消極的であった。九月、スペンダー豪外相はダレスに、オーストラリアは日本の侵略に対する安全保障、その再軍備問題に強い関心を持っていると述べ、オーストラリア、ニュージーランド、フィリピンおよびアメリカ、カナダ、南米西海岸諸国の間の同盟を提案する。対して、アメリカは最大の脅威はソ連の膨張主義であり、この脅威に対抗するために不可欠な集団防衛体制として同盟を位置づけ、日本に対しても「対ソ封じ込め」政策の一翼として防波堤の役割を与えようとした。だが、オーストラリアにとっては、「日本の軍事力の再興」が最大の脅威であり、同盟は具体化することはなかった。

一九五〇年末、国連軍が朝鮮半島で後退するなか、アメリカ国務省内で、日本、アメリカ、フィリピン、オーストラリア、ニュージーランドの五ヵ国からなる太平洋協定構想が復活する（当初はカナダも含む）。それは日本の防衛を主眼とし、共産主義陣営に日本が取り込まれるのを防ぐことを目的としていた。この構想では日本の再軍備を不可欠とし、日本の地上軍の再建、地上軍を支援するアメリカの海空軍と連携し、日本本土の防衛を行うとしていた。

これに対してイギリスは、自らを除外する太平洋協定構想に強く反発し、オーストラリアは、自国の安全を確保するためにも日本の再軍備に何らかの制限を設けるべきだと主張した。イギリスの反対、オーストラリアの反発に遭い、アメリカは太平洋協定構想を断念、一九五一年八月に米比相互防衛条約、九月にはオーストラリア、ニュージーランドとアンザス条約と、個別の安全保障条約を結ぶことになる。

マッカーサー罷免

吉田の占領政策是正の要求

一九五一年四月九日、吉田はマッカーサーに宛て、占領期に行われた諸改革を見直し、手直ししたい旨の書簡（「占領下に公布された法令のうち改廃が望まれるもの」）を送った。

それは地方自治制度（内閣の監督権の強化）、家族制度（家長の地位の法制化、長子相続の復活）、警察制度（国家警察と自治体警察の相互協力の効率化のための中央集権化）、教育制度（教育委員会の独立性の廃止、六三制の再検討）、経済法規（独占禁止法の緩和）、刑事訴訟法（被告・容疑者の権利制限）、労働法（労働基準法に即した規制の緩和）、行政機構の改革（行政委員会の廃止など）と、きわめて広範囲にわたっていた。その内容はこれまでGHQが行ってきた改革の根本に関わるものだった。

しかし、この書簡はマッカーサーの突然の解任によって彼に伝わることはなかった。一九五一年三月二四日、朝鮮戦争が膠着状態にあるなか、マッカーサーが「中国本土攻撃も辞さず」と発言し、これに対して四月一一日、トルーマン大統領はマッカーサーを罷免したからである。四月一二日、後任に朝鮮戦争で実戦の指揮をとっていたマシュウ・リッジウェイ陸軍中将が就いた。

マッカーサー解任が伝わった夕刻、シーボルト外交局長が国務省から受けた訓令をもって首相官邸を訪ねると、「吉田が興奮のために、身をふるわすのが目に見えた」という。なお、シーボルトが持参した訓令は、マッカーサー解任後もアメリカの対日政策、講和条約、極東政策に変更もたらすものではないというものだった。

翌日、各紙は一面トップで、「マッカーサー解任」を報じた。各紙の社説はマッカーサーの離任を「惜しむ」という言葉で飾られた。たとえば『読売新聞』は、「マ元帥の解任は、少なくともわれらにとって大きな驚愕であり、哀惜にたえぬ」と述べ、「マ元帥は軍人であると同時に、戦後の日本にとっては最も理解ある良き指導者で、〔中略〕日本軍人の暴挙によって荒廃し破壊したる日本本土は、かつての敵国軍人たるマ元帥によって再建された。しかもなお彼は営々として、日本国民に民主主義を鼓舞することを怠らなかった。マ元帥を日本再生の恩人として、感謝するに異存はあるまい」と記していた。

四月一五日、天皇はマッカーサーをアメリカ大使館に訪問し、別離の挨拶を述べた。一六日早朝、マッカーサーは日本を去り、ホイットニー民政局長も帰国の途についた。同日の風景を、宮沢喜一は次のように記している。

とにかく司令部にも、又日本国内一般にも当時マッカーサーを何か殉教者のように感じる空気があって、マッカーサーが羽田から帰る時の見送りは、東京の日比谷から羽田の飛行場まで道の両側にぎっしり人が並んで、前にも後にもこんな派手な見物はまずはあるまいと思われた。

〔中略〕とにかくここに見送りに来ていた人々〔首相以下の閣僚とその随員たち〕は、街の人々と違って多かれ少なかれ占領による苦労をしていた人々だから、マッカーサー自身には感謝しても、占領者が帰ることに心から別れを惜しむ気持ちは少なかったはずで、微妙な無言のままマッカーサーを見送る気持ちが支配していたのに、マッカーサーがタラップを上った瞬間ある閣僚が、「マッカーサー元帥万歳」と大声を発したために、みんなが万歳と両手を挙げてしまった。もしその時に、そっぽを向いている人間がいたならば、それは相当な「レジスタンス」の人と云えただろうが、占領中ではそれも恐ろしいことだというのが当時正直な気持であった。

（『東京―ワシントンの密談』）

マッカーサーが飛び立った日の午後、休会中の衆参両院は本会議を開催し、マッカーサーに対する感謝決議を全会一致で可決した。夕方には入れ替わるようにダレスが三たび東京の地を踏んだ。

リゾーの民政局長就任

ホイットニーが去り、四月一七日に民政局長には次長からリゾーが昇任した。講和条約締結が間近に迫るようになり、民政局に残された仕事はほとんどなかった。

局長就任後まもなくリゾーは、四月二一日付ドイル・ヒッキー参謀長宛覚書「民政局の組織変更」で組織変更と人員削減を示唆し、その任務についても「SCAP〔最高司令官〕の権威がなくなったことによって生じる政治的空白、不確実性、そして起こりうる危機などさまざまな危険を最小限とするため、占領軍による日本政府の監視とコントロールの漸進的緩和について助言する」ことにあるとしている。

この四月、民政局内では公事課の任務が議会政治課に吸収され、六月三〇日には公務員課が廃止され、民政局は管理課、行政課、議会政治課の三課体制となる。

他方で、リゾーは、就任直後の四月一九日、先の四月九日付マッカーサー宛の吉田書簡に対し、占領下につくられた諸法規を大幅に改変することは、民主改革を放棄する印象を与えかねず、ひいては講和実現を妨げるおそれがあると、ヒッキー参謀長に回答している（『GHQ民政局資料』11）。二三日にはリゾーは、岡崎勝男官房長官をGHQに呼び、占領政策の見直しに反対である旨を伝えた。

ただし、その直前の四月一八日、吉田はダレスとリッジウェイに会い、マッカーサーの原則的同意のもと「ダレス氏のフル・ノレージ〔完全な理解〕の下に提供する」として、占領政策の見直しを直接求めていた。

リッジウェイ声明――追放解除

一九五一年五月一日、リッジウェイは憲法四周年記念の声明で、日本政府に占領下の諸法規を再検討する権限を委譲すると発表した。吉田は首相の諮問機関として政令諮問委員会を設け、この委員会を通じて占領下の改革を大幅に手直ししていく作業を進める。

政令諮問委員会は、木村篤太郎《きむらとくたろう》（元法相）、中山伊知郎《なかやまいちろう》（一橋大学教授）、前田多門《まえだたもん》（元文相）、小汀利得《おばまとしえ》（日本経済新聞社顧問）、石坂泰三《いしざかたいぞう》（東芝社長）、板倉卓造《いたくらたいぞう》（時事新報社社長）、原安三郎《はらやすさぶろう》（日本化薬社長）によって構成され、その後前田に代わって田中二郎（東京大学教授）が、そして追放を解除された石橋湛山（元蔵相）が加わった。

五月一四日に、政令諮問委員会は第一回会合を持ち、「総司令部から発せられた指令の精神は今後も維持」して、「あくまでも民主主義の方向を堅持する」ことを申し合わせたうえで、追放解除問題をはじめ、行政機構、教育制度、独禁法、労働関係法規、警察制度などを再検討することとした。

政令諮問委員会の答申を得て、政府は追放解除に乗り出す。六月二〇日に、まず石橋湛山、三木武吉《みきぶきち》、河野一郎ら約三〇〇〇名が解除となった。そして、八月六日には第二次追放解除が発表される。そのなかには、鳩山一郎、松本治一郎、大麻唯男《おおあさただお》、河上丈太郎、河野密、緒方竹虎ら大物政治家が含まれ、約一万四〇〇〇名に及んだ。

政令諮問委員会は、計三一回の会議を経て、一九五二年三月一二日突如解散する。吉田首相は、委員会の会議で「委員会はすでに使命を完了せるにより解散」すると挨拶した。石橋湛山はこれに対し、「解散に異論なきも少々あ然たり」と記している（『石橋湛山日記』）。石橋が驚いたのは、二月一日に石橋自身が憲法改正も委員会の議題とするべきであるとの提案を行い、「大体の賛成」を受けてから一ヵ月余りでの解散だったことである。吉田は講和会議を前に、憲法改正が話題となることを避けたかったようである。

「逆コース」の起源

政令諮問委員会の設立をきっかけに、追放解除などが始まったことは、民主化に対する「逆コース」という批判を呼び起こすことになった。

たとえば『読売新聞』は、一九五〇年一一月二日から一二月二日までの約一ヵ月間逆コースという名を初めて用いた二五回にわたる特集記事を連載する。その第一回は「世はさながら『逆コース』時代、追放解除は人間ばかりの特権ではない、と近ごろいろんな戦前ものが復活し始めた」と記した。

記事は、軍艦マーチ、チャンバラなどの復活から、靖国神社、「オイコラ」警察、団体等規正令、教育勅語など多岐にわたっている。また連載の半ば、同紙社説は「最近見られる日本の社会風景には、新憲法を制定して立ち上がった数年前の革新気分とはおよそ縁のない恐ろしい逆戻りの珍現象があり、それがもし社会人に何の驚きも与えずに展開しているとしたら悲惨である」と、「逆コース」への危惧を掲げていた（『読売新聞』一一月一五日）。

サンフランシスコ講和会議

中国をめぐる米英の対立

一九五〇年末、イギリス政府は対日講和に関し基本文書を作成していたが、この時点でもイギリス連邦諸国の足並みはそろっていなかった。インド、パキスタン、セイロン（現スリランカ）は「寛大な講和」を支持し、オーストラリアとニュージーランドはなお日本の工業力と再軍備を制限する「厳しい平和」を求めていた。

イギリス案では対日講和条約について、①領土問題では台湾・澎湖諸島の「中国」への返還の明記、②講和会議への中国（北京政府）の招請、③米軍駐留、日米安保の承認、④経済関係では造船能力の制限の明記を求めていた。そこでは日本再軍備について触れていなかった。

一九五一年三月、「対日講和七原則」をベースに、戦争の終結、日本の主権回復、領土、安全保障など八章からなるアメリカ案が極東委員会全構成国、さらには韓国、インドネシア、セイロンを加えた一五ヵ国に通告され、二七日には日本政府にも伝えられた。

四月から五月にかけて、米英間で草案に関する協議が重ねられた。米英の最大の争点は、中国問題にあったが、簡単に妥協点を見出すことができなかった。イギリスは、前年一月にいち早く北京政府を承認しており、台湾・澎湖諸島の「中国」への返還、北京政府の招請を強く求めた。イギリスは、日本は大陸と伝統的に密接な経済関係を持ち、国民政府招聘《しょうへい》によってこの関係を切断するのは賢明でないと考えていた。

これに対しダレスは、北京政府を承認していないアメリカが、講和交渉に北京政府の参加招請することはできない。また領土問題については、「カイロ宣言」では、「満州、台湾、澎湖は『中華民国』に返還される」となっており台湾を中国に割譲するとは記されていない。アメリカとしては「対日講和七原則」で台湾・澎湖諸島・南樺太・千島列島は、一括して英米中ソが「将来を決定」し、「日本は受諾する」としたように、講和条約は、台湾・澎湖諸島に対する、すべての権利、権限、請求権を放棄すべしだけにするべきだと応戦した。

結局、米英は、いずれの中国政府の署名も認めない、つまり、いずれの政府も会議に招請せず、北京政府と台湾政府のいずれの中国と結ぶかは、日本政府に委ねることで妥協をみた。

なお韓国は、署名国としての参加を表明し、一時は署名国リストにも掲載されていたが、アメリカ政府が「韓国は日本と戦争状態にあったことはなく、連合国共同宣言にも署名していない」ことを理由に参加を拒否した。

七月一二日、アメリカ政府は、イギリスの同意を経て、対日講和条約の全文を公表した。七月一六日に外務省は、一九四七年二月に連合国とイタリアとの間で結ばれた講和案と比較して融和的であると歓迎した。イタリアとの講和条約では、戦争責任条項に加え、イタリアが無条件降伏をしたことに言及し、その「無条件」を条約起草の大前提としていたが、対日講和条約は「今後における両者間の関係を、主権を有する平等者間の協力関係たらしめる旨決意する」趣旨を宣明していた。また、イタリアとの条約では連合国が「条約実施後一八ヵ月の間」イタリアを監督することが規定されていたが、対日講和では対日監視機構の規定はなかった。

七月二〇日、米英両国は対日宣戦を布告した四九ヵ国に対し、九月四日からサンフランシスコで開催する講和会議への招請状を出した。そして、八月一四日には「日米安全保障条約」米側最終案が到着した。

サンフランシスコ講和会議の開催

一九五一年九月四日、サンフランシスコ講和会議が日本を含め五二ヵ国の参加を得て開かれた。ミズーリ号艦上での降伏文書調印から六年の歳月が過ぎていた。中国は北京政府、国民政府のいずれも招請されず、インド、ビルマ、ユーゴスラヴィアの非同盟主義三国は欠席した。日本からは吉田首相を首席全権に、自由党から池田勇人蔵相、星島二郎《ほしじまにろう》が、国民民主党から苫米地義三委員長、参議院から緑風会の徳川宗敬《とくがわむねよし》、一万田尚登《いちまだひさと》日銀総裁が出席した。

アメリカとイギリスは「招かれざる客」ソ連の出席にショックを隠せなかった。翌日、議事規則の採択をめぐる米ソの鞘当てを経て、米英ソの三全権が演説する。

アメリカ全権ダレスは、講和条約締結にいたる経緯を述べ、「条約は、非懲罰的・非差別的な条約で、国際社会において、日本に威厳と平等と機会を与えるものである」と前置きしたうえで内容説明に入った。

続いてイギリスのヤンガー全権は、「イギリス連邦のわれわれは、日本の侵略に伴う残虐狂暴行為を忘れてはいない。マレーと香港の人びとは、日本の占領の直接の経験を忘れていない。しかし、われわれはみな一致して——インドもこの点では一体である——平和解決にあたって憎悪と復讐の念を止揚すべきであり、いたずらに、過去を思いめぐらさないで、将来に眼をむけるべきである」と述べた。アメリカ、イギリスの全権二人は、日本が沖縄に潜在主権を持つことに触れることを忘れなかった。

他方、ソ連のグロムイコ全権は、本条約が日本軍国主義の復活に歯止めをかけず、占領軍の撤退を保障せず、台湾・澎湖諸島の中国帰属および樺太・千島列島のソ連への返還・引渡しを明確にせず、国際協定に違反しており、結局平和条約ではなく極東で新しい戦争を準備する条約であると非難した。

九月七日に吉田は壇上に立ち、講和条約が「公正にして史上かつて見ざる寛大なもの」であり、「復讐の条約ではなく、『和解』と『信頼』の文書」であると述べ、欣然《きんぜん》受諾の意を表明した。同時に、奄美・琉球・小笠原の島々が日本の行政に復帰することへの期待、国後・択捉島が日本領土であり、歯舞・色丹諸島は北海道の一部であることに注意を喚起し、海外で抑留されている日本人の速やかな帰国の実現への援助と協力を求めた。

九月八日、ソ連、ポーランド、チェコスロヴァキアの三国が欠席するなか、講和条約の調印が行われた。日本側は六人の全権が署名した。平和条約と不可分の日米安全保障条約（以下、日米安保条約）は、この日の夕方、サンフランシスコ郊外の第六兵団プレシディオで、吉田茂のみが署名した。その間一五分に過ぎなかったという。

サンフランシスコ講和条約によって、日本と連合国との戦争状態は終結し、日本は占領から脱し独立を果たすことになった。

条約は二七条からなり、日本は朝鮮の独立を承認し、台湾・澎湖諸島および千島列島・南樺太を放棄した。そして、沖縄・小笠原諸島の分離（第三条）、米軍の駐留、極東国際軍事裁判（東京裁判）の受け入れ、賠償請求権を原則として求めないことなどが確認された。

また日米安保条約は、「無責任な軍国主義〔共産主義〕」がまだ世界から排除されておらず、日本は再武装を許されていないので、日本はアメリカとの安全保障条約を希望するとして結

サンフランシスコ講和条約に調印する吉田茂首相（1951年9月8日午前）
壇上の一万田尚登（日銀総裁），徳川宗敬（緑風会議員総会議長），星島二郎（自由党常任総務），苫米地義三（国民民主党最高委員長），池田勇人蔵相ら各全権も引き続き署名した

日米安保条約に調印する吉田茂首相（1951年9月8日夕刻）　署名は吉田一人だった．後方には，左から池田勇人，星島二郎，一万田尚登の各全権と大野木秀次郎，吉武恵市両全権代理

ばれた。その際、日本はアメリカの陸海空軍を日本国内およびその付近に配備する権利を許与し、アメリカはこれを受諾するとされ、配備の具体的条件は別個行政協定で決定するとされた。

内閣支持率は、一九四九年一〇月の四三・一%、五〇年四月の三一%から、五一年九月五八%へと急上昇している。吉田に随行してサンフランシスコに向かった宮沢喜一は、講和条約と日米安保条約が調印された日について、後日「その夜、ぼんやりとこれからまあ二〇年ぐらいのあいだ、日本は一種の〝綱渡り〟だなあと感じた」と述べている（『戦後日本の保守政治』）。

講和・安保条約の批准——社会党の左右分裂

両条約の調印を受けて、講和・安保問題をめぐり社会党は揺れていた。右派と中間派が単独講和で合流し、全面講和を主張する左派との対決姿勢を強めていたからである。中央執行委員会の構成は、左派一四、右派・中間派一六。浅沼稲次郎書記長と中間派の水谷長三郎が、党の分裂を避けるために、講和条約賛成・安保条約反対で調停に動き出す。この案は、民政局のウィリアムズ議会政治課長から示唆されたと言われる（『対日講和と冷戦』）。

一〇月五日に開かれた中央執行委員会では、講和賛成・安保反対（いわゆる「白・青」）という条約可分論を打ち出す右派・中間派と、両条約反対（「青・青」）の左派とが対立した。

鈴木委員長が棄権するなか、中央執行委員会は「白・青」案を大会提出原案として採択した。しかし、一〇月二四日、左派は党大会で巻き返し、「白・青」案を否決した。

ここに社会党は再び左右に分裂した（左派は委員長鈴木茂三郎、書記長空席。右派は委員長空席、書記長浅沼稲次郎）。議員数は衆議院では右派二九名、左派一六名、参議院ではそれぞれ三〇名と三一名であった。

分裂に際し、左派を突き上げたのは下部組織や労組――特に総評であった。総評左派の労働者同志会を中心に、「新しい労働者新党」の結成をほのめかしながら、「分裂をおそれず、社会主義政党としてのスジを通せ」と左派を背後から叱咤激励した。この間、日教組が「教え子を再び戦場に送るな」をスローガンに社会党の「平和四原則」の支持を表明、国労、全逓、私鉄総連、全鉱、全日通なども続いた。

講和・安保条約は一〇月二六日に衆議院本会議に上程され、講和条約は賛成三〇七、反対四七で可決された。反対は共産党の二二名のほか、左社の一六名、労農党の四名、国民民主党の三名、無所属の二名であった。安保条約は賛成二八九名、反対七一で可決された。両条約は一一月一八日参議院本会議に上程され、講和条約は一七四対四五で、安保条約は一四七対七六で可決され、翌日批准の手続きを完了した。

講和会議以後――独立に向けて

反吉田勢力の台頭——鳩山の自由党復帰と改進党の結成

サンフランシスコ講和は吉田の最高の「外交的作品」であり、吉田はその傑作に見合う国内の諸条件をつくらなければならないという使命感にあふれていた。しかし、吉田内閣の人気は徐々に陰りが見え始める。講和条約調印時に五八％あった支持率は、一九五二年三月には三三％に下落していた。

こうしたなか追放を解除された政治家たちが、独立後を見据えて新党結成に向かう。一九五二年二月、追放解除された旧民政党系の松村謙三、大麻唯男ら一二〇名余りでつくられた「新政クラブ」が国民民主党に合流し、改進党が結成された。総裁不在のまま、幹事長三木武夫、松村常任委員会議長その他の役員を選出した（六月一三日、重光葵が改進党総裁に就任）。衆院六七名、参院一六名の勢力となった。

改進党は「進歩的国民勢力の前衛」として、自由党に対抗し、政権を担当する能力ある強力な政党の結成をめざす。そして、「民力に応ずる民主的自衛軍の創設」と、「自由放任の浪費経済を排し、経済の総合計画化により自立生産経済への転換を図る」とし、自由党に対峙した。大会宣言には「資本主義の弊害を是正するため社会主義的政策をも断行し、もって国民大衆の福祉の実現に資せん」という文言が盛り込まれた。

一九五一年夏、鳩山一郎、河野一郎、石橋湛山、三木武吉らが自由党に復帰する。彼らは、「敗戦によって日本は一変してしまったのだ、というふうには感じない、あるいは感じたくない人びと」(『東京―ワシントンの密談』)だった。その意味で、彼らにとって占領改革は否定されるべきもので、守るべきものではなかった。鳩山らは改憲再軍備を前面に打ち出し、自由党のなかから吉田を揺さぶっていく。吉田は改進党・社会党のみならず、党内からも挑戦を受けることになる。

民政局、最後のレポート

一九五二年三月三一日、四月二八日の条約発効を一ヵ月後に控えるなかリゾー民政局長は最後のブリーフィング・レポートを参謀長宛に提出した。そこでは、戦後日本の政治システムにおける憲法および法律上の基礎について次のように分析していた。

①講和条約は、日本人の心に抑圧感、劣等感および絶望の感覚を生み出すことなく日本に平等と尊厳と安全を与えた、②日本経済が国際経済秩序に統合され、八〇〇〇万人の国民に適切な生活水準を提供する機会を与えた、ただし③新しい法、慣習そして制度の強さと耐久性を論証するために時間が必要である。

また、日米双方のメディアで、戦後改革が本物であるか疑念が抱かれているが、日本政府と国会は「占領により導入された多くの法の改革の途上にある」ものの、それは旧秩序への回帰を意味するものではないと記している。

さらに、③について、強さと耐久性を評価するために、新憲法システムに組み込まれた国民主権、地方自治、個人の価値と尊厳の尊重という三つの基本原則を挙げ、最近の動向を検証している。

国民主権については、日本国内に天皇に主権を回復しようとする動きはなく、国会は占領後の憲法上の役割を果たしつつあるとした。地方自治については、警察制度改革に触れ、町村の国家地方警察の廃止は財政的困難から起こり、住民投票を通じてなされた自主的なものである。しかも、市では自治体警察の廃止について根強い反対があるとした。

最後に、個人の価値と尊厳の尊重については、封建的伝統を克服し、日本人は民主主義と共産主義の違いを知り、最近の破壊活動防止法制定の動きや、天野貞祐《あまのていゆう》文相の修身に基づいた道徳綱領の提唱についても、メディアのみならず議会からも激しい反対が起こっている。その意味で、日本はいま「再調整」の過程にあるが、基本的人権の尊重のために闘っていると記している。

講和の代償1——「吉田書簡」

他方で吉田は、講和条約と日米安保条約締結によっていくつかの代償を支払わなければならなかった。単独講和だった以上、東側陣営との和解は遠く、特に中国については、アメリカ政府の強い要請により、台湾の国民党政府を中国として扱うことを余儀なくされていた。

この間の経緯を、吉田は次のように語っている。

講和独立後の日本が北京と台湾のいずれかを選択するかは、アメリカにとってとくに重大な関心事となった。万が一にも日本が貿易その他の経済的利益に動かされて北京政権とのあいだに何らか修好関係を持ち始めるような事態ともなれば、アメリカの対共産圏政策は大きく動揺せざるをえない。そこで平和条約その他に対する米上院の批准より先に、日本は国民政府とのみ国交回復する、といった意思表示を取りつけたいということになった。つまり日本が国民政府を選ぶという確証がないかぎり米上院の条約批准は困難だというのである。

（『回想十年』）

一九五一年一二月二四日、吉田は不本意ながら、ダレスに「日本はアメリカの条約批准に先立ち、台湾の国民政府と講和」を結ぶ旨の書簡を送った（公表は翌五二年一月一六日）。中華人民共和国との国交回復は二〇年後の一九七二年まで、平和条約締結は七八年まで待たねばならなかった。

講和の代償2——行政協定、米軍基地

日米安保条約は、アメリカが日本の安全について責任を負う代わり、日本がアメリカに基地を提供するという関係を基本としていた。さらに、米軍が日本国内の治安維持にも出動す

ることができること、期限の定めがないことなど、対等な国家間の条約としては異例の内容を含んでいた。寛大な講和は、厳しい条件の米軍駐留とはセットで進められたのである。

一九五二年二月二八日、日米行政協定が調印された。これによって、米軍は日本国内のどこにでも基地を要求する権利を持つことになった。それは日本の主権を著しく制限するものであり、宮沢喜一は当時の関係者の一人として「独立のためやむをえない方式であった」とはいえ、「方式が具体化される段階で犯されたいくつかの間違いが残念に思われる」（『東京―ワシントンの密談』）と指摘している。

当時、米軍基地は日本全体で七三三ヵ所、その面積は一四万町歩（一三八八平方キロ）余りあり、大阪府の面積の七五％に匹敵する規模を持っていた。

独立へ――各党の態度

一九五二年四月二八日、サンフランシスコ講和条約が発効し、六年八ヵ月に及ぶ占領が終結した。この日、台湾の国民政府との間で日華平和条約が結ばれた。この独立の日を各政党はどう迎えたであろうか。

自由、改進、右派社会党の三党は独立を喜びたいと述べ、それぞれ次のような決意を示した。

自由党の増田甲子七幹事長は「国際情勢は甚だ微妙であり自立、自衛の道も決して平坦ではない。内には公明な議会政治確立と内政全般の改善を図り、外には国際信義を重んじ、民主友好諸国と緊密に協力提携して世界のデモクラシーと平和の前途に寄与し国民の信頼に応えるとともに、友好諸国の信義に報いたい」と述べた。

改進党の三木武夫幹事長は、「日本がいよいよ国際社会に復帰して世界平和の維持に寄与しつつ経済的自立を達成することは容易なことではない。〔中略〕国際的風当たりの強いことも覚悟せねばならぬし、国内的利害の対立も激化するであろう」と述べ、民主主義の本道を行くとした。

右派社会党は、党として「今後は講和に対してわが党の付した安全保障、領土、賠償その他四条件の実現に努力し、また独立の真の裏打ちをなす経済的自立を達成し、国民生活の安定を図ることである」とし、激化する左右両極の全体主義と闘うことが民主主義を守る道であると説いた。

これに対して左派社会党も党として、「われわれの得た独立は占領下とほとんど変りなく、しかも日本人は余りにも高い代償を払いすぎた。日本の新たに得た地位はアメリカの極東戦略の前進基地としてのそれであり、中ソ両国はもちろん、インド、アジアの主要諸国と無講和状態のままに放置されるという不安定な状態につき落とされた。国民には民主主義ではなく逆コースが、自由ではなく弾圧が身に迫り、平和憲法は無視されようとしている。わが党は真の自由と独立を闘いとるために社会民主主義の旗の下に広範な運動を展開する」と述べている。

共産党は、「われわれは講和条約発効の日を迎えるに当り、すべての愛国者とともにわきたぎる憤激を胸中深く蔵しつつ、決意を新たにして売国条約破棄、外国軍隊の撤退、日本民族の解放、世界平和のため闘う」との声明を出している。

講和の代償3——沖縄

沖縄は、サンフランシスコ講和条約締結によって、正式に日本から分離され、アメリカの支配が続くことになる。

講和条約締結後の一九五一年一一月、米民政府は「中央政府」の設立に関する方針を発表し、公選議員によって沖縄の憲法にあたる「基本法草案」を制定し、行政主席の公選を謳った。さらに、翌年二月二九日には米民政府は「琉球列島アメリカ民政府布告第一三号」を発布し琉球政府を設立する。

琉球政府は琉球における政治の全権を司るとされたが、もちろん米民政府の布告、布令および指令には従わなければならなかった。琉球政府の立法権は立法院に帰属し、議員も公選とされたが、比嘉秀平が就任していた行政主席は公選ではなく、アメリカの琉球民政長官（実質的には極東軍総司令官）によって任命されることになり、群島政府時代から後退した。

三月には立法院選挙が実施された。比嘉主席は布告六八号（琉球政府章典）によって、すでに琉球政府の機能と権限は決定されており、立法院による基本法制定は不必要となったと発表した。この布告六八号によって、琉球政府は、「琉球列島アメリカ民政府の布告、布令及び指令に従う」という重大な制約のもと、琉球における政治の全権を行うことができるとされた。

そして、サンフランシスコ講和条約が発効した四月二八日、日本から分離された沖縄は、この日を「屈辱の日」として記憶することになった。

終章　占領と戦後日本

二つの占領――本土と沖縄

日本は、ポツダム宣言を連合国との国際的約束として受け入れ降伏、連合国の占領下に置かれた。連合国は日本にポツダム宣言に挙げられた諸条件の実行を求め、日本はこれらを忠実に履行する義務を負った。

本土の占領は、連合国最高司令官マッカーサーの下に始まる。このことは、連合国の占領とはいえ、対日戦争におけるアメリカの圧倒的な役割、マッカーサーが極東委員会や対日理事会など連合国の機関が整う前に日本に進駐したことで、実質的にアメリカの占領となることを決定づけた。占領の目的は、日本が再びアメリカおよび世界の脅威とならないようにすることにあり、具体的には、日本の非軍事化・民主化にあった。そして、マッカーサーは基本的に「初期対日方針」「初期の基本的指令」などの本国からの指令に従って占領政策を遂行していく。その際、日本政府を利用する「間接統治」方式が採られた。

他方、沖縄の占領は本土より早く交戦中の占領として始まり、日本の降伏後も本土占領に組み込まれることはなかった。一九四六年一月に沖縄が日本から分離され、米軍による直接軍政が続く。沖縄に日本の行政権は及ばず、代替すべき県庁組織も崩壊しており、利用すべき政府もなく、まさにゼロからの出発だった。軍政府による「上から」の政府機関の設置、政治的復興が優先された。沖縄諮詢会から沖縄民政府の設立に連なる措置である。しかも、司令官がしばしば交代し、アメリカ側の統治の責任主体も不明確で、沖縄は一九四八年まで日米双方から「忘れられた島」となった。沖縄占領はまた、日本の降伏により、本土進攻の前進基地としての役割に代わる目的を見出せず、曖昧なままに据え置かれた。

かくして本土と沖縄は占領の開始、占領体制、占領の目的も異なる基準で分断統治されることになった。

日本国憲法の制定――非軍事化・民主化

GHQが進めた非軍事化政策――軍の解体、戦犯の逮捕、人権指令、五大改革指令、財閥解体、国家神道の禁止などは、占領開始後矢継ぎ早に行われ一九四五年年内にほぼ完了した。翌四六年一月に出された公職追放令はその一つの終結点であったと言えよう。

この過程では、敗者の日本側も戦時体制から平時体制への移行を急ぎ、非軍事化・民主化に取り組んだ。それは、戦時からの断絶を意図するものだった。

「満州事変以前」の政治への復帰は、日本側が示した「民主化」であり、幣原喜重郎の言う

「日本型民主主義」の再現だった。他方で、日本側のイニシアチブで行われた婦人参政権の付与、労働組合法の制定、第一次農地改革は、不完全な部分もあったが、「満州事変以前」への回帰にとどまらない、日本からのもう一つの戦後像の提示だった。しかし、言論の自由、政治犯の釈放を求めた人権指令、軍国主義者たちを政治から排除する公職追放令は、日本側に占領という現実と戦前回帰がそのまま許されるわけではないことを思い知らせた。

一九四六年初頭、GHQと日本政府との間で憲法をめぐって行われた交渉は、一面で日米の戦後像の違いを露わにした。日本側では、天皇大権の制限・削除によって、議会の権限強化を果たすとともに、一部とはいえ基本的人権の保障を組み入れようとしていた。

しかしGHQは日本政府の動きに満足せず、また日本に厳しい姿勢で臨むソ連やオーストラリアなど極東委員会の機先を制する必要があった。マッカーサーはワシントンに諮ることなく、「マッカーサー三原則」のもと国民主権・戦争放棄・基本的人権の尊重など骨子とする憲法草案を作成した。結果的に、天皇制は戦争放棄条項と引き換えに象徴天皇として存続する。それは当時の幣原首相、吉田茂外相がもっとも祈念してやまなかったものであり、だからこそ受容したとも言える。

日本国憲法の制定は、民主化と天皇制の調和を図り、日本の「戦後」を画した。ホイットニーとケーディス率いる民政局は、憲法草案の作成という大きな役割を果たすことで、マッカーサーの「政治的参謀」としての地位を固めた。以後、民政局は日本国憲法の原理に沿って、五大改革指令に示されたさまざまな政治的民主化を進めていく。同時に民政局は、極右・極左を排した「中道」政治の確立を求め、その担い手として社会党への期待を強めていく。

非軍事化・民主化から経済復興へ

日本経済の再建、具体的には国民の衣食住を保障することは、敗戦直後から日本政府に課された重いハードルだった。一〇〇〇万人餓死説がささやかれ、食糧不足、インフレの高進などどん底の経済は国民、特に労働者たちの生活を直撃した。労働者は賃金と職を求めて労働組合に結集し、彼らの運動は経済闘争から政治闘争へと急進化した。労働運動の昂揚はGHQの民主化政策によって支えられたが、経済的困窮は民主化という占領目的を揺るがしかねないものとなり、労働組合は一九四七年の二・一ゼネストへと突き進んだ。

マッカーサーは、二・一ストを労働運動の暴発ととらえ中止させた。さらに一九四七年三月早期講和を提唱し、「経済復興」を占領目的の一つに定めた。それは非軍事化・民主化の終焉を意味するものではなく、補完するものであった。

日本側にとっても経済復興は不可欠であった。片山哲、芦田均内閣は民主化の完成と経済の計画化と労働者の経営参加を旗印に、労資協調による復興をめざした。ここに民政局との蜜月に裏づけられた日米の「改革派」連合が成立した。

しかし冷戦の進行を受けて、ワシントンはマッカーサーの占領政策に不満を募らせていく。ワシントンは、マッカーサー以上に日本の自立の観点から経済復興に重きを置くようになっていった。ワシントンではウィリアム・ドレーパーが「納税者の論理」――占領経費の軽減の側面から経済復興へのギア・チェンジを促した。ジョージ・ケナンは「冷戦の論理」から日独の復興を位置づけていた。二人は日本占領をドイツと同じ目で見るようになった。

ドッジ・ライン――マッカーサーの占領からアメリカの占領へ

一九四八年に入り食糧事情もかなり改善され、生産水準も戦前の六割近くに回復した。一〇月に出されたNSC13／2（「アメリカの対日政策に関する勧告」）は、正式に占領政策を民主化から経済復興へ転換させ、日本の経済的自立を図るとしていた。マッカーサーはこうしたワシントンの動きが、日本政府とGHQが進めてきた経済復興政策を否定するものであり、支持する中道政権の足元を揺るがすとして抵抗した。アメリカ政府はこれに対し、中間指令として「経済安定九原則」を出し、マッカーサーの占領に強く介入する。

他方で、一九四八年早々、沖縄で市町村長・議員選挙が行われ、住民の側から自治を求める要求が出てきた。ワシントンでは国務省と陸軍省の間で対立していた沖縄領有について合意が成立した。

一九四九年二月にジョセフ・ドッジが来日し、対日経済政策の主導権はアメリカ政府の手に渡った。超均衡予算を軸とするドッジ・ラインは、一挙安定策によって日本経済の復興を図った。ドレーパーに始まるこれらの政策は、決して懲罰的ではなく、長期的には日本再生のためにくぐりぬけなければならない試練だったとされるが、短期的には日本国民、特に労働者に過酷な犠牲を強いるものとなり、日本経済の行方は混沌のなかにあった。

一九四八年一〇月、首相に復帰した吉田は、経済安定九原則の実施によって、「事実上の講和」をめざした。以後、吉田はマッカーサーの頭越しにワシントンとのルートを確保していく。

本土の占領政策の転換と並行して、アメリカ政府は沖縄政策を進めていく。NSC13／3は、アメリカによる沖縄の領有と基地化をセットに、すなわち沖縄の日本からの政治的分断を前提に、沖縄の経済復興を課題とした。アメリカはそのアジア戦略の一環として本土と沖縄を統合したが、それは沖縄が日本の政治的・経済的自立のための「担保」となったことを意味した。

講和と朝鮮戦争の勃発

冷戦の深化を受けて、アメリカは日本を西側陣営に組み込むために講和を推進し、そのアジア戦略のなかに日本を位置づけようとした。日本は国際社会から退場を命じられたが、このことは日本が国際情勢から自由であることを意味しない。以後「全面講和」か「単独講和」かの選択を迫られる。

吉田と自由党は、米ソ冷戦という国際情勢に鑑みて、単独講和もやむなしと考え、自由主義陣営の一員となることを選択した。対する社会党と国民民主党は、当初全面講和、中立、軍事基地反対で共同戦線を張り、政権に対峙した。

朝鮮戦争の勃発は、日本が経済的苦境から脱し、西側陣営に属する動きを加速し、結果的に政党を二分する。国民民主党は中立を放棄し、単独講和へと転換し、防衛力増強について吉田より積極的となった。他方社会党は、「平和三原則」に再軍備反対を加えた。

吉田は、日本の経済的自立を最優先し、安全保障のため米軍駐留を容認したものの、ダレスとの交渉でアジア諸国の懸念を前に再軍備には抵抗し続けた。

自由党と国民民主党は講和・安保で協調し再軍備で対立する。対して自由党と社会党は講和・安保で対立するが、再軍備反対では協調していた。だが、その社会党は講和・安保両条約をめぐって左右両派に分裂した。

日本は、沖縄を担保に講和条約を結ぶことで、占領に終止符をうち、国際社会に復帰した。異なる道を歩んできた本土と沖縄は「復興」で統合され、独立で再び割かれた。沖縄では、アメリカの支配が継続することになったのである。

占領のバランスシート

占領のバランスシートを考えるとき、占領末期の行き過ぎた占領改革の是正という吉田による申し入れが、憲法改正に触れることなく終わったことに注目する必要がある。警察法、独占禁止法、教育委員会、行政機構の整理など「日本側の実情に沿わなかった」ものが修正された。改革のうち、戦前から現実に合わなくなり、日本側に受け入れる何らかの土壌が培われていたものを巻き戻すことは、吉田にもできなかったと言える。他方で、吉田はのちに、結果的にアメリカの占領改革はかなりの成功を収めたと言い、これらの理想主義的な改革は、戦後の混乱と絶望の状態にあった日本人に、将来への希望を与えたと記している（『日本を決定した百年』）。

リチャード・フィンは、その著書『マッカーサーと吉田茂』の日本語版まえがきで、占領について次のように述べている。

> アメリカ人は一般に占領というとマッカーサー元帥が単独で日本を改革し、経済を再建したものと思っているので、日本人自身の貢献を見逃す人が多い。またその頃日本で何が起きていたかを誤解している人も多い。

フィンは、一九四五年に海軍軍人として日本に駐留、ワシントンで二年近く極東委員会で働いたのち、四八年外交官として来日し、以後七年間日本で勤務したという経験を持つ。フィンの著書の原題は *Winners in Peace: MacArthur, Yoshida and Postwar Japan*（平和の勝者）であり、フィンは、戦後日本はなぜ成功したかをテーマに「戦争では勝者があれば敗者もあるが、平和においてはみんなが勝者である」と説き、占領期を振り返っている。

また経済科学局労働課長だったセオドア・コーエンは、著書『日本占領革命』の最終章を「バランスシート」というタイトルで締めくくっている。副題は「安定化・経済の奇跡・途切れた会話」であり、経済の奇跡を、フィンと同様、「平和の勝者」日本の姿として描く。ただコーエンは、日本の労働運動研究者として、労働組合とアメリカ政府との「途切れた会話」を描くことで日米の負の遺産を指摘する。

占領とは何だったか——占領と戦後政治

戦後日本の原点は占領にある。「はじめに」で述べたように占領は日本が再び国際社会に復帰するための準備期間であった。

「日本国憲法体制」は初期占領の改革のシンボルであり、サンフランシスコ講和条約と日米安全保障条約とによって生まれた「安保体制」は占領後期のシンボルであった。日本は、国際社会に復帰するにあたって、この二つを受け入れた。ここに日本は、「明治国家」から「戦後国家」へと微妙な転生を遂げたのである。吉田の軽軍備・経済中心主義路線、つまり憲法と日米安保を両立させ、再軍備に消極的だったその路線は、普通の主権国家の概念から見て新奇で不安に感じられるところがあった。それは好むと好まざるとにかかわらず、「憲法」と「安保」のいずれに傾斜するかによって、こののち日本政治を保守と革新に引き裂いていく。

社会党は、占領下に行われた「民主化」を評価・受容し、その頂点とも言うべき日本国憲法を擁護する立場をとった。他方で自由民主党は、占領後期の「安保」を梃子として、それを発展させ現在にいたっている。もちろん、その道は単線ではない。一九五〇年代、鳩山一郎・岸信介らは、行き過ぎた占領政策の是正、第九条をはじめとする憲法改正、そして再軍備を主張し、吉田に挑戦した。六〇年安保騒動は、保守と革新が先鋭的に衝突した場だった。

それは同時に、保守のあり方にも変容を迫った。明治憲法下の保守政治から日本国憲法下の保守政治を生むことになる。それは保守本流と呼ばれ、護憲と日米安保を共存させることで、改憲・再軍備を唱える自民党内のもう一つの流れと、他方で護憲・日米安保反対を唱える野党それぞれと対峙する政治だった。

敗戦から七〇年、サンフランシスコ講和・独立から六〇年余り、そして冷戦が終わって四半世紀、いま日本は一つの岐路に立っている。戦後日本の政治は、「憲法」と「安保」という二つが引き寄せあって一つにならない楕円《だえん》のなかに展開し、いまあらためて国際社会との関わりを問われている。それは、引き裂かれてきた沖縄の「戦後」を問うものでもある。

あとがき

筆者は一五年ほど前、占領初期の民主化改革と経済復興問題を中心に、GHQと諸政党の対応を描いた『占領下中道政権の形成と崩壊——民政局と日本社会党』を上梓《じょうし》した。その後、占領の終結にいたる後期を含めて、日本占領が、この国にそして日本人に何を残したかまとめてみたいという思いを抱いてきた。

本書では、二つのことを問いかけた。一つは、日本国憲法と日米安保という、占領が戦後日本に残した遺産を総括することである、もう一つは、占領が日本を駄目にしたという論調に対する、違和感である。六年八ヵ月ばかりの占領で、日本および日本人は駄目になるほど弱で怠惰なのだろうか。それこそ自虐史観ではないのだろうかと。

この点で落語家春風亭柳昇《しゅんぷうていりゅうしょう》の『与太郎戦記』は興味深い。終戦を青島《チンタオ》の陸軍病院で迎えた彼は、敗戦を「助かったと思う半面、いい知れぬ悲しみをおぼえ、複雑だった」と述べている。帰国する船中で、日本および自らの今後について次のように綴る。

日本は今後どうなるのだろう。日本に外国の娯楽を与え、日本人をホネぬきにするのかナ〔と考えた〕。そんなことをいっている人もいたのだ。地名も建物もみんな英語にかきかえ、日本語も奪い去るのだろうか……とも思った。〔中略〕
「好きな落語家になろうか」とも考えたが、日本語のなくなるはずの日本で、しかも〝八ッつぁん熊さん〟の出る古い落語など、とても通用しないだろう。英語で落語をやったらどうだろう。〝ハロー、ミスター、ハッツァン、アンド、ミスター、クマサン、コーリング……〟いや、これはダメだ。〝だが待てよ〟と考え直した。日本軍に占領されていた中国で、中国の人は全部中国服を着て中国語で話していたではないか。民族の誇りなど、そうたやすくなくなるものではないだろう。アメリカが日本にはいってきて日本人に英語を押しつけても、日本人は逆に日本語に愛着を持つにちがいない——。そうなれば落語など、かえって盛んになるかもしれない。（『与太郎戦記』）

ここで、彼は占領者として、他方で被占領者として、二つの占領を語っている。同時に、生活に根を下ろした人間のしたたかさと活力を示している。

一〇数年前、求められてアフリカの国会議員数名に、占領期の日本の政治について話す機会があった。一回は英語圏の、もう一回はフランス語圏に属する議員たちとの対話で、第二次世界大戦前の植民地支配の残滓《ざんし》を偲《しの》ばせた。彼らに問われたのは「民主化」のモデルとしての日本であり、その経済的再建への関心だった。いずれの会も多くの質問にあふれ、それ自体興味深い内容を含んでいた。占領という経験は、さまざまな語りを必要としていることをあらためて知った。

本書では紙幅の関係上、教育改革など、沖縄本島を除く奄美・宮古・八重山の占領には触れることはできなかったが、本書は占領研究の私なりの総括である。読者にとって等身大の占領をたどり、戦後日本を考える際の出発点となれば幸いである。

*

これまでに多くの方々にお世話になった。師である五百旗頭真先生には、占領研究を始めるに際し、初歩から手ほどきを受けた。厳しい助言はもちろん、温かい指導に浴することができた。また天川晃先生には、折に触れいただいた適切なアドバイスのみならず、資料などについても惜しみなく提供していただいた。このお二人には特に感謝したい。

最後に、遅れた原稿を辛抱強く待ち、この間叱咤激励をいただいた中央公論新社の白戸直人氏に謝意を表したい。

二〇一四年一一月末日

福永文夫

主要参考文献

浅井良夫『戦後改革と民主主義』吉川弘文館、二〇〇一年
天川晃『占領下の日本』現代資料出版、二〇一四年
天川晃『占領下の議会と官僚』現代史資料出版、二〇一四年
天川晃・星健一・福永文夫編集代表『GHQ民政局資料・占領改革』全一二巻、丸善、一九九七〜二〇〇一年
雨宮昭一『占領と改革』岩波新書、二〇〇八年
荒敬『日本占領史研究序説』柏書房、一九九四年
安藤良雄編著『昭和政治経済史への証言』下、毎日新聞社、一九六六年
五百旗頭真『占領期』読売新聞社、一九九七年
五十嵐武士『対日講和と冷戦』東京大学出版会、一九八六年
池田勇人『均衡財政』中公文庫、一九九九年
石井修『国際政治史としての二〇世紀』有信堂、二〇〇〇年
石橋湛一・伊藤隆編『石橋湛山日記』みすず書房、二〇〇一年
伊藤隆・季武嘉也編『鳩山一郎・薫日記』上、中央公論新社、一九九九年
伊藤隆・渡辺行男編『重光葵手記』中央公論新社、一九八六年
猪木正道『評伝 吉田茂』全三巻、読売新聞社、一九八一年
J・ウィリアムズ（星健一・市雄貴訳）『マッカーサーの政治改革』朝日新聞社、一九八九年
C・ウィロビー（延禎監修）『知られざる日本占領』番町書房、一九七三年
内田健三『戦後日本の保守政治』岩波新書、一九六九年
江藤淳編『占領史録』全四巻、講談社学術文庫、一九八九年
R・エルドリッヂ『沖縄問題の起源』名古屋大学出版会、二〇〇三年
大蔵省財政史室編『対占領軍交渉秘録・渡辺武日記』東洋経済新報社、一九八三年
大河内一男・松尾洋『日本労働組合物語 戦後篇』上下、筑摩書房、一九七三年
大嶽秀夫編『戦後日本防衛問題資料集』第一・二巻、三

一書房、一九九一〜九二年
太田健一ほか編『次田大三郎日記』山陽新聞社、一九九一年
沖縄県沖縄史料編集所編『沖縄県史料・戦後1沖縄諮詢会記録』沖縄県教育委員会、一九八六年
(財)沖縄県文化振興会公文書管理部史料編集室編『沖縄県史 資料編14・琉球列島の軍政一九四五——一九五〇・現代2(和訳編)』沖縄県教育委員会、二〇〇二年
沖縄県立図書館史料編集室編『沖縄県史料・戦後2沖縄民政府記録1・2』沖縄県教育委員会、一九八八、九〇年
沖縄社会大衆党史編纂委員会編『沖縄社会大衆党史』一九八一年
小倉裕児「マッカーサーと日本共産党」(『年報日本現代史』第四巻、一九九八年)
A・オプラー(内藤頼博監)『日本占領と法制改革』日本評論社、一九九〇年
外務省編『平和条約の締結に関する調書』全五冊、二〇〇二年
片山哲『回顧と展望』福村出版、一九六七年
片山内閣記録刊行会『片山内閣』一九八〇年
嘉陽安春『沖縄民政府』久米書房、一九八六年
議会政治研究会編『政党年鑑・昭和二二年〜二四年』ニュース社、一九四七〜四八年
楠綾子『吉田茂と安全保障政策の形成』ミネルヴァ書房、二〇〇九年
楠綾子『現代日本政治史1・占領から独立へ』吉川弘文館、二〇一三年
経済企画庁編『戦後経済復興と経済安定本部』一九八八年(「都留重人日誌」所収)
ジョージ・F・ケナン(清水俊雄訳)『ジョージ・F・ケナン回顧録』上下、読売新聞社、一九七三年
河野康子『日本の歴史24・戦後と高度成長の終焉』講談社、二〇〇二年
T・コーエン(大前正臣訳)『日本占領革命』上下、TBSブリタニカ、一九八三年
古関彰一『日本国憲法の誕生』岩波現代文庫、二〇〇九年
坂本義和、ロバート・ウォード編『日本占領の研究』東京大学出版会、一九八七年
佐藤達夫『日本国憲法誕生記』中公文庫、一九九九年
幣原平和財団編『幣原喜重郎』幣原平和財団、一九五五年
信夫清三郎『戦後日本政治史』全四巻、勁草書房、一九六五〜六七年
柴田伸一編『吉田茂書翰 追補』中央公論新社、二〇一一年
W・シーボルト(野末賢三訳)『日本占領外交の回想』朝日新聞社、一九六六年

マイケル・シャーラー（五味俊樹監訳）『アジアにおける冷戦の起源』木鐸社、一九九六年
ハワード・B・ショーンバーガー（宮崎章訳）『占領一九四五〜一九五二』時事通信社、一九九四年
進藤榮一・下河辺元春編『芦田均日記』全七巻、岩波書店、一九八六年
鈴木徹三『片山内閣と鈴木茂三郎』柏書房、一九九〇年
鈴木茂三郎『ある社会主義者の半生』文藝春秋新社、一九五八年
袖井林二郎『マッカーサーの二千日』中央公論社、一九七四年
袖井林二郎『占領した者された者』サイマル出版会、一九八六年
大霞会編『内務省史』第三巻、一九七〇年
平良辰雄『平良辰雄回想録』南報社、一九六三年
平良好利『戦後沖縄と米軍基地』法政大学出版局、二〇一二年
高島喜久男『戦後労働運動私史』第一巻、第三書館、一九九一年
高橋紘『昭和天皇一九四五―一九四八』岩波現代文庫、二〇〇八年
高柳賢三ほか編著『日本国憲法制定の過程』Ⅰ・Ⅱ、有斐閣、一九七二年
竹前栄治『GHQ』岩波新書、一九八三年
竹前栄治『日本占領――GHQ高官の証言』中央公論社、一九八八年
竹前栄治『占領戦後史』岩波書店、一九九二年
竹前栄治・岡部史信『日本国憲法検証第一巻・憲法制定史』小学館文庫、二〇〇〇年
ジョン・ダワー（大窪愿二訳）『吉田茂とその時代』上下、TBSブリタニカ、一九八一年
ジョン・ダワー（三浦陽一他訳）『敗北を抱きしめて』上下、岩波書店、二〇〇四年
地方自治研究資料センター編『戦後自治史』文生書院、一九七七年
通商産業省編『通商産業政策史』第二巻、一九九二年
『帝国憲法改正案委員小委員会速記録――第九十帝国議会衆議院』現代史料出版、二〇〇五年
豊下楢彦『日本占領管理体制の成立』岩波書店、一九九二年
鳥山淳『沖縄 基地社会の起源と相克』勁草書房、二〇一三年
H・トルーマン（堀江芳孝訳・加瀬俊一監修）『トルーマン回顧録』全二巻、恒文社、一九九二年
中北浩爾『経済復興と戦後政治』東京大学出版会、一九九八年
中北浩爾『日本労働政治の国際関係史』岩波書店、二〇〇八年
中野好夫・新崎盛輝『沖縄戦後史』岩波新書、一九七六年

中村隆英編『占領期日本の経済と政治』東京大学出版会、一九七九年
中村隆英『昭和史Ⅱ』東洋経済新報社、一九九三年
中村政則編『近代日本の軌跡6・占領と戦後改革』吉川弘文館、一九九四年
中村政則ほか編『戦後日本 占領と改革』全六巻、岩波書店、一九九五年
楢橋渡『激流に棹さして』翼書院、一九六八年
西尾末広『西尾末広の政治覚書』毎日新聞社、一九六八年
西村熊雄『日本外交史27・サンフランシスコ平和条約』鹿島出版会、一九七一年
長谷川毅『暗闘――スターリン、トルーマンと日本降伏』中央公論新社、二〇〇六年
秦郁彦『昭和財政史 終戦講和3 アメリカの対日占領政策』東洋経済新報社、一九七六年
鳩山一郎『鳩山一郎回顧録』文藝春秋新社、一九五七年
東久邇稔彦『私の記録』東方書房、一九四七年
東久邇稔彦『一皇族の戦争日記』日本週報社、一九五七年
比嘉幹郎『沖縄――政治と政党』中公新書、一九六五年
T・ビッソン（中村政則・三浦陽一共訳）『日本占領回想記』三省堂、一九八三年
R・フィン（内田健三監修）『マッカーサーと吉田茂』上下、同文書院インターナショナル、一九九三年
福永文夫『占領下中道政権の形成と崩壊』岩波書店、一九九七年
福永文夫『戦後日本の再生』丸善、二〇〇三年
藤田尚徳『侍従長の回想』中公文庫、一九八七年
H・ベアワルド（袖井林二郎訳）『指導者追放』勁草書房、一九七〇年
細川護貞『細川日記』下、中公文庫、一九七九年
細谷千博『サンフランシスコ講和への道』中央公論社、一九八四年
H・ボートン（五百旗頭真監修・五味俊樹監訳）『戦後日本の設計者―ボートン回想録』朝日新聞社、一九九八年
保利茂『戦後政治の覚書』毎日新聞社、一九七〇年
正村公宏『戦後史』上、筑摩書房、一九八五年
増田弘『公職追放論』岩波書店、一九九八年
増田弘『マッカーサー』中公新書、二〇〇九年
升味準之輔『戦後政治』上下、東京大学出版会、一九八三年
D・マッカーサー（津島一夫訳）『マッカーサー回想記』上下、朝日新聞社、一九六四年
松村謙三『三代回顧録』東洋経済新報社、一九六四年
W・マンチェスター（鈴木主税・高山至訳）『ダグラス・マッカーサー』上下、河出書房新社、一九八五年
南整『日本の人脈』日刊労働新聞社、一九七三年
宮沢喜一『東京―ワシントンの密談』中公文庫、一九九九

九年
山極晃・中村政則編『資料日本占領1・天皇制』大月書店、一九九九年
山崎広『日本社会党十年史』泰文館、一九五六年
吉田茂『回想十年』全四巻、新潮社、一九五七年
吉田茂『日本を決定した百年』日本経済新聞社、一九六七年
吉田茂『激動の百年史』白川書院、一九七八年
吉田茂記念財団編『吉田茂書翰』中央公論社、一九九四年
A・リックス編（竹前栄治・菊地努訳）『日本占領の日々』岩波書店、一九九二年
琉球銀行調査部編『戦後沖縄経済史』琉球銀行、一九八四年
渡邉昭夫編『戦後日本の宰相たち』中公文庫、一九九五年
渡邉昭夫・宮里政玄編『サンフランシスコ講和』東京大学出版会、一九八六年
和田春樹『歴史としての野坂参三』平凡社、一九九五年
E・ワード（小倉武一訳）『農地改革とは何であったのか?——連合国の対日政策と立法過程』農村文化協会、一九九七年
U. S. Department of State, *Foreign Relations of the United States (FRUS), 1945-47*, U. S.Gavernment Printing Office.

図版出展

国会図書館HP　27、119、153下、198ページ

戦後政党変遷略図（1945〜55年）

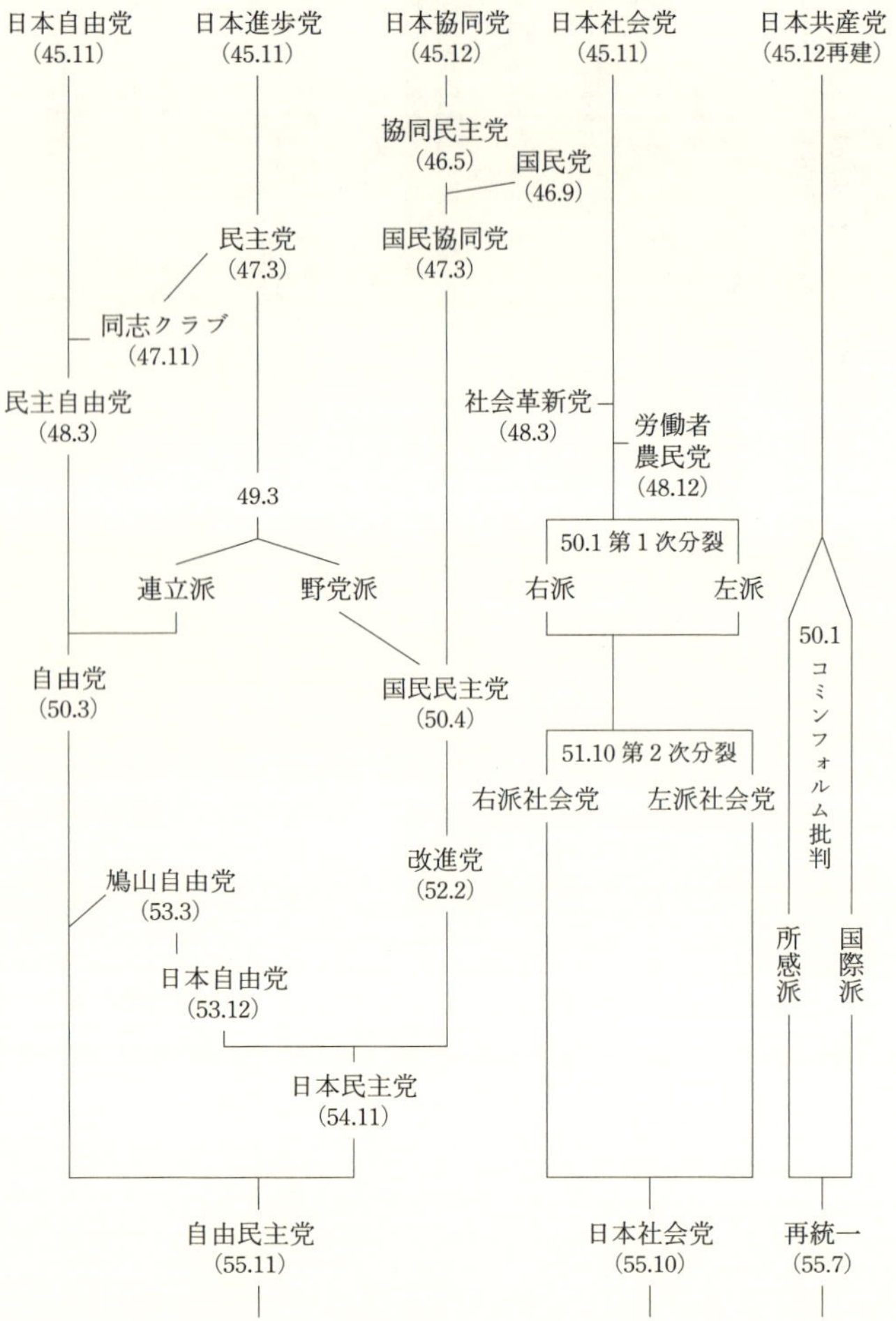
日本自由党
（45.11）
日本進歩党
（45.11）
日本協同党
（45.12）
日本社会党
（45.11）
日本共産党
（45.12再建）
協同民主党
（46.5）
国民党
（46.9）
民主党
（47.3）
国民協同党
（47.3）
同志クラブ
（47.11）
民主自由党
（48.3）
社会革新党
（48.3）
労働者
農民党
（48.12）
49.3
50.1 第1次分裂
連立派
野党派
右派
左派
50.1
コミンフォルム批判
自由党
（50.3）
国民民主党
（50.4）
51.10 第2次分裂
右派社会党
左派社会党
改進党
（52.2）
鳩山自由党
（53.3）
所感派
国際派
日本自由党
（53.12）
日本民主党
（54.11）
自由民主党
（55.11）
日本社会党
（55.10）
再統一
（55.7）

1月15日	平和問題談話会「講和問題についての声明」発表
1月19日	社会党左右分裂（第1次）
6月6日	マッカーサー，共産党中央委員を追放
6月21日	ダレス来日
6月25日	朝鮮戦争勃発
8月10日	警察予備隊令公布
9月14日	トルーマン米大統領「対日講和7原則」提示
9月〜10月	沖縄群島選挙が行われる
12月	平和問題談話会「三たび平和について」発表

1951年（昭和26年）

1月21日	社会党，「平和4原則」を決議
1月25日	ダレス再来日
2月23日	共産党，武装闘争方針を提起
4月1日	琉球臨時中央政府設立
4月11日	マッカーサー解任
5月1日	リッジウェイ声明
9月4日	サンフランシスコ講和会議（〜8日）
9月8日	サンフランシスコ講和条約調印．日米安全保障条約締結
10月24日	社会党，講和・安保両条約をめぐって左右に分裂（第2次）

1952年（昭和27年）

1月16日	台湾の国民政府と平和条約締結する意向を記した吉田書簡公表
2月8日	改進党結成（幹事長三木武夫）
2月28日	日米行政協定調印
2月29日	米民政府，「琉球列島米民政府布告第13号」を発布し琉球政府を設立
4月28日	日華平和条約締結．サンフランシスコ講和条約発効

3月31日	民主党結成（5月18日，総裁芦田均）
4月20日	第1回参議院選挙
4月25日	第23回衆議院選挙
5月3日	日本国憲法施行
6月1日	片山哲内閣成立
6月5日	マーシャル・プラン発表
12月18日	過度経済力集中排除法公布
12月22日	改正民法公布（家制度の廃止）
12月31日	内務省解体

1948年（昭和23年）

1月6日	ロイヤル陸軍長官，日本を反共の防壁とする演説
2月10日	片山内閣総辞職
3月10日	芦田均内閣成立
3月15日	民主自由党結成（総裁吉田茂）
3月20日	ドレーパー賠償調査団来日
6月23日	昭和電工社長，贈賄容疑で留置（昭電事件）
6月24日	ベルリン封鎖始まる（～49年5月）
7月31日	政令201号公布
8月15日	大韓民国成立
9月9日	朝鮮民主主義人民共和国成立
10月7日	NCS13／2が承認され新たな占領政策が確定．芦田内閣総辞職
10月19日	第2次吉田内閣成立
12月18日	「経済安定9原則」公表

1949年（昭和24年）

1月23日	第24回衆院総選挙（民自党単独過半数獲得）
2月1日	ジョセフ・ドッジ来日
2月3日	吉田茂，再軍備容認へ
2月16日	第3次吉田内閣成立
3月1日	ドッジ，均衡予算の編成指示
5月6日	アメリカ政府，NSC13／3決定（沖縄の領有を確定）
9月	レッド・パージ始まる．英米仏外相，対日講和の促進で一致
10月1日	中華人民共和国成立

1950年（昭和25年）

1月1日	マッカーサー，年頭声明で「自衛権」容認
1月6日	コミンフォルム，共産党を批判

11月9日	日本自由党結成（総裁鳩山一郎）
11月16日	日本進歩党結成（幹事長鶴見祐輔）
12月8日	「松本4原則」公表
12月9日	GHQ,「農地改革に関する覚書」発表
12月16日	米英ソ3国外相会議（極東委員会・対日理事会の設置決定）
12月17日	衆議院議員改正選挙法公布
12月22日	労働組合法公布

1946年（昭和21年）

1月1日	天皇の「人間宣言」
1月4日	GHQ，第1次公職追放令を出す
1月11日	SWNCC228届く
1月24日	幣原首相，マッカーサー訪問
1月25日	マッカーサー，天皇制容認の電文ワシントンに打電
1月29日	GHQ，奄美大島を含む北緯30度以南の日本からの分離を指令
2月1日	『毎日新聞』が「松本委員会試案」スクープ
2月3日	マッカーサー3原則
2月13日	GHQ，憲法改正草案を日本政府に手交
2月26日	極東委員会第1回会合
3月6日	日本政府「憲法改正草案要綱」を公表
4月10日	第22回衆議院選挙
4月22日	幣原内閣総辞職
5月3日	極東国際軍事裁判開廷
5月4日	GHQ，鳩山一郎を追放
5月19日	食糧メーデー
5月22日	第1次吉田茂内閣成立
10月21日	第2次農地改革始まる
11月3日	日本国憲法公布
12月17日	吉田内閣打倒国民大会
12月27日	閣議，傾斜生産方式を決定

1947年（昭和22年）

1月4日	第2次公職追放令
1月18日	全官公庁労組共闘「2・1スト」宣言
1月31日	マッカーサー，「2・1スト」中止命令
3月8日	国民協同党結成（書記長三木武夫）
3月12日	トルーマン・ドクトリン
3月17日	マッカーサー，早期対日講和声明出す

日本占領史 関連年表

月日	事柄
1944年（昭和19年）	
7月7日	サイパン陥落
7月18日	東条英機内閣総辞職
7月22日	小磯国昭内閣成立
10月10日	米軍，沖縄を爆撃
10月20日	マッカーサー，レイテ島上陸
1945年（昭和20年）	
2月4日	ヤルタ会談（～11日）
4月1日	米軍，沖縄本島上陸
4月5日	小磯内閣総辞職
4月7日	鈴木貫太郎内閣成立
6月8日	御前会議，本土決戦を決定
6月23日	沖縄戦，事実上の終結
7月26日	ポツダム宣言出される
8月6日	広島に原爆投下
8月8日	ソ連，対日参戦
8月9日	長崎に原爆投下．最高戦争指導会議，天皇の「聖断」
8月14日	天皇，降伏の聖断
8月15日	敗戦．鈴木内閣総辞職
8月17日	東久邇宮稔彦内閣成立
8月20日	沖縄諮詢会発足
8月30日	マッカーサー厚木進駐
9月2日	降伏文書調印
9月22日	米国政府「初期対日方針」公表
9月27日	昭和天皇，マッカーサーを訪問
10月2日	GHQ 発足
10月4日	人権指令．近衛，マッカーサー訪問
10月5日	東久邇宮内閣総辞職
10月9日	幣原喜重郎内閣成立
10月11日	5大改革指令
10月24日	国際連合成立
11月2日	日本社会党結成（書記長片山哲）
11月3日	米国政府からマッカーサーへ「初期の基本的指令」が出される
11月6日	GHQ，財閥解体指令

福永文夫（ふくなが・ふみお）

1953年（昭和28年），兵庫県生まれ．76年神戸大学法学部卒業，85年神戸大学大学院法学研究科博士課程単位取得満期退学．87年姫路獨協大学専任講師就任．同大学助教授，教授を経て，2001年から獨協大学教授．現在，獨協大学名誉教授．博士（政治学）．専攻，日本政治外交史・政治学．本書により第16回読売・吉野作造賞受賞．
著書『占領下中道政権の形成と崩壊―民政局と日本社会党』（岩波書店，1997年）
『大平正芳―「戦後保守」とは何か』（中公新書，2008年）ほか
共編『戦後とは何か』上下巻（丸善，2014年）
共著『戦後日本第2巻・占領と改革』（岩波書店，1995年）
『戦後日本の宰相たち』（中央公論社，1997年）

日本占領史《にほんせんりょうし》 1945-1952
中公新書 *2296*

2014年12月20日初版
2024年12月25日 6版

著　者　福永文夫
発行者　安部順一

本文印刷　三晃印刷
カバー印刷　大熊整美堂
製　本　小泉製本

発行所　中央公論新社
〒100-8152
東京都千代田区大手町 1-7-1
電話　販売 03-5299-1730
　　　編集 03-5299-1830
URL https://www.chuko.co.jp/

Published by CHUOKORON-SHINSHA, INC.
Printed in Japan　ISBN978-4-12-102296-7 C1221

中公新書刊行のことば

いまからちょうど五世紀まえ、グーテンベルクが近代印刷術を発明したとき、書物の大量生産は潜在的可能性を獲得し、いまからちょうど一世紀まえ、世界のおもな文明国で義務教育制度が採用されたとき、書物の大量需要の潜在性が形成された。この二つの潜在性がはげしく現実化したのが現代である。

いまや、書物によって視野を拡大し、変りゆく世界に豊かに対応しようとする強い要求を私たちは抑えることができない。この要求にこたえる義務を、今日の書物は背負っている。だが、その義務は、たんに専門的知識の通俗化をはかることによって果たされるものでもなく、通俗的好奇心にうったえて、いたずらに発行部数の巨大さを誇ることによって果たされるものでもない。現代を真摯に生きようとする読者に、真に知るに価いする知識だけを選びだして提供すること、これが中公新書の最大の目標である。

私たちは、知識として錯覚しているものによってしばしば動かされ、裏切られる。私たちは、作為によってあたえられた知識のうえに生きることがあまりに多く、ゆるぎない事実を通して思索することがあまりにすくない。中公新書が、その一貫した特色として自らに課すものは、この事実のみの持つ無条件の説得力を発揮させることである。現代にあらたな意味を投げかけるべく待機している過去の歴史的事実もまた、中公新書によって数多く発掘されるであろう。

中公新書は、現代を自らの眼で見つめようとする、逞しい知的な読者の活力となることを欲している。

一九六二年一一月

現代史